Gilbert Furian
Mehl aus Mielkes Mühlen

»Mielkes Mühlen mahlen langsam, aber gründlich.«

So sahen sie selbst ihre Arbeit – die Täter aus dem Ministerium für Staatssicherheit. Wer in ihre Fänge geriet, kam nicht ohne Verletzungen davon. Nur wenige aus der Vielzahl ihrer Opfer können in diesem Buch zu Wort kommen, um an das ihnen zugefügte Unrecht zu erinnern...

Daß ihre Berichte jetzt gehört werden können, beweist wenigstens für diesen Teil der Welt: Menschen sind allemal stärker als Überwachungsapparate und Unterdrückungsmechanismen, mögen sie auch noch so perfekt funktionieren.

Gilbert Furian, geb. 1945 in Görlitz, wird 1962 aus der FDJ ausgeschlossen. Dolmetscher kann er damit nach seinem Abitur nicht werden. Er schließt eine Lehre als Verkehrskaufmann ab, beginnt nach der Armeezeit ein Philosophiestudium an der Karl-Marx-Universität Leipzig. 1971 aufgrund »negativ politischen Verhaltens« exmatrikuliert. Danach arbeitet er als Bearbeiter für Versicherungen und Inventuren in Leipzig und Berlin. 1985 wird er wegen »Anfertigen von Aufzeichnungen, die geeignet sind, den Interessen der DDR zu schaden« verhaftet und über ein Jahr eingesperrt. Seit 1986 organisatorischer Mitarbeiter bei der Berliner Domkantorei. Im Herbst 1989 gründet er die Projektgruppe »Politische Justiz in der DDR« innerhalb der *Initiative für Frieden und Menschenrechte*.

Gilbert Furian
Mehl aus Mielkes Mühlen

Schicksale
politisch Verurteilter

Berichte
Briefe
Dokumente

Verlag
Das Neue Berlin

ISBN 3-359-00507-4
1. Auflage 1991
© Eulenspiegel · Das Neue Berlin
Verlagsgesellschaft mbH, Berlin
Umschlag und Typographie: Gerhard Medoch
Printed in Germany
Satz: IBV Satz- und Datentechnik GmbH, Berlin
Druck und Binden:
Dresdner Druck- und Verlagshaus GmbH

Gewidmet meiner Mutter, die mich während meiner Inhaftierung – wie durch eine zweite Nabelschnur – mit dem Atem des wirklichen Lebens versorgt hat.

Versuch
gegen das schnelle Vergessen

Neulich habe ich an einer einsamen Stelle zwischen den auf beiden Seiten zerstörten Mauern neben einem umgestürzten Wachtturm ganz allein gestanden und geweint. Worüber? Über all die Sinnlosigkeit, über mein zerstörtes Leben. Meine Mutter, 84 Jahre alt, bis dahin munter und aufgeschlossen, konnte die »Wende« nicht verarbeiten und hat sich im Januar das Leben genommen. Nachdenken tue ich über diese Variante auch.

Dieser Auszug aus dem Brief eines Mannes, der die Zustimmung zur Veröffentlichung seines Berichts im letzten Moment zurückgezogen hat, aus Angst vor Konsequenzen für seine Frau, die im Bildungswesen arbeitet, vermittelt einen Eindruck vom Ausmaß der Zerstörungen, die der Apparat der Staatssicherheit, gestützt auf das allgemeine politische Klima, in den Menschen angerichtet hat.

Im November 1989, kurz nach der Öffnung der Mauer, traf ich im Café Senefelderplatz Ulrike Poppe von *Demokratie Jetzt* und erzählte ihr, daß ich erwäge, in bezug auf meine Verurteilung aus dem Jahre 1985 eine Rehabilitierung zu beantragen, und sei es nur, um »denen« keinen Fall zu ersparen, in dem die Anwendung ungerechter Gesetze und deren Verletzung eingestanden und korrigiert werden muß.

Ulrike schlug vor, im Rahmen der *Initiative Frieden und Menschenrechte* solche Fälle zu sammeln. Daraufhin verfaßte ich einen Aufruf, in dem ich bat, für eine Inventur des Unrechts Erlebnisse mit Sicherheitsorganen und Gerichten zu schildern, vom »Delikt« über die Ermittlungen und Verhöre bis hin zum Prozeß. Auch Namen von Richtern, Staatsanwälten und Stasi-Mitarbeitern sollten nach Möglichkeit genannt werden, denn angstfreie Wahrnehmung politischer Rechte setzt voraus, daß sowohl die angstverursachenden Strukturen beseitigt als auch deren Exponenten öffentlich zur Rede gestellt werden. Zunächst versuchte ich, ohne Erfolg, für diesen Aufruf Öffentlichkeit zu bekommen. Selbst der *telegraph* (Publikation der Umweltbibliothek in der Zionskirchgemeinde Berlin) war nicht sicher, ob dieses Thema noch »Marktwert« habe, und hat nach einer halbherzigen Zusage dann letztlich doch auf eine Veröffentlichung verzichtet. Erst nachdem ein kurzer Artikel in der *Berliner Zeitung* erschienen war und Jugendradio DDR früh kurz nach sechs Uhr ein Telefon-Interview live gesendet hatte, gingen die ersten und von nun an recht zahlreichen Anfragen und Berichte ein.

Ursprünglich sollte die Publikation analytisch angelegt sein; ich wollte verfolgen, auf welche Weise bestimmte Paragraphen des politischen Strafrechtes im Laufe der Jahre angewandt wurden und welche »Straftatbestände« dominierten. Die Begegnung aber mit denen, die sich wegen ihrer Rehabilitierung an die IFM gewandt hatten, machte deutlich, daß oft eher Seelsorge und nicht Analyse vonnöten war, einfaches Zuhören wichtiger als kompliziertes Deuten. Deshalb änderte ich meine Konzeption und versuchte nun zu zeigen, welchen Riß menschliche Schicksale durch den Eingriff der herrschenden politischen Justiz erhalten haben. Gleichzeitig wollte ich mit diesen Berichten ein Stück »Geschichte von unten« schreiben, denn noch ist es zu früh, um das Leid dieser Menschen dem Seziermesser der Historiker, gleich welcher Schule, auszuliefern.

Wenn auch Fälle aus dem letzten Jahrzehnt dominieren, so habe ich doch, um wenigstens den Ansatz einer geschichtlichen Dimension sichtbar werden zu lassen, Schicksale aus dem ganzen Zeitraum des Bestehens der DDR aufgenommen. Fälle von Verurteilungen oder Internierungen aus den Jahren 1945 bis 1949 habe ich nicht betreut; hier gab es eine Art provisorischer Arbeitsteilung mit Gruppen, die sich darauf spezialisiert haben.

Wie sich zeigt, sind viele Schicksale mit bestimmten historischen Einschnitten eng verbunden, etwa dem 17. Juni 1953, dem Bau der Mauer 1961 oder dem Einmarsch in die ČSSR 1968. Und auch der Erzählvorgang selbst – die Berichte entstanden zwischen Februar und Juli 1990 – geschieht ja im Sog eines historischen Einschnitts. Das merkt man den Berichten an: da herrscht nicht das große Aufatmen der Betroffenen, sondern eine Beklemmung wird von einer anderen abgelöst.

Die Liste der ungerechtfertigt verhängten Strafen reicht von Verurteilung auf Bewährung über Haft zwischen einem Jahr und fünfzehn Jahren bis zu einer Hinrichtung. Damit der Umfang des Buches ein lesbares Maß nicht übersteigt, andererseits aber die Skala der Erlebnisse und auch der Reaktionen und Charaktere so breit wie möglich erscheint, sind die ausführlichen Darstellungen durch eine Dokumentation weiterer Fälle in Kurzform ergänzt worden.

Die Berichte sind zum kleineren Teil von den Betroffenen selbst schriftlich niedergelegt worden; die meisten haben ihre Erlebnisse auf Band gesprochen. Im ersten Fall waren Kürzungen oder Umstellungen vorzunehmen sowie Briefe und Dokumente sinnvoll einzuordnen. Im letzteren Fall mußte ich eine intensive Bearbeitung vornehmen, um den Bericht für den Leser übersichtlich darzustellen, ohne aber die Unmittelbarkeit der Erlebniswiedergabe zu beeinträchtigen. Selbst in Fällen, da die Verurteilung viele Jahre zurückliegt, war das Geschehen dem Betroffenen oft noch so gegenwärtig, daß die Emotionen im Gesicht ablesbar waren. Der durch Erinnerung allein nicht mehr zurückholbaren Zeit und der immer noch nicht in allen Fällen erfolgten Urteils-Aushändigung ist die Tatsache geschuldet, daß gelegentlich Lükken in den objektiven Daten auftreten. Einzelne Betroffene sind (zum Teil wegen Umzugs, zum Teil wegen Krankheit) auch nicht mehr erreichbar. Und ob die Angaben zu den gegenwärtigen Tätigkeiten in diesen bewegten Zeiten bei Erscheinen des Buches noch stimmen, ist zu bezweifeln.

Der besseren Lesbarkeit zuliebe sind Dialekt- und Jargon-Besonderheiten dem Hochdeutschen angeglichen worden. Charakteristischer Satzbau ist aber immer erhalten geblieben, so daß die Unterschiedlichkeit von Haltung zum Geschehen und dessen Verarbeitung deutlich bleibt. Die vorliegenden Berichte sind subjektive Darstellungen des Erlebten. Um keine Zensur vorzunehmen, habe ich nur dort in inhaltliche Aspekte eingegriffen, wo durch die Art der Darstellung eine Denunzierung des Betroffenen möglich erschien.

Obwohl fast alle Betroffenen auch, manche sehr ausführlich, von den Haftbedingungen erzählt haben, liegt die Betonung dieser Auswahl auf dem Verhältnis von »Delikt« und Prozeß, um zeigen zu können, wie für die eigentlich selbstverständliche Wahrnehmung politischer Grund- und Menschenrechte zum Teil hohe Strafen verhängt wurden, habe ich deshalb bei der Zusammenstellung der Texte besonders die Abläufe zwischen Beschuldigung und Verurteilung berücksichtigt.

Mit dem Buch soll versucht werden, den Betroffenen neben ihrer juristischen Rehabilitierung wenigstens einen Teil ihrer verletzten Würde zurückzugeben, indem sie den ohnmächtigen Zorn, der in ihnen, wenn auch verdrängt, die ganzen Jahre hindurch vorhanden war, hinausschreien können. In der Hoffnung, von einem hoffentlich recht großen Kreis von Lesern gehört zu werden.

Berlin, September 1990
Gilbert Furian
Initiative Frieden und Menschenrechte

Sie müssen nicht denken, daß so etwas vergessen wird: von denen nicht

Werner Fleischer, geb. 1926, vor der Verhaftung Tontechniker im Fernmeldeamt für Übertragungswesen Berlin, verstorben im November 1990
Anklage: Verbrechen nach Kontrollratsdirektive KD 38 (im Urteil geändert auf Boykotthetze nach Art. 6 der Verfassung), Urteil: 7 Jahre, in Haft von März 1955 bis April 1962, Gefängnisse: Stasi-U-Haft Potsdam, Strafvollzug Brandenburg

Aus dem Urteil des Bezirksgerichts Potsdam vom 3. August 1956 (Ia-Strafsenat), Unterschriften von Oberrichter Wohlgethan, Staatsanwalt Wegener:
Wer durch Spionage die Organe des Imperialismus […] unterstützt, hilft aktiv mit an der beabsichtigten Wehrlosmachung der DDR und damit an dem beabsichtigten kriegerischen Überfall auf die Staaten des Friedens. Ein weiteres Mittel, die Festigung der DDR zu hintertreiben, ist die Sammlung von Spionageinformationen im technischen Aufbau unserer Staatsorgane. Insbesondere interessieren sie sich für die Verbindungen nach Westdeutschland und den ausländischen Staaten, die zum größten Teil durch Funk- und Fernsprechwesen aufrecht erhalten werden. Daß die amerikanischen Spionagedienststellen dafür ein besonderes Interesse zeigen, beweist der Bau eines

Spionagetunnels im Raum von Groß-Glienicke, wo die Spionagedienststelle die Fernsprechleitungen der DDR anzapfte. Wenn der Angeklagte Fleischer über das Fernsprechwesen dem amerikanischen Geheimdienst Informationen lieferte, so half auch er auf diesem Gebiet aktiv mit an der Vorbereitung des von den Amerikanern geplanten dritten Weltkrieges.

Ich bin jetzt 64 Jahre alt und stamme aus bürgerlichem Hause. Mein Vater war Studienrat in Görlitz. Er lehrte am Lyzeum Geschichte, Deutsch und Erdkunde. Meine Mutter kommt aus einem Drogistenhaushalt im Sächsischen. Mein Vater war deutschnational. Er hat uns Kinder – ich habe noch eine Schwester, die ist 6 Jahre älter als ich – so ein bißchen zu Rassenhaß erzogen. Auf die Franzosen wurde nur geschimpft. Er wollte mich in den *Jungstahlhelm* bringen, aber ich wollte nicht. Mein Vater war aber ein entschiedener Gegner Hitlers und hat das auch kundgetan. Er hat ungefähr dasselbe gesagt wie Thälmann: Wer die Nazis wählt, wählt Krieg. 1935, da war ich 9 Jahre, wurde er von einer Schülerin denunziert. Er hatte irgendwas im Geschichtsunterricht gesagt und mußte erst mal seinen Dienst aufgeben, kriegte aber sein Gehalt weiter. Er konnte wahrscheinlich auch dann den Mund nicht halten, und 1937 hat man ihn abgeholt und in eine Klinik bei Breslau gebracht, obwohl er geistig völlig da war. Die Klinik gehörte einem gewissen Dr. Sprenge, der war Träger des »Goldenen Parteiabzeichens« der Nazi-Partei und hatte ein Haus seines großen Sanatoriums zur Verfügung gestellt für Unliebsame. Und im Juli 1939 komme ich vom Baden, wir hatten Sommerferien, und unsere Haushaltshilfe macht mir ganz verheult die Tür auf und sagt: Weine nicht, Werner. Dein Vati ist tot.

Meine Mutter hatte ein Telegramm bekommen: Ihr Gatte verstorben, Sie können seine Urne abholen.

Nach dem Krieg hat meine Schwester immer gesagt, meine Mutter solle sich als Opfer des Faschismus eintragen lassen, aber sie sagte: Die sind genauso wie die anderen, ich will von denen nichts haben. So, und das hat eigentlich meine Jugend geprägt.

Ich habe die Mittelschule besucht in Görlitz, mittlere Reife nannte sich das. Ich war immer sehr interessiert an Physik und so, Biologie, Chemie. Ich habe mir schon mit dreizehn Jahren Geld verdient in einer Radioreparatur, da hab' ich Volksempfänger repariert. Davon habe ich mir meinen Konfirmandenanzug gekauft. Es war dann für mich ein Berufsweg ausgewählt worden, und zwar die Inspektorlaufbahn bei der Post, Fachrichtung Funk. So kam ich Ende Mai 1942 nach Berlin ins Haupttelegraphenamt in den Funksaal, und da habe ich treu und brav meinen Dienst gemacht und habe aufgrund meiner Erlebnisse mit meinem Vater also versucht, mich mit aller Macht vor der Wehrmacht zu drücken. Und das ist mir auch gelungen, ich hatte mir etwas ausgedacht. Ich mußte natürlich in der *Hitlerjugend* sein, und dort habe ich in der Nachrichten-Hitlerjugend den Gerätewart gemacht, dadurch brauchte ich keinen Dienst mitzumachen. Irgendwann bin ich dann hingegangen und habe gesagt: Also passen Sie auf, ich habe irgendwas mit dem Herzen. Und das stimmte wirklich. Wir mußten ja diese Hitlerjugendfilmstunden machen. Es war Pflicht. Für zehn Pfennige. Wir mußten antreten und uns einen Film ansehen, einen verordneten. Und immer wenn irgendwelche Filme liefen, in denen Arztszenen vorkamen – bums, kippte ich um. Und das hab' ich denen nun erzählt. Da haben sie gesagt: Ja, da müssen wir Sie erst mal ins Reservelazarett schicken. Dort bin ich gerade beim Röntgen durch und sollte noch woanders hin, da kommt ein Fliegeralarm. Ich also in den nächsten Luftschutzkeller, und als ich rauskam, bin ich einfach nach Hause gegangen. Bis Ende 1944 passierte nicht. Da kriegte ich plötzlich wieder einen Musterungsbescheid. Ich wieder hin: Ich hab' doch alle Untersuchungen machen lassen! Die wollten mich noch mal hinschicken, aber ich bin einfach nicht mehr hingegangen, und so bin ich gut ans Kriegsende gekommen. Aber das konnte ins Auge gehen.

Monoton

Tapp – tapp – tapp – tapp.

Vier Schritte auf,
vier Schritte ab.
Wie lange schon der gleiche Ton:

Tapp – tapp – tapp – tapp.

Es hört nie auf,
es bricht nie ab.
Von rechts, von links,
von oben klingt's:

Tapp – tapp – tapp – tapp.

Das Licht flammt auf,
der Tag tritt ab.
Doch selbst im Traum
tönt's dumpf im Raum:

Tapp – tapp – tapp – tapp.

Es reibt mich auf,
es stumpft mich ab.
Seit Jahren schon
der gleiche Ton:

Tapp – tapp – tapp – tapp.

[Dies Gedicht und die folgenden schrieb W. F. während seiner siebenjährigen Haftzeit nach Unterweisung in Reim und Rhythmus durch einen Mithäftling.]

Als der Krieg zu Ende war, dachte ich, Donnerwetter, jetzt ist der Mist vorbei, jetzt machst du was, bist ein junger Mensch. Aber da ging *das* dann los. Ich will jetzt nur mal so symptomatische Sachen erzählen, wie die angefangen haben, uns zu unterdrücken, das Volk. Erst kam (das hat mich noch gar nicht so bewegt) dieser Zusammenschluß SPD-KPD. Ich bin jedenfalls damals in die LDPD eingetreten. (Ich wohnte unterdessen wieder in Görlitz.) Dann kamen die Wahlen 1946. Es hat nämlich schon mal freie Wahlen gegeben, auf dem Gebiet, das sich heute DDR nennt. Das haben die meisten vergessen. 1946, im Oktober, gab es Listenwahlen, drei Listen: CDU, SED und LDPD stellten sich zur Wahl, und es waren freie, geheime Wahlen. Während der Wahlvorbereitung kommt der Vorsitzende der LDPD in Görlitz zu mir und einem Freund, auch Rundfunkmechaniker, und sagt: Kurz und gut, wir wollen Wahlpropaganda machen. Könnt ihr uns helfen, könnt ihr uns eine Anlage zur Verfügung stellen, eine Lautsprecheranlage?

Also, wir haben das Ding zusammengezaubert, und

aufgestellt wurde es beim Parteifreund Rothe, der hatte eine Fleischerei am Demianiplatz. Unten war die Fleischerei, und oben war eine Frühstücksstube (die Frühstücksstube ging natürlich nicht mehr, denn es gab ja nichts zu frühstücken). Dort haben wir unsere Lautsprecher in die Fenster geknallt, und dann kamen die genehmigten Texte von der Kommandantur, die genehmigten Platten, das war alles. Und wir hatten die Erlaubnis, von früh um neun bis abends um sieben auf dem Straßenbahn-Hauptumsteigeplatz Wahlpropaganda für die LDPD zu machen. Das ging drei Tage gut, und am dritten Tag ließen wir die letzte Platte zwei Minuten über die Zeit laufen, die erlaubt war, und da fuhr der Russe vor, gleich mit Anhänger, und unsere Hilfspolizei mit diesen blauen Uniformen. Die kamen also rauf und beschlagnahmten unsere gesamte Anlage. Aber das Schärfste war – diese Anlage war schon am nächsten Tag drei Häuser weiter installiert, im ehemaligen Gebäude des Görlitzer Anzeigers. Dort war die SED-Kreisleitung drin, und da machten die mit unserer Anlage Wahlpropaganda. Das war nun der nächste Schlag, den ich kriegte, in meinem jungen Leben. Ich war damals gerade zwanzig. Ich hab's einfach nicht für möglich gehalten, daß die SED mit solchen Mitteln arbeitet. Aber sie hat es gemacht, das steht für mich einwandfrei fest. Das bewies sich ja dann auch in der folgenden Zeit, nachdem sie ihre Wahlschlappe einstecken mußte. Und die SED hat ja so eins – ich spreche deutsch – auf die Schnauze gekriegt. Die haben z. B. im Landkreis Sachsen keine fünf Prozent gekriegt, und da war's natürlich aus. Jetzt ging der Krieg los, es wurden viele, viele Menschen aus diesen Blockparteien, es gab ja nur CDU und LDPD, über Nacht abgeholt. Man hat also durch große Verhaftungswellen versucht, diese Parteien zu knüppeln. Wir sind dann nachts kleben gegangen, haben an die SED-Wahlplakate Zettel gemacht, da stand drauf:

> *Bald werdet ihr's an den Mauern lesen,*
> *es ist die SED gewesen,*
> *die euch verschafft die Atemluft,*
> *und wer's nicht glaubt, der ist ein Schuft.*

Es half aber alles nichts. Viele wurden verhaftet, gingen weg in die Lager, kamen manchmal erst nach zehn Jahren wieder. Ich hab' das noch zwei Jahre mitgemacht, und 1949, am 7. Oktober, ja Republikgründung, hab' ich mein Parteibuch hingeschmissen. Seitdem bin ich nie wieder in was reingegangen. Und ich hab' die so gehaßt, die Kerle, aber ich konnte ja nichts machen. 1952 bin ich wieder nach Berlin gegangen und hab' als Elektroakustiker angefangen, war also meistens auf einem Übertragungswagen als Tontechniker, und habe unter anderem auch die Beschallung gemacht am heutigen Marx-Engels-Forum.

Der 17. Juni gab mir dann endgültig den Anlaß; der war für mich also einwandfrei vom Volk heraus, dieser Aufstand. Und da hab' ich mir gesagt, jetzt mußt du auch was machen. Mir hing das alles so zum Halse raus. Ich hab' rings um mich gesehen, wie sie die Menschen behandelt haben, wie sie sie unterdrückt haben, ich hab' auch von Verhaftungen gehört. Und hab' gedacht: Und was machst du?

Anno Domini

> *Alles ist trübe, alles ist kalt.*
> *Glaube und Liebe, nichts mehr gibt Halt.*

Geist hat im Hochflug sich selbst isoliert,
denkende Menschen zum Schweigen geführt.

Trennende Weiten rings um das Ich.
Wege bereiten, lohnt es sich?
Fällt doch das Heiligste selbst Stück um Stück.
Bleibt überhaupt noch ein Festes zurück?

Seltne Sekunden im Eintrachtgefühl
stillen die Wunden, weisen ein Ziel.
Hoffnung, daß Staudruck die Dämme zerbricht,
lastender Dunkelheit einziges Licht.

Und wie das manchmal so im Leben ist, da kommt mir
der Zufall zu Hilfe: Ein ehemaliger Schulkamerad
kommt und sagt, er hat soundsoviel Jahre für den westlichen Geheimdienst gearbeitet, und heute muß er weg,
sonst holen sie ihn ab. Aber, sagt er, er soll einen finden,
der für ihn weitermacht. Ich sage: Da kommst du richtig.
Ich hab' die so genascht. Ich konnte aber nur Informationen aus meinem Dienstbereich geben – wir haben ja ZK-
Tagungen mitgeschnitten oder ähnliche Versammlungen. Ich hab' also in meiner Wut eben dem CIA das, was
ich für interessant hielt, berichtet. Hab' gedacht, es ist
eine kleine Sache, aber irgendwie hilft es. Ja, und das
ging über zwei Jahre so. Dann lernte ich einen Westberliner kennen, Libitzki hieß der Mann, und der sagte zu
mir: Hast du nicht Interesse, für uns zu arbeiten? Ich sag',
es tut mir leid, ich bin in der Hinsicht schon gebunden, ich
arbeite für den und den Dienst. Das war alles, was ich gesagt hab'. Das hat schon genügt, das hat mich den Kopf
gekostet, denn im März 55 wurde der verhaftet. Der
hatte eine ganze Gruppe in Berlin, zehn Leute. Und bei

den Verhören muß er gesagt haben: Ich kenne den und den, und als ich den werben wollte, hat er gesagt, er ist schon gebunden, oder so ähnlich. Ich nehm's ihm nicht übel. Ich hab' ihn dann noch einmal in Potsdam gesehen, bevor sie uns zur Verurteilung brachten. Und er machte so ein Gesicht wie: Mensch, vergib mir doch. Ich kann ihm gar nichts vorwerfen, ich weiß, wie wir da unten im Keller gequält worden sind. Daß der geredet hat... also, dort hat jeder geredet letzten Endes.

So haben sie mich also gekriegt. Am 7. März 1955, um 14.15 Uhr, werde ich raufgeholt zu meinem Amtsleiter. Da stehen drei Polizisten, sprechen mich mit Namen an: Ihren Personalausweis bitte! Folgen Sie uns bitte zur Klärung eines Sachverhalts! Ich mußte hinten einsteigen, rechts und links setzte sich einer neben mich. Der dritte stieg vorne zu, und dann kriegte ich eine Decke über den Kopf. Nach der Ankunft rissen sie mir die Decke runter, und drinnen auf der Treppe standen rechts und links je drei, vier Mann mit erhobenen Gummiknüppeln, unter denen mußte ich durch. Die haben nicht zugeschlagen, aber schon mal Angst eingejagt, das war alles. Ich kam dann einen langen Gang lang in einen Keller, und dann immer: Gehn Se! Stehn Se! Beim Stehen sofort an die Wand, Hände auf den Rücken. Dann in eine Zelle, die war vielleicht anderthalb mal zwei Meter, die Fenster mit Blenden versehen. In der Mitte ein Bett und ein Kübel, der war (wahrscheinlich noch vom Vorgänger) voll. Den mußte ich in den Mitteltrakt des Kellers tragen, da war ein großes Steinbecken, wo man die Kübel entleerte. Ich schütte also dort den Kübel aus und spritze – das werd' ich nie vergessen – dem Oberfeldwebel, der mich begleitet, so einen kleinen Spritzer auf die Hose. Da nimmt der den Zellenschlüssel, da sind mehrere Schlüssel zusammengenietet, so, daß man sie wegklappen kann – und er ist ja ziemlich kräftig –, und schlägt mir damit alle Schneidezähne aus. Ich hab' geblutet wie ein Schwein. Als ich kurz danach dem sogenannten Haftrichter vorgeführt wurde, hat der nicht mal gefragt, was mit mir passiert ist. Er hat nur gesagt: Sie sind verdächtigt der Agenten- und Spionagetätigkeit. Ich werde Haftbefehl gegen Sie erlassen. – Ich hab' mich gar nicht getraut, was zu sagen.

Eine Sekunde im sechsten Jahr

Monatelang ohne Tageslicht im Kellerraum,
jahrelang nur mit spärlicher Sicht zum Himmelsraum,
ward mir der Welt vertrautes Gesicht ein schöner Traum.

Plötzlich erblickt ich durch einen Spalt den Horizont.
Anheimelnd grüßte mich Kiefernwald ganz tief besonnt.
Drang mir ins Blut von des Bildes Gewalt soviel nur konnt.

Stieg in die Brust wie flüssiges Blei in jäher Hast,
beugte das Knie und erstickte den Schrei mit heißer Last.
Schon mußt ich weiter, vorbei, vorbei, noch kaum erfaßt.

Schloß man mich in die Zelle ein, wie licht war's da.
Überall Wälder im Sonnenschein, wohin ich sah.
Schwerelos schwebt ich in Schlaf hinein, und du warst nah.

So ging das dann über Monate. Sie wußten nicht, wann Sie verhört werden, gar nichts, und das war ja System. Ich konnte ja nicht mehr mal richtig zubeißen. Das hat die gar nicht interessiert. Anderthalb Jahre bin ich so gelaufen ohne ärztliche Hilfe. Das erste Verhör machte ein Unterleutnant, der hatte eine unheimliche Ähnlichkeit mit einem westdeutschen Filmschauspieler. Immer wenn ich den gesehen hab' im Fernsehen, kam mir das Schütteln, so eine Ähnlichkeit hatte der mit diesem Strolch. Manchmal setzten sich andere dazu, vorgestellt haben die sich ja nie, man wußte also nie, wie die heißen. Und da wurde dann auch getreten, wenn es denen nicht paßte, oder geschlagen, oder Sie mußten sich gegen die Wand stellen, dann kriegten Sie von hinten Schläge, daß Sie mit dem Kopf gegen die Wand donnerten. Also innerhalb eines Vierteljahres haben die alles, was sie haben wollten an Aussagen, erpreßt, erschlagen oder... Ja, ich hab' dann bloß noch unterschrieben, alles, was ich gemacht haben sollte. Die sagten bloß: Wir haben Zeit, wir haben viel Zeit, wie lange wollen sie noch hierbleiben? Dann kamen sie wieder mit Engelszungen: Sie können sich viel ersparen. Ich habe dann gesagt: Tut mir leid, ich hab' das und das übermittelt, das sind keine Sachen, die nicht bekannt waren, die wurden alle in der Presse veröffentlicht, das war ein öffentliches Geheimnis. Wenn Sie das zur Spionage machen, ist es Ihre Sache. Ich kann mich nicht dagegen wehren. Aber gegen Geld hab' ich nicht gearbeitet, das kriegen Sie nicht aus mir raus, dann bleib' ich eben noch. – Irgendwann haben sie das dann sein gelassen. Damals hab' ich mir geschworen, das weiß ich heute noch, das werd' ich nie vergessen: Ich hab' mich so an die Wand gestellt und mir gesagt: Was du auch kriegst, bleib sauber und bleib eisern, laß dich nicht unterkriegen. Und ich muß sagen, ich hab's eigentlich auch geschafft, ja – doch.

Dann kam die Anklageschrift, die wurde mir für eine Stunde reingegeben. Ich wurde also angeklagt nach Kontrollratsdirektive 38*, und wenn ich nach der verurteilt worden wäre, hätte ich eventuell auch so ein Lager kennengelernt oder wäre an die Russen abgeschoben worden... So, und jetzt kam der Tag des Prozesses. Wir wurden aber nicht rausgeholt. Ein paar Tage später kam meine Anwältin und sagte: Also, passen Sie auf, die KD 38 ist weggefallen, man kann Sie also in dem Sinn hier in Berlin nicht verurteilen. Ich sage: Da müssen sie mich ja freilassen. Was denken Sie, antwortet sie da, man wird sagen, Ihre Tat hat sich gegen die DDR gerichtet, und man wird Sie in irgendeinen Bezirk bringen und dort verurteilen nach Artikel 6 der Verfassung. In der Verhandlung bin ich dann aufgestanden und hab' widerrufen und hab' genau erzählt, was sie mit mir gemacht haben, hab' ihnen meine Zähne gezeigt und gesagt, wie die Vernehmung vor sich ging und daß die Aussagen zum größten Teil erpreßt worden sind unter den und den Bedingungen. Und ich hab' gesagt: Der das gemacht hat, sitzt da hinten. Da ist der Vernehmer mit puterrotem Kopf aufgesprungen und aus dem Saal gerannt. Dann hatte jeder das *letzte Wort,* und da hab' ich gesagt: Ich möchte das Hohe Gericht darauf aufmerksam machen, wenn ich abermals unter solchen Umständen vernommen werde, unterschreibe ich abermals alles. Aber bei der neuen Verhandlung widerrufe ich wieder.

---

* Hier und im weiteren Text werden die jeweiligen Paragraphen oder Artikel der gesetzlichen Grundlagen, auf die sich die Anklagen stützten, nur genannt. Der Wortlaut findet sich im Anhang.

Man hat uns dann wieder in die Keibelstraße gebracht, und dort wurde ich vom gleichen Vernehmer wieder vernommen, aufs höflichste. Das dauerte nicht lange. Ich hab' die Hälfte meiner Anklagepunkte erst mal rausnehmen lassen. Aber bei bestimmten Dingen blieb er unerbittlich und sagte: Wir haben Zeit. Dann ging das wieder los, aber ohne Schlagen. Sogar eine Zigarette hat er mir angeboten. Ja, und zum Schluß sagte er dann: Na, was denken Sie denn nun, was Sie kriegen, Fleischer? Und da hab' ich gesagt: Wie ich Sie kenne, genau das gleiche, was ich vorher bekommen hätte, denn in diesem Staate gibt es kein Gericht, was nach Gerechtigkeit geht. Die Urteile geben doch die von der Staatssicherheit mit. Der Vernehmer hat nur gegrinst, und ich wurde wieder nach Potsdam gefahren, und dort hatte ich am 24. Juli 1956 Termin, und da ging's ruck, zuck: 7 Jahre – die anderthalb Monate Widerruf nicht angerechnet.

Aus: Brief an die Eltern, Brandenburg/Havel, November 1960:
Meine Lieben! Keinen meiner Briefe werdet Ihr wohl sehnlicher erwartet haben als diesen, und keiner wird von Euch wohl mit so hoffnungsvollen Gedanken empfangen worden sein. Es ist so gut wie sicher, daß ich im Laufe dieses Monats zurückkehren werde zu Euch, meine Lieben. Alle Formalitäten wurden, zu meinem Erstaunen, äußerst großzügig erledigt, und ich bin sehr froh, daß man mir auch bei der Wahl meines künftigen Arbeitsplatzes behilflich sein wird. Wie beglückend war es für mich, anläßlich einer Kulturveranstaltung die Arie des Veit aus Lortzings »Undine« zu hören. »Ach, wie herrlich, ach, wie schön wäre solch ein Wiedersehn!« Aus derselben Oper

denke ich noch an »Du kehrst zurück nun, trockne deine Tränen«. Nicht wahr, Tränen wollen wir nicht vergießen, sondern uns freuen und dankbar sein, daß wir um so vieles früher wieder beisammen sein dürfen. [...] Bis zum Wiedersehen viele liebe Grüße und Küsse von Eurem Werner.

Antwortbrief der Eltern, Görlitz, 12. 11. 60:
Mein lieber Werner! Mit großer Freude erhielten wir Deinen so sehnlichst erwarteten Brief mit der beglückenden Nachricht, daß Du kommst. Ich mußte mich erst mal eine Weile setzen, so habe ich mich für Dich und uns gefreut. Wie dankbar wollen wir dem Geschick sein, das uns so gnädig war. Hatte ich ja, seit die Nachricht von der Amnestie herauskam, große Hoffnung. Hättest uns zwei Alten mal sehen sollen, wie wir uns gefreut haben. Ich konnte die Nacht kaum schlafen. Du wirst uns ja rechtzeitig Nachricht geben, wann wir Dich erwarten können. Alles andere mündlich. Herzlichst Deine Mutti!

Aus: Brief an die Eltern, Brandenburg/Havel, Dezember 1960:
Meine Lieben! Nun sind diese Wochen der Ungewißheit vorbei, und Euer Warten und das meinige waren vergeblich. Ich gehöre weder zu den Entlassenen noch zu denen, deren Strafmaß herabgesetzt wurde. Mein Wunsch ist, daß Ihr diese Nachricht mit der Haltung aufnehmt, mit der ich sie aufgenommen habe. Selbst Hiob, dessen Buch ich in diesen Tagen las, fand wieder zu sich selbst und gab seinen Glauben nicht auf. So werde ich also diesen Kelch bis zur Neige austrinken und meinen Weg weitergehen, so

sauber und anständig, wie ich ihn bisher gegangen bin. Ihr habt es viel schwerer. Seid Ihr doch allein in Eurem Schmerz, ich aber bin es nicht. Und auch Du, mein inniggeliebter Junge, darfst nicht verzagen, wenn Dein Vati nicht nach Hause kommt. Diese Zeit braucht harte Herzen, und das Schicksal schmiedet sie unerbittlich noch härter. Wenn ich auch töricht g'nug mein volles Herz nicht wahrte, wie es im »Faust« heißt, so bin ich doch stets mir selbst treu geblieben. Ich weiß, daß Ihr mich versteht und daß Ihr auch weiter zu mir halten werdet. [...]

Es grüßt und küßt Euch innigst und trotz dem Schicksal Euer Junge, Bruder und Vati – Werner.

[W. F. wurde aufgrund einer falschen Beschuldigung durch einen Angehörigen der Strafvollzugsorgane Brandenburg von der Amnestie ausgeschlossen.]

Am 21. April 1962 ging ich dann endlich nach Hause. Ich hatte Sühnemaßnahmen, aber kein Berufsverbot, durfte nicht wählen, wurde aber immer zur Wahl geholt: paradox! Ich wollte als Rundfunkmechaniker gehen. Der Ratsvorsitzende von Pankow war aber der Meinung, ich dürfte nicht in meinem Beruf arbeiten. Was sollte ich dagegen machen. Da hat man mich vermittelt ans damalige Motorenwerk Johannisthal. Dort wurde ich als Radialbohrer eingesetzt im Dreischichtbetrieb. War die drekkigste Arbeit, die es gab im Betrieb. Aber was sollte ich machen. 1968 wurden dann meine »Sühnemaßnahmen« getilgt auf Antrag des Betriebes. Was das für Sühnemaßnahmen waren, weiß ich bis heute nicht. 1972 wurde ich aus dem Strafregister getilgt, nach zehn Jahren, obligatorisch. Ich galt also dann nicht mehr als vorbestraft.

Aber es ging dann doch noch weiter. Sie brauchen nämlich nicht zu denken, daß so etwas vergessen wird: *von denen nicht.* Ich lernte 1974 meine jetzige Frau kennen. Sie ist 17 Jahre jünger als ich, kommt aus einer voll kommunistischen Familie, war geschieden und hatte einen Jungen, damals zehn oder elf Jahre. Kommt also aus so einer Familie, war im Innenministerium als Sekretärin beschäftigt, hatte den Dienstrang Polizeimeister, lernte mich kennen und fand an mir Gefallen. Ich an ihr sowieso. Trotzdem wir so unterschiedlicher Meinung waren – sie war verseucht von diesen Schulungen –, blieben wir zusammen, haben aber noch nicht gleich geheiratet, erst '76. Und ich hab' mit ihr diskutiert: Was, du hast den Honecker gesehen, der war im Innenministerium? Das ist ein Verbrecher! Das ist nicht wahr, sagt sie, so ein feiner Mensch. Heute guckt sie. Sie hatte einen normalen Weg. Sie hat die achte Klasse, mehr gab's ja damals nicht. Dann ist sie raus und fing bei Dynamo an, in der Sportmedizin, und von dort ging sie ins Innenministerium, in die Beschaffung. Sie war nicht in der Partei, sie war eine der wenigen, die Kandidat waren und dann doch nicht eingetreten sind. Das hat damals einen großen Krach gegeben deswegen, und dadurch war sie schon vorbelastet. Und jetzt hatte sie plötzlich ganz andere Anschauungen über den arbeitenden Menschen. Da eckte sie mal da an und mal dort. Nun fiel sie langsam auf. Und eines Tages, wir waren auf dem großen Vergnügen vom MdI, da vertraut sie sich einer an, Hauptmann Lorenz hieß die. Sagt ihr, daß ich eben vorbestraft bin. Und da ging das los. Sie wurde also in ein Zimmer ohne Klinken geholt, einen ganzen Tag, wurde nicht aus den Augen gelassen. Die sind mit ihr sogar essen gegangen und haben ihr immer wieder gesagt: Also trennen Sie sich von dem

Mann, dann können Sie bleiben, und wenn nicht, dann müssen Sie gehen.

Sie mußte also gehen, und da gibt es eine obligatorische Abschlußuntersuchung. Da stellte man bei ihr eine Schwangerschaft im vierten Monat fest. Daraufhin sagt sie: Ihr könnt mich nicht entlassen. (Das war im April 1976.) Ich trage mein Kind aus, und dann mach' ich mein Mütterjahr, und dann könnt ihr mich gehen lassen. Kurze Zeit später kriegte sie leichte Blutungen, geht sofort zu ihrem behandelnden Arzt, und der weist sie ins Polizeikrankenhaus ein. Da hat der untersuchende Arzt sie gefragt: Haben Sie in letzter Zeit starke seelische Erschütterungen gehabt? Und sie erzählt ihm das Kesseltreiben. Da hat der drin angefangen zu brüllen: Das gibt es doch nicht, das sind ja Zustände. Aber hier sind Sie in den besten Händen.

Dann hat man sie auf Schlafmittel gesetzt, das macht man in solchen Fällen, Faustan, und da gingen die Blutungen weg. War alles wieder in Ordnung. Aber bevor sie entlassen werden sollte, holt man sie und bringt sie in den OP und sagt, sie hätte eine gestörte Schwangerschaft, man müsse ihr das Kind nehmen. Sie sagt noch, ich will das Kind haben, sehen Sie genau nach. Als sie wieder aufwacht, ist das Kind weg. Und jetzt kommt der Hammer. Im Sozialversicherungsausweis meiner Frau steht eine Krankheitsnummer, und die besagt: Spontan-Abort. In den Krankenakten steht aber: Kürettage [Ausschabung] Chefarzt persönlich. Also ist da von der VP angerufen worden: Nehmt ihr das Kind ab, dann können wir sie entlassen. Und das ist geschehen.

Nach der Entlassung aus dem Krankenhaus fing sie im Palast der Republik an, beim Direktor Technik. Nach einem Monat kamen wieder zwei Herren und haben gesagt: Also, Sie wissen, daß Sie hier nicht arbeiten können. Sie wissen auch, warum. (Da haben sie mich aber nicht mehr genannt.) Da hat meine Frau gesagt: Entschuldigen Sie mal, ich bin nicht mehr VP-Angehörige, ich unterstehe dem Arbeitsrecht, und da werde ich vors Arbeitsgericht gehen mit meiner Kaderakte, die ist sauber. Da haben die gesagt: Bilden Sie sich ein, daß Sie mit Ihrer Akte durchkommen? Da kommen wir mit der Kaderakte, die wir haben. Da sie aber nicht nachgab, wurde sie zur Abteilung Kultur versetzt, zur Oelschlägel. Dort kriegte sie eine Schreibmaschine und keine Arbeit. Sie ist nur spazierengegangen, man hat sie seelisch fertiggemacht. Und da hat sie eben nach ein paar Wochen gekündigt.

Wo ein Wille, ist ein Weg

Seit Tagen wandre ich in engem Kreise.
Wär längst daheim, ging geradeaus mein Schritt.
Und die Gedanken wandern gleicherweise
ganz eng im Kreise mit.

Wo ist der Weg, den Zirkel zu durchdringen?
Das ist der Punkt, um den mein Denken kreist,
sich wirr verstrickend mit Sibyllensingen,
das kein Gelingen weist.

Wo ist der Weg? Im Schrei verhält mein Schreiten,
und echohaft das alte Wort erklingt.
Nur starkes Wollen kann uns weiter leiten,
das mit den Zeiten ringt.

Ich war der Meinung, daß es dem Frieden dienlich wäre

Dieter Brandau, geb. 1936, vor der Verhaftung Maschinenschlosser, gegenwärtig Betriebsorganisator (Lufttechnische Anlagen und Geräte GmbH)
Anklage: Staatsverleumdung, Urteil: 1 Jahr, in Haft von April 1954 bis April 1955, Gefängnisse: U-Haft Berlin, Keibelstraße, Haftanstalt Brandenburg, Jugendhaus Dessau

Ich kann hier keine großartige Geschichte bieten, es ist nur eine ganz einfache Geschichte.

In den fünfziger Jahren war ich Mitglied der FDJ und auch ein recht aktiver FDJler. Ich habe mich beteiligt an den Demonstrationen in Westberlin, weil ich der Meinung war, daß es dem Frieden dienlich wäre. Das war im Jahre 1953/54. Ich habe mich auch beteiligt an den Aufbauaktionen, habe beispielsweise 300 Aufbaustunden gemacht an der Leninallee, damit die Trümmer wegkamen, und das im Alter von 18 Jahren. Also ich würde sagen, ich muß schon ein guter FDJler gewesen sein. Wir waren ja durch die Nachkriegsereignisse auch so motiviert, daß wir unbedingt Frieden wollten und was Gutes und was Neues aufbauen.

Und 1954 war die Zeit, als die kasernierte Volkspolizei aufgebaut wurde. Man hat dann entsprechende Werbungen in den Betrieben durchgeführt. Ich habe damals im

VEB Gaselan Berlin gearbeitet. Als die Werbung begann, hat man sich natürlich meiner erinnert und gesagt: Na, den müßten wir doch eigentlich dafür gewinnen. Ich habe mir das überlegt, dann aber abschlägig beantwortet. Das paßte vielen nicht in der Leitung, und man versuchte es immer wieder, und das war der Anlaß meiner oder unserer Aktion im Betrieb, denn man machte es nicht nur mit mir so, sondern mit allen Jugendlichen der Abteilung. Wir haben uns also hingesetzt und eine Resolution verfaßt, und diese Resolution, ich kann das nur noch sinngemäß sagen, die hatte etwa folgenden Inhalt:

»Wir, die Jugendlichen der Abteilung Generatorenbau des VEB Gaselan, wenden uns hiermit entschieden gegen die Werbung für die kasernierte Volkspolizei. Wir sind gegen die Werbung, solange nicht die Einheit Deutschlands hergestellt ist und ein Friedensvertrag geschlossen wurde.«

Das war etwa der Inhalt. Mehr stand da gar nicht drin.

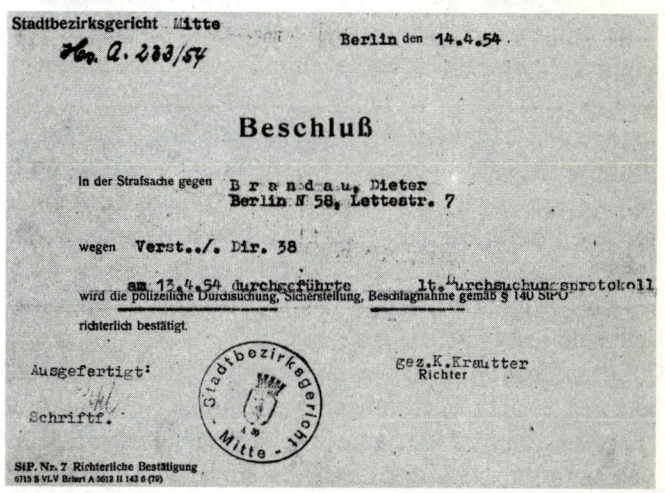

Stadtbezirksgericht Mitte

Hr. Q. 233/54

Berlin den 14.4.54

Beschluß

In der Strafsache gegen B r a n d a u, Dieter
Berlin N 58, Lettestr. 7

wegen Verst../. Dir. 38

am 13.4.54 durchgeführte lt. Durchsuchungsprotokoll wird die polizeiliche Durchsuchung, Sicherstellung, Beschlagnahme gemäß § 140 StPO

richterlich bestätigt.

Ausgefertigt:

gez.K.Krautter
Richter

Schriftf.

StP. Nr. 7 Richterliche Bestätigung
6715 S VLV Briart A 5612 II 143 6 (70)

Die Resolution habe ich dann auf so einer uralten Schreibmaschine abgetippt, Baujahr 1922 mit Zeiger, und am nächsten Tag der FDJ-Leitung übergeben. Die war nun gar nicht erfreut, und offenbar hat sie das weitergeleitet. Es gab ja schon damals in jedem Betrieb so eine Abteilung oder einen Beauftragten für Staatssicherheit, und der holte mich dann und sagte, daß ich dieses Dokument zurücknehmen sollte. Aber das ging ja nicht, denn die andern hatten ja auch unterschrieben, und das ging auch gegen unsere Ehre. Man sagte, also überleg dir das genau, denk an deine Familie und so weiter. Da dachte ich schon, na, irgendwas hängt doch da schief in der Luft. Wir hatten uns vorher schon mal überlegt, könnte denn da was passieren? Aber wir haben uns gesagt: Es gibt doch die Verfassung, da steht drin, jeder kann frei seine Meinung äußern, und ein Gesetz, daß man für pazifistische Äußerungen bestraft werden könnte, das war uns völlig unbekannt.

Wir wurden dann noch mal bestellt, das heißt, ein Kollege, mit dem ich das ausgearbeitet hatte – sein Name ist Günter Reichert, der lebt heute in Westberlin –, und ich. Und wir wurden dann verhört: kahles Zimmer, Schreibtisch, Lampe und ein Stuhl, wo man sich setzen konnte, und das dauerte so lange, bis keiner mehr im Betrieb war. Wir hätten jederzeit die Möglichkeit gehabt, auch noch in diesem Augenblick, nach Westberlin zu gehen, das war nicht weit, über die Brücke, oder ein Sprung ins Wasser, aber wir dachten gar nicht dran, daß es möglich wäre, uns einen Vorwurf zu machen.
Die Verhaftung war am 6. April 1954. Der Rest ist das übliche: Man brachte uns zur Keibelstraße, und dort waren wir dann ziemlich lange in Untersuchungshaft. Und die Verhöre – ja, da waren solche langen Zwischen-

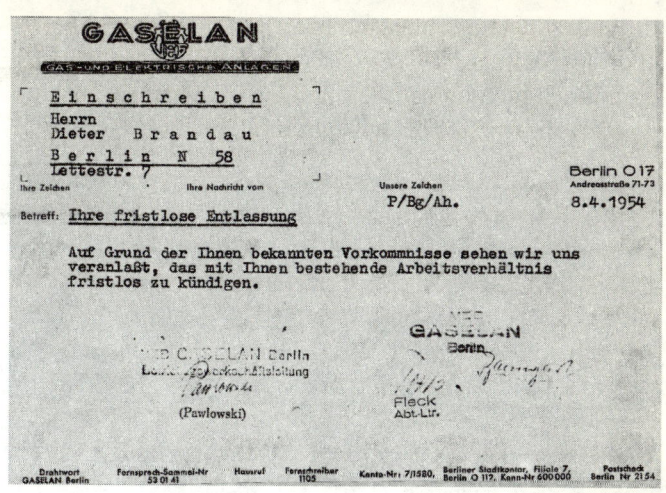

räume, wahrscheinlich wußte man gar nicht, was man für
eine Anklage zurechtzimmern sollte. Ich hatte keine
Möglichkeit, irgendeinen Kontakt aufzunehmen, mit
meiner Mutter beispielsweise. Ich saß in den Klamotten,
in denen ich im Betrieb war, und das waren keine guten
Sachen, über vier Monate dort in dieser Zelle. Man hatte
ja gar nichts. Nicht mal Gespräche. Also ich dachte
manchmal, die haben mich vergessen. Im August, das
muß vielleicht eine Woche vorher gewesen sein, wurde
ich dann informiert, daß am 20. die Verhandlung wäre.
Und ich bekam einen Offizialverteidiger. Unsere Verhältnisse zu Hause waren auch so – wir konnten uns überhaupt keinen Rechtsanwalt leisten. So viel Geld hatten
wir gar nicht. Denn wir waren evakuiert. Haben dann die
Kriegsereignisse an der Oder mitgemacht. Und als wir
zurückkamen, standen wir vor einer leeren Wohnung,

die außerdem noch ausgebombt war. Unsere wirtschaftlichen Verhältnisse waren also ganz mies. Und daß ich
dann noch plötzlich ausgefallen bin als Miternährer, das
war schon ganz schön schlecht und bedrückend.

Justizverwaltung
(Hauptbuchhaltung

Kassenzeichen:

Berlin, Datum des Poststempels
Fernsprecher: 51 03 71
Kassenstunden 9—13 Uhr

27940 54 **Kostenrechnung**

des .... Stadt gerichts von Gross-Berlin

in der .... Straf .... Sache Brandau

Aktenzeichen: (101a) Ib(V)130.54(92.54)

Lfd. Nr.	Grund des Kostenansatzes	Wert DM	Betrag DM
1.	Gebühr für das Verfahren	1 JG.	80,—
2.	Zeugenladung 2x0,92		1,84
3	Offizialverteidigergebühren	—	53,56

Ihr Geschäftszeichen:

Zusammen:	135,40
Bisher erfordert:	—
	135,40

Sie werden gebeten, die Kostenschuld von ....
binnen einer Woche unter Angabe obigen Kassenzeichens an unsere Zahlstelle Zimmer A 7,
zu zahlen, möglichst unter Verwendung der anl. Zahlkarte. Bei Nichtzahlung sind wir berechtigt, nach Ablauf der Frist die zwangsweise Einziehung vorzunehmen. Beanstandungen
des Kostenansatzes können Sie schriftlich oder mündlich bei der Geschäftsstelle des Gerichts erheben; dies entbindet Sie jedoch nicht von der vorläufigen Zahlung.

Ich kam dann von der Keibelstraße zur Littenstraße, und
mein Offizialverteidiger gab mir die Anklageschrift zu lesen. Also was da drin stand, das war fürchterlich übertrie-
ben. Und das hat der Staatsanwalt noch einmal vorgelesen, es ging da nur um *faschistische, militaristische Propa-*

ganda, also genau das Gegenteil von dem, was wir gemacht haben und was wir wollten. Ich war richtig schockiert darüber. Und der Verteidiger sagte dann: »Also bloß nichts dagegen sagen, Sie kommen nur weg, wenn Sie sagen, daß Sie eine schlechte Handlung gemacht haben und daß Sie bereuen, vor allen Dingen. Sie müssen bereuen.« Genaue Einzelheiten von der Verhandlung weiß ich nicht mehr. Ich bekam ein Jahr Gefängnis. Mein Mitgefährte bekam neun Monate. Offenbar die Leistung des Verteidigers, einer mußte ja die Rolle dessen übernehmen, der den andern verführt hat, und ich bekam mein Jahr weg. Dann die Frage: »Erkennen Sie das Urteil an?« Ich sagte: »Das muß ich mir noch überlegen.« Da sprang mein Verteidiger auf und rief: »Um Gottes willen, nehmen Sie das Urteil an, das kann nur noch schlimmer werden. Sie kommen nicht unter einem Jahr weg. Und wenn Sie Berufung einlegen, dann werden das noch zwei, drei Jahre.« Dieses Risiko wollte ich nun auch nicht eingehen, aber es ging gegen meine Ehre. Ich habe dann diese Karenzzeit, wie man sagt, in Anspruch genommen, und dachte mir, lieber noch eine Woche hier sitzen, als irgendwas bestätigen, was ich vom Gewissen her gar nicht bestätigen konnte.

Mit meiner Unterbringung dann hatte ich noch einigermaßen Glück im Unglück: Ich kam zur Keibelstraße, da war eine Jugendabteilung. Die Abteilung wurde dann aufgelöst, ich kam nach Brandenburg, in ein Lager, und von Brandenburg dann ins Jugendhaus Dessau, wo ich bis zum 12. April 1955 untergebracht war.

Ich fand dort Mitinhaftierte, die wollten ein bißchen mehr aus sich machen. Und die haben angefangen, schon während dieser Haft was zu lesen, und haben mich auch motiviert, mich weiterzubilden.

Ich habe dann nach der Entlassung ein Plakat gelesen
und bin so auf die Idee gekommen, mein Abitur an der
Abendschule zu Ende zu machen. Und da habe ich dann
eine Direktorin gefunden, das war wirklich eine Seele
von Mensch. Die lebt heute nicht mehr, leider. Die hat
mir dann auch alle Wege geebnet. Ich hab' also vier Jahre
lang jeden Tag vier, fünf Stunden nach der Arbeit bis
Sonnabend in der Abendoberschule für Berufstätige
mein Abitur gemacht. Dann waren fünf Jahre um, ich
konnte ein Studium beginnen, und zwar weil nach fünf
Jahren das polizeiliche Führungszeugnis wieder sauber
war. Allerdings konnte ich in keinem volkseigenen Betrieb arbeiten, ich hab's versucht, ich habe mindestens
fünf, sechs Stellen angelaufen, ich merkte überall – du
wirst abgeblitzt. Und zu der Zeit waren bestimmt Ar-
beitsstellen noch frei. Ich hätte auch die Möglichkeit gehabt, nach Westberlin zu gehen, dort zu arbeiten, aber

ich blieb eben. Vielleicht war es ein Fehler, ich weiß es nicht. Ich habe dann in Privatfirmen gearbeitet. Bin zuerst in eine Firma reingekommen, wo mein Gefährte, der Günter Reichert, beschäftigt war. Das war die Firma Graf & Topp, hört sich ein bißchen eigenartig an, das war ein Handwerksbetrieb, die reparierten Werkzeugmaschinenautomaten.

Ich habe dann ein Studium aufgenommen an der TU Dresden. Habe dort Werkstoffkunde studiert. Das hat auch fünfeinhalb Jahre gedauert.

Und ich habe *diese Sache* nie erwähnt. Das wäre sicher zum Nachteil gewesen. Sei es für mich oder die Familie. Ich habe die Sache regelrecht totgeschwiegen. Und ich muß auch sagen, meine Kinder, die sind ja nun schon groß, die Große ist 26, und der Sohn ist 21, ich hab' die Geschichte den Kindern erst jetzt erzählt. Das ist alles. Mehr kann ich nicht berichten. Tja, so ist das Schicksal.

Aus dem Urteil des Stadtgerichts Groß-Berlin vom 20. August 1954:
Dieser Sachverhalt steht auf Grund der Einlassungen der Angeklagten, der glaubhaften Zeugenaussagen und des Beweismaterials fest.

Die Angeklagten haben durch ihre Handlung gemeinschaftlich den Sinn und Zweck der KVP entstellt, indem sie behaupteten, daß die Volkspolizei den Frieden gefährde, obwohl sie wußten, daß die Volkspolizei der DDR ein Instrument zur Erhaltung des Friedens und zur Sicherung der Errungenschaften in der DDR ist. Sie sind daher der Staatsverleumdung schuldig und nach § 131 StGB zu bestrafen.

Unter Berücksichtigung der Gesellschaftsgefährlichkeit der Tat der Angeklagten, sie haben die Verteidigungsbereitschaft der Jugend in ihrem Betrieb hintertrieben, muß den Angeklagten eine empfindliche Freiheitsstrafe auferlegt werden. Wenn der Senat trotzdem bei dem verhältnismäßig geringen Strafantrag der Staatsanwaltschaft von einem Jahr Gefängnis verblieben ist, so nur aus dem Grunde, als es sich bei den Angeklagten um junge Menschen handelt, die durchaus noch zu bewußten Staatsbürgern erzogen werden könnten. Der Senat erkannte daher bei beiden Angeklagten auf eine Gefängnisstrafe von je einem Jahr.

Wer uns hilft,
dem helfen wir auch

Leonhard Hoffmann, geb. 1935, vor der Verhaftung
Student der Geschichte und Bibliothekswissenschaft
an der Humboldt-Universität Berlin, gegenwärtig wiss.
Bibliothekar in der Deutschen Staatsbibliothek
Anklage: Staatsgefährdende Hetze (§ 19 StGB), Ur-
teil: 4 Jahre, in Haft von Februar 1958 bis Februar
1962, Gefängnisse: Stasi-U-Haft Gera, Strafvollzug
Waldheim, Torgau

Der 18. Februar 1958 begann wie jeder andere Tag. Das
8. Semester meines Studiums der Geschichte und Bibliothekswissenschaft an der Humboldt-Universität in Berlin
hatte angefangen. In vier Monaten mußte die Diplomar-
beit im Fach Geschichte abgegeben werden. Die Vorle-
sung eines japanischen Professors hatte mich zu einer
Untersuchung über die Anfänge der deutsch-japanischen
Beziehungen um 1860 angeregt. Und seit Herbst 1957
war meine Zeit mit intensiven Literaturstudien in den
Ostberliner Bibliotheken und Aktenrecherchen im
Deutschen Zentralarchiv Potsdam zu diesem Thema ausgefüllt. Ein voller Arbeitstag im Potsdamer Archiv und
danach noch drei Stunden Beschäftigung mit Japan-Lite-
ratur in der Universitätsbibliothek bis 21.00 Uhr war
mein Programm an jenem 18. Februar 1958. Todmüde
betrat ich das triste Mietshaus in der Schumannstraße 1

gegenüber dem Haupteingang der Charité, wo ich bei einer älteren, alleinstehenden Frau ein spärlich möbliertes Zimmer in Untermiete bewohnte. Als ich die Treppe hinaufsteigen wollte, bemerkte ich drei dunkle männliche Gestalten, die mir gefolgt waren. Einer der Männer sprach mich mit meinem Namen an und forderte mich zum Mitgehen auf, nachdem er sich als Kriminalbeamter ausgewiesen hatte.

Die drei Männer verstauten mich in einem PKW, in dem sie seit fast vier Stunden auf mich gewartet hatten. Die Fahrt ging zu einem Polizeirevier, vermutlich in der Nähe des Alexanderplatzes. Dort begann ein zweistündiges Verhör, in dem immer wieder die Frage stereotyp wiederholt wurde: »Wo waren Sie mit Johannes Frömel?«

Die Frage konnte ich nicht beantworten, ja, ich verstand überhaupt nicht, worauf man hinauswollte. Der Untersuchungsbeamte versicherte mir, es sei völlig aussichtslos, irgend etwas leugnen zu wollen. Sie wüßten über alles längst Bescheid. Ich würde meine Lage durch dieses Verhalten nur verschlimmern.

Dieser Johannes Frömel gehörte bis zum Studienjahr 1956/57 zur selben Seminargruppe wie ich, bevor er an die Universität Jena wechselte. Unsere Lebensläufe wiesen einige Ähnlichkeiten auf. Beide hatten wir die Heimat verloren, er im Sudetengebiet, ich im Kreis Meseritz, der seit 1945 zu Polen gehörte. Meine Eltern besaßen in der Nähe von Meseritz, in Georgsdorf, eine kleine Landwirtschaft. Von wesentlichem Einfluß auf meine weitere Entwicklung waren jene Erlebnisse am 30. Januar 1945, als mein Heimatdorf von der Roten Armee erobert wurde. Zu irgendwelchem Widerstand oder zu Kampfhandlungen war es nicht gekommen. Die etwa 350 Einwohner wurden auf dem Dorfplatz zusammengetrieben, von diesen wurden drei zur standrechtlichen Erschießung bestimmt: eine ältere Frau, die ein Eisernes Kreuz ihres Sohnes bei sich hatte, ein Kriegsinvalide, der auf Befragen angab, einen Arm an der Ostfront verloren zu haben, und der reichste Bauer des Dorfes – Förster, ein Junggeselle von etwa 55 Jahren –, weil eine junge ukrainische Zwangsarbeiterin ausgesagt hatte, sie und die anderen Zwangsarbeiter hätten bei ihm so schwer arbeiten müssen, daß ihnen das Blut unter den Fingernägeln hervorgetreten sei. Jeder im Dorf wußte, daß dem nicht so war. Der Beschuldigte hatte im Gegenteil immer wieder Schwierigkeiten mit den Nazis gehabt, weil er seine Zwangsarbeiter – soweit das irgend möglich war – mit den deutschen Arbeitern gleich behandelte. Die Erschießungen erfolgten noch am selben Tag. Auch meinem Vater war dieses Schicksal zugedacht worden, dem er nur deshalb entging, weil sich ein polnischer Zwangsarbeiter für ihn einsetzte. Einen Monat später jedoch wurde er mit zwei anderen Männern unseres Dorfes in ein sowjetisches Internierungslager in der Nähe von Schwerin an der Warthe eingeliefert. Mein Vater starb nach vier Wochen im Alter von 41 Jahren an den Folgen der Mißhandlungen und der Ruhr, an welcher er aufgrund der unzureichenden Ernährung erkrankte.

Den Rest der Nacht und den 19. Februar 1958 verbrachte ich in der dunklen Zelle des Polizeireviers. Von dort ging es am nächsten Abend in ein großes Untersuchungsgefängnis, vermutlich das der Staatssicherheit in Hohenschönhausen. Nachdem ich dort erstmals nach eineinhalb Tagen für zwei Stunden in tiefen Schlaf versunken war, steckte man mich unter strenger Bewachung in einen PKW, der mich während mehrerer Nachtstunden in Richtung Süden beförderte. Wie ich bei Beginn der Vernehmung am nächsten Morgen gegen 8.oo Uhr erfuhr, befand ich mich im Untersuchungsgefängnis in Gera.

Aus dem Urteil des Bezirksgerichts Gera, 6. Oktober 1958:

Der Angeklagte Leonhard Hoffmann nutzte die ihm von dem Staat der Arbeiter und Bauern gegebene Möglichkeit, an der Humboldt-Universität zu Berlin studieren zu können, in der schamlosesten Weise aus, sich in Westberlin über die Ideologie der Feinde der Deutschen Demokratischen Republik zu informieren und entsprechend dieser Informierung als Feind der Werktätigen der Deutschen Demokratischen Republik aufzutreten. Anstatt sich des ihm von unserem Staat entgegengebrachten Vertrauens und seiner Großzügigkeit durch Einsatz seiner ganzen Fähigkeit für die Sache des Sozialismus würdig zu erweisen, verriet er ständig den wissenschaftlichen Sozialismus und das ihm entgegengebrachte Vertrauen der Werktätigen der Deutschen Demokratischen Republik. Jede Gelegenheit benutzte er, sich nach den westlichen Sektoren Großberlins zu begeben und sich die westliche Ideologie anzueignen. In den Westberliner Kinos war er Stammgast und nahm den reaktionären und provokatorischen Inhalt der gezeigten Hetz- und Schundfilme begeistert in sich auf. Darüber hinaus hörte er ständig die Sendungen der übelsten westlichen Rundfunksender, insbesondere des zur Genüge bekannten Hetzsenders »RIAS«, ab. Entsprechend dieser Orientierung machte er sich auch den Standpunkt der revanchelüsternen »Ostlandritter« zu eigen, nach dem die Oder/Neiße-Friedensgrenze zu Unrecht bestehe und beseitigt werden müsse. Er vertrat auch die Meinung, daß es in der Deutschen Demokratischen Republik keine Freiheit der Meinung gäbe und sah in dem Bonner Atombombenkanzler das Vorbild für Freiheit und Demokratie. Während der Ungarnereignisse nahm er Partei für die Konterrevolutionäre und ihre begangenen bestialischen Verbrechen und verleumdete in diesem Zusammenhang die demokratische Presse der Deutschen Demokratischen Republik, die heldenhaft gegen die konterrevolutionären Banditen kämpfende ungarische Arbeiterklasse und deren Führer sowie die Sowjetunion. Dieser Überzeugung gab er auch in Diskussionen und Gesprächen mit anderen Studenten offen Ausdruck.

Johannes Frömel hatte mir Ende 1956 davon berichtet, daß er zu einer Studentengruppe gehöre, die durch Verteilen von Flugblättern und das Anbringen von Losungen für freie Wahlen in der DDR und die Vereinigung beider deutscher Staaten eintrete. Mit diesen Zielen, die im Einklang standen mit den Beschlüssen der vier Siegermächte über ein einheitliches demokratisches Deutschland, stimmte ich überein, war aber der Meinung, daß bei den damaligen Machtverhältnissen in der DDR es keine Möglichkeit gab, diese in absehbarer Zeit zu verwirklichen. Die Niederschlagung der Massenbewegung am 17. Juni 1953 lag erst gut drei Jahre zurück. Die Stasi verübelte mir, daß ich die Gruppe nicht angezeigt hatte. Das war der eigentliche Grund meiner Inhaftierung.

In den Vernehmungen der nächsten Tage erfuhr ich, daß Frömel behauptet hatte, ich sei mit ihm beim RIAS und beim Londoner Rundfunk sowie beim Ostbüro der

SPD in Westberlin gewesen; wir hätten das Buch *Die Revolution entläßt ihre Kinder* von Wolfgang Leonhardt nach Ostberlin mitgebracht. An diesen Behauptungen war keine Silbe wahr, soweit es meine Person betraf. Daß er, Frömel, mit Peter Herz vom Jugendfunk des RIAS in Verbindung stand, hatte er mir berichtet. In den Vernehmungen wurde mir klar, daß er mich zum Verbindungsmann zu den genannten Stellen in Westberlin machen wollte, als er nach Jena ging. In der SED-Propaganda spielten diese Einrichtungen die Rolle von Agenten- und Spionagezentralen. Deshalb führte Staatsanwalt Peter unter den Beweismitteln gegen mich auch einen Taschenkalender mit Sendezeiten »imperialistischer Rundfunkstationen« an, obwohl es im DDR-Strafrecht keinen Paragraphen gab, der so etwas verbot. Bei meinen Aufenthalten in Westberlin (Einkäufe, Kino- und Verwandtenbesuche) hatte ich den Eindruck, daß ich beschattet wurde; Grund genug für mich, diese Einrichtungen zu meiden.

Die nächsten sechs Monate mußte ich in totaler Isolation in Einzelhaft verbringen. Die Zelle bestand aus einer eingebauten Holzpritsche (zwei mal zwei Meter) und einer Lauffläche von etwa zwei mal einem Meter. In diesem Raum spielte sich das ganze Leben rund um die Uhr ab. Die Notdurft konnte man auf einem Gefäß von der Größe eines Kochtopfes verrichten, dessen Leerung morgens und abends erfolgte. Einmal täglich war Gelegenheit, sich in einer Waschschüssel zu waschen. Jedem Untersuchungsgefangenen standen täglich zwanzig Minuten Rundgang auf dem Gefängnishof zu, wo ein kleiner Ausschnitt des Himmels zu sehen war. In den Genuß dieser Frischluft kam ich aber nur zwei- bis dreimal pro Woche. Die Verpflegung entsprach einfacher »Hausmannskost«; trotz der geringen Bewegungsmöglichkeiten war so der Gefahr von ungesundem Übergewicht vorgebeugt. Wenn diese Haftbedingungen auch alles andere als human waren, so empfand ich die psychische Belastung als das eigentlich Unmenschliche an dieser Situation. Immer wieder die Frage: Was haben sie mit dir vor? Bei der völligen Ungewißheit über die Zukunft gab es nur eine Gewißheit: Du bist ihnen total ausgeliefert und völlig rechtlos.

Diese Zeit war mit zahlreichen Verhören ausgefüllt, die kurz hintereinander oder in längeren Abständen stattfanden. Es wurde nichts unversucht gelassen, den »Beschuldigten« psychisch mürbe zu machen. Außer der Mitnahme von einigen Zeitungen und Illustrierten sowie einem kurzen Auszug aus Milovans Djilas' Buch *Die neue Klasse,* der in der Amerika-Gedenkbibliothek ausgelegen hatte, gab es nichts »Schlimmes«, das ich hätte gestehen können. Die Einfuhr solcher »Hetzschriften« war nämlich erst seit dem Inkrafttreten des Strafrechtsergänzungsgesetzes am 1. 1. 1958 strafbar. Mein in den Augen des Vernehmers verwerfliches Tun dieser Art hatte ich aber in den Jahren 1956 und 1957 begangen. Daraus hätte sich – wenn es nach dem Sinn und Buchstaben des Gesetzes gegangen wäre – selbst bei großzügigster Auslegung keine Anklage zusammenbasteln, geschweige denn ein Urteil begründen lassen. Aber wen die Stasi erst einmal aus dem Verkehr gezogen hatte, der kam nicht ungeschoren davon. Man erwartete also weitere »Geständnisse« von mir. »Wir haben genügend Zeit. Wenn Sie weiter leugnen, lassen wir Sie sitzen, bis Sie schwarz werden.« Die Untersuchungshaft könne beliebig verlängert werden. Dann folgten wieder mal zwei Wochen ohne Vernehmung, um der Drohung Nachdruck zu verleihen.

»Wir können aber auch anders!« Man drohte mit der Anwendung physischer Gewalt und mit Nachtverhören. »Wenn Krieg oder Bürgerkrieg wäre, würden wir mit Ihnen kurzen Prozeß machen und Sie an die Wand stellen!«

Man behauptete, ich hätte zu den Rädelsführern gehört, die Ende Oktober 1956, zur Zeit des Ungarnaufstandes, an der Humboldt-Universität in Berlin versucht hätten, Unruhen unter den Studenten anzuzetteln. Ich war sehr froh, daß ich nachweisen konnte, in den genannten Tagen mit meiner Seminargruppe zu einem Ernteeinsatz außerhalb Berlins gewesen zu sein. Man machte mir klar, daß die Höhe der Strafe von meiner Bereitschaft zur Zusammenarbeit mit dem Staatssicherheitsdienst abhängen werde. »Ob Sie Ihre Strafe in voller Länge absitzen werden, entscheiden wir. Wer uns hilft, dem helfen wir auch! Wenn Sie Ihre Haltung nicht ändern, werden Sie Ihre Jahre voll absitzen.« Sie haben Wort gehalten.

Die Voruntersuchung erreichte ihren Höhepunkt in der Gegenüberstellung mit Frömel, der seine Behauptung wiederholte, ich sei mit ihm zusammen beim RIAS, bei der BBC und dem Ostbüro der SPD in Westberlin gewesen.

Ich habe mich oft gefragt, warum Frömel diese unwahren Aussagen gemacht hat, die für mein weiteres Leben so verhängnisvolle Auswirkungen hatten. Frömel mußte nach Lage der Dinge mit einer längeren Strafe rechnen – er bekam 14 Jahre Zuchthaus. Sicher wird ihm der Vernehmer den gleichen Rat wie mir gegeben haben: »Wer uns hilft, dem helfen wir auch . . .« Diesen Hinweis hat er beachtet. Ob es ihm genutzt hat und wie viele seiner 14 Jahre er *nicht* verbüßen mußte, ist mir nicht bekannt.

Von Mitte Februar bis Anfang Oktober 1958 befanden sich in der Untersuchungshaftanstalt Gera etwa dreißig

Personen, die in direktem oder indirektem Zusammenhang mit der Jenaer Studentengruppe standen; unter ihnen befanden sich Oberschüler, Arbeiter, Handwerker und ein Arzt. Die Voruntersuchung zog sich zum einen durch die große Zahl der Untersuchungshäftlinge, zum anderen durch den Umstand in die Länge, daß im Sommer 1958 die Universität Jena ihr 400jähriges Bestehen feierte. Um den Eindruck dieser Feierlichkeiten in der internationalen Öffentlichkeit nicht zu verschandeln, durfte die Verurteilung dieser »Konterrevolutionäre« erst im Herbst 1958 stattfinden.

Von den schon geschilderten Mißhelligkeiten abgesehen, ist es an sich schon eine große psychische Belastung, eine so lange Zeit in einem sehr kleinen Raum zu verbringen, ohne irgendeiner Tätigkeit nachgehen zu können. Als Ausnahme sind zwei Monate zu nennen, in denen die Häftlinge Bücher zum Lesen erhielten. Unsere »Umerziehung« begann also schon in der U-Haft. Ich erinnere mich an ein Buch über Karl Liebknecht und an Scholochows »Der stille Don«; dieses Werk allerdings hat bei mir nicht die beabsichtigte Umerziehungswirkung erzielt, das Gegenteil war der Fall.

In der übrigen Zeit der totalen Isolation kreisten die Gedanken immer wieder um die Frage: Wann komme ich wieder in Freiheit? Man erliegt dabei leicht der Gefahr der Autosuggestion. Zunächst glaubte man, es müsse sich um einen Irrtum handeln, der sich bald aufklären werde. Je länger man sich diesem Gedanken hingab, desto mehr glaubte man an die Realität dieser Vorstellung. Es kostete viel Kraft, sich in die Wirklichkeit zurückzurufen. Dagegen half nur ein gezieltes »Beschäftigungsprogramm«. Ich überprüfte meine Kenntnisse auf verschiedenen Wissens- und Hobbygebieten: Bis zum Tag meiner

Festnahme zum Beispiel wußte ich als Leichtathletik-Fan die Weltrekordler aller Disziplinen und ihre Leistungen. Und ich fragte mich ab. Wer noch nicht in einer solchen Situation war, wird das nicht nachvollziehen können und darüber den Kopf schütteln.

Jeder Kontakt zur Außenwelt – auch der zu den nächsten Angehörigen – war unterbunden. Einzige Ausnahme: Am 30. September 1958, an meinem 23. Geburtstag, erhielt ich einen Brief meiner Mutter. Ein einziges Mal durfte ich das Untersuchungsgefängnis verlassen, als ich heftige Zahnschmerzen bekam. Transportiert wurde ich in einem Spezialfahrzeug. Die Zelle, in der ich saß, war gewissermaßen maßgeschneidert und erlaubte dem Körper mit ihrer Enge keinerlei Bewegung, sie verfügte über kein Fenster, ja nicht einmal über ein Guckloch. Falls ein Fahrzeug dieses Typs noch existiert, gehört es meines Erachtens in ein Museum zur Geschichte der Strafjustiz in der DDR oder in eine der geplanten Gedenkstätten für die Opfer von Faschismus und Stalinismus, damit die nachfolgenden Generationen sich ein Bild auch von dieser Seite des vierzig Jahre »real existierenden Sozialismus« in der DDR machen können. Zugleich wäre es ein Mosaiksteinchen zur Geschichte der Zivilisation des 20. Jahrhunderts in Deutschland.

Wie andere Gefangene habe auch ich nicht der Versuchung widerstanden, zu meinen Zellennachbarn durch Klopfzeichen Verbindung aufzunehmen. Die Gefahr, dabei ertappt zu werden, war immer sehr groß. Die Wärter paßten auf, denn schließlich waren zeitweise bis zu dreißig Personen in dem Gebäude untergebracht, die zu derselben Gruppe gehörten. Absprachen über Aussagen in den Verhören sollten verhindert werden. Meine Klopfzeichenkontakte ergaben, daß eine der beiden Nebenzellen von einer 46jährigen Frau mit Namen Elisabeth Flamm »bewohnt« wurde, die festgenommen worden war, als sie mit dem Zug in Richtung Berlin unterwegs war. Man hatte sie also im Verdacht, die DDR verlassen zu wollen. Ihr weiteres Schicksal ist mir nicht bekannt.

Nach sechs Monaten Einzelhaft durfte ich dieselbe enge Zelle mit einem etwa 20jährigen Studenten einer Landwirtschaftsfachschule aus dem Erzgebirge teilen. Die Zeit der Einsamkeit war also vorbei, ich empfand ein Gefühl seelischer Erleichterung. Das Problem erzwungener Einsamkeit ist durchaus ähnlich dem, wie es Menschen auch in Freiheit haben können, wenn sie in die seelische Isolation geraten – oft widerfährt dies alten Menschen. Da der Mensch ein kommunikatives Wesen ist, braucht er jemanden, der ihm zuhört, selbst wenn der andere seine Sorgen nicht aus der Welt schaffen kann. Es erleichtert, wenn man sich die Seele freireden kann. Das taten wir in den nächsten zwei Monaten ausgiebig!

Die Gerichtsverhandlung erinnerte in Intention und Ton des Staatsanwalts und des Gerichts an Roland Freisler vom Volksgerichtshof während der Nazizeit. In erster Linie ging es darum, das Verhalten der Angeklagten als moralisch verwerflich hinzustellen und ihre staatsfeindliche Einstellung nachzuweisen. Das Gericht verübelte mir besonders, daß ich in der Hauptverhandlung aussagte, in den ersten 36 Stunden meiner Untersuchungshaft nur zwei Stunden Gelegenheit zum Schlafen gehabt zu haben. Auch wies ich darauf hin, daß ich die Mitangeklagten, einen Oberschüler (19 Jahre), einen Physikstudenten (24 Jahre), einen Bäcker (21 Jahre) und einen Musikstudenten (20 Jahre), noch nie in meinem Leben gesehen, ja nicht einmal ihre Namen gehört hatte. Schon

allein diese Tatsache hätte bei jedem unvoreingenommenen Zuhörer im Gerichtssaal – falls solche Zutritt gehabt
hätten – Zweifel an der Konstruktion der Anklage aufkommen lassen. Für eine Verteidigung der Angeklagten
fehlten alle Voraussetzungen. So erhielt ich z. B. die Anklageschrift erst am Tag vor der Verhandlung zur Lektüre, aber keine Möglichkeit, mich über die Gesetzestexte zu informieren, die der Anklage zugrunde lagen. In
den Jahren 1956 und 1957, also zur Zeit der mir angelasteten »Straftaten«, wurden alle politischen Strafverfahren auf der Grundlage des Artikels 6, Absatz 2 der Verfassung der DDR geführt. Die Beweisaufnahme in meinem Falle hatte ganz eindeutig ergeben, daß ich nur von
dem Recht, meine Meinung frei und öffentlich zu äu
ßern, wie es Artikel 9 der Verfassung garantiert, Gebrauch gemacht hatte. Die Verurteilung zu vier Jahren
Zuchthaus erfolgte aber nach dem Strafrechtsergänzungsgesetz § 19 Absatz 1, Ziffer 2, und Absatz 3, was
auch nach damals geltendem Recht ein krasser Verstoß
gegen Artikel 4 des Strafgesetzbuches war, der die rückwirkende Anwendung eines Strafgesetzes zuungunsten
des Angeklagten für Handlungen verbietet, die z. Z. ihrer Ausführung nicht strafbar waren. Der erwähnte § 19
droht eine Gefängnisstrafe nicht unter drei Monaten an.
Wenn die Tat im Auftrage von Spionageorganisationen
durchgeführt wurde, sei auf eine Zuchthausstrafe zu erkennen. Das Gericht verhängte gegen mich vier Jahre
Zuchthaus, also eine Strafe, die sechzehnmal höher war
als das vom Gesetz zugelassene Minimum.

Dem Pflichtverteidiger waren diese Gesetze bekannt,
mich hat er darüber jedoch nicht informiert. Er führte
nur ein einziges kurzes Gespräch vor der Verhandlung
mit mir, in dem er mir riet, den Wünschen der Untersu-

chungsorgane und des Gerichts gemäß mich wohlzuver-
halten, um die Höhe der Strafe und die Aussichten auf
eine vorzeitige Haftentlassung nicht ungünstig zu beeinflussen. Es waren die gleichen Ratschläge, die auch die
Stasi gab! Der Verteidiger erwies sich als integraler Be-
standteil der Justiz, die sich im Sinne Lenins als ein
Machtinstrument der jeweils herrschenden Klasse verstand. Das Urteil wurde nicht ausgehändigt (Verstoß gegen die Strafprozeßordnung § 184 Absatz 3), damit der
Verurteilte nach seiner Entlassung im Westen nicht beweisen konnte, daß er aus politischen Gründen inhaftiert
war. Meine Mutter, die damals in Fehrbellin, Kreis Neu-
ruppin, wohnte, konnte zur Verhandlung nicht kommen,
weil sie schwer erkrankt war. Sie erfuhr deshalb auch den
Grund meiner Verurteilung nicht.

Falkensee, den 25. 4. 60

Anna Hoffmann
Falkensee
Kulmbacher Str. 10

An Herrn
Schmieder
Direktor beim Bezirksgericht
Gera

Sehr geehrter Herr Direktor!
Ihr Schreiben vom 6. 4. 1960 habe ich erhalten und
möchte darauf folgende Bitte richten: Aus dem
Schreiben geht hervor, daß mein Sohn ein schweres
Verbrechen begangen hat; davon ist mir nichts be-
kannt; aus diesem Grunde bitte ich um Auskunft, was

mein Sohn begangen hat; er war immer gehorsam; er hat mir niemals Kummer bereitet, Herr Direktor! Ich wiederhole meine innigste Bitte als Mutter; ich hoffe, daß Sie mich verstehen, erleichtern Sie mir mein schweres Los; ich kann kaum mein Leben ertragen, lassen Sie bitte meinen Sohn frei; er wird sich niemals was zuschulden kommen lassen; er hat schon die Hälfte seiner Strafe verbüßt. Herr Direktor, lehnen Sie meine Bitte nicht ab.

Mit vielem Dank im voraus, erwarte ich eine freudige Nachricht von Ihnen, Herr Direktor; das wäre die größte Freude in meinem Leben, wenn mein Sohn freigelassen würde.

Hochachtungsvoll
Anna Hoffmann

Gera, den 12. 5. 1960
Zeppelinstraße 2
Fernruf: 23 33/34
Postschließfach 74

Der Direktor des Bezirksgerichts
Gera

Frau
Anna Hoffmann
Falkensee
Kulmbacher Str. 10

Sehr geehrte Frau Hoffmann!
Ihr Schreiben vom 25. 4. 1960 habe ich am 9. 5. 1960 erhalten. Wie ich bereits am 6. 4. 1960 mitgeteilt habe,

kann eine vorzeitige Entlassung Ihres Sohnes nicht erfolgen. Der gegebenen Begründung habe ich nichts hinzuzufügen.

Sie bitten weiter um Auskunft, was Ihr Sohn für Verbrechen begangen hat. Die Einzelheiten Ihnen mitzuteilen, wäre zu umfangreich. Ich möchte Ihnen nur soviel sagen, daß Ihr Sohn auf der einen Seite jede Vergünstigung unseres Arbeiter-und-Bauern-Staates in Anspruch genommen hat. Ihm war die Möglichkeit gegeben, frei von wirtschaftlichen Sorgen zu studieren. Das Vertrauen, das ihm entgegengebracht worden ist, hat er schwer mißbraucht, indem er sich eines schweren Verbrechens schuldig machte, das sich gegen unseren Arbeiter-und-Bauern-Staat richtete.

Es wird an Ihrem Sohn liegen, durch gute Arbeitsleistungen im Strafvollzug zu beweisen, daß er gewillt ist, ein besserer Mensch zu werden. Sein Verhalten im Strafvollzug wird laufend überprüft, und falls er sich die Voraussetzungen für eine vorzeitige Entlassung selbst geschaffen hat, wird dies geschehen.

Mit demokratischem Gruß
Schmieder
– Direktor –

Nach meiner Verurteilung am 6. 10. 1958 kam ich mit einigen Mitgliedern der Jenaer Gruppe ins Zuchthaus Waldheim südwestlich von Döbeln im Bezirk Leipzig. Unter den Angehörigen dieser Gruppe fiel mir ein junger Arzt, Dr. Eberhard Metzel, auf, da er ohne Rücksicht auf die Folgen versucht hat, seinen Mitgefangenen auf verschiedenste Weise zu helfen. Das Zuchthaus Waldheim bestand aus mehreren Gebäuden, die Ende des vorigen Jahrhunderts errichtet worden waren. Die Ein-Mann-Zellen sind damals mit drei Gefangenen belegt gewesen. Die hygienischen Zustände waren menschenunwürdig. Die Notdurft mußte auf einem Kübel verrichtet werden, der morgens und abends reihum von den Gefangenen entleert wurde. Wenn dies geschah, war das etwa 40 m lange Gebäude von üblem Gestank erfüllt. Waschen durfte man sich mit kaltem Wasser in einer Schüssel. Der Besitz persönlicher Gegenstände, insbesondere solcher, mit denen Selbstmord hätte verübt werden können, war verboten. Deshalb bekam man z. B. kein Rasierzeug, sondern wurde einmal in der Woche rasiert. Pro Monat durfte jeder Gefangene von seinen Angehörigen einen Brief empfangen und an diese einen schreiben. Über die Verhältnisse in der Anstalt sich zu äußern war verboten, so daß außer der Mitteilung, mir geht es gut, ich bin gesund, nur Belanglosigkeiten geschrieben werden konnten. Das Briefschreiben war ein Krampf. In einem dieser Briefe hatte ich einen völlig harmlosen Witz erzählt, der von der Anstaltszensur aber nicht durchgelassen wurde. Das sei ein Mißbrauch der Schreiberlaubnis, wurde ich belehrt. Es sollte also nicht der Eindruck entstehen, in einem Zuchthaus der DDR habe ein politischer Häftling etwas zu lachen. In einem Brief meiner Mutter war der Satz »Nach dieser Zeit kommt eine andere« getilgt! Einmal in drei Monaten war es dem Gefangenen erlaubt, Besuch von seinen nächsten Angehörigen zu empfangen. Es durfte selbstverständlich (ein Vollzugsbediensteter war immer dabei) nicht über Anstaltsangelegenheiten gesprochen werden.

Die Einhaltung der Anstaltsordnung ist in Waldheim sehr streng gehandhabt worden. So war es z. B. verboten, durch das Zellenfenster zu sehen. Da dieses sehr hoch angeordnet war, konnte ein Blick nach draußen nur gelingen, wenn man auf einen Hocker stieg. Gleichfalls verboten war es, sich außerhalb der Nachtstunden auf das Bett zu legen oder sich auch nur darauf zu setzen. Ein Verstoß gegen diese Bestimmung wurde (z. B. auch bei mir) mit dem Entzug der Einkaufsmöglichkeiten für einen Monat geahndet. Also stieg der Reservefonds, über den ich bei der Entlassung verfügen konnte, um etwa zwanzig Mark an.

Im Zuchthaus gab es keinerlei Möglichkeiten zu beruflicher Aus- oder Weiterbildung, so daß ich bei meiner Entlassung zwar über die Fertigkeiten eines Bohrers und Drehers, jedoch – obwohl bereits 26 Jahre alt – über keinen Facharbeiterbrief für diese Berufe verfügte.

Politische und kriminelle Gefangene waren nicht separat untergebracht. Staatsfeinde, Taschendiebe und Mörder erfuhren prinzipiell die gleiche Behandlung.

Von Zeit zu Zeit führte die Anstaltsleitung mit jedem Gefangenen Gespräche, um festzustellen, welche Fortschritte dieser bei der ideologischen Umerziehung gemacht hatte. Unter den Gefangenen hießen diese Aussprachen »Seelenfilzungen«; mitunter hatten sie Einfluß auf eine vorzeitige Entlassung, wenn der Befragte es geschickt verstand, den Eindruck eines Sinneswandels zu erwecken. Am überzeugendsten konnte der Gefangene aber beweisen, daß er Fortschritte in dieser Hinsicht gemacht hatte, indem er seine Mitgefangenen denunzierte. Mir sind Fälle bekannt geworden, daß Häftlinge wegen politischer Meinungsäußerungen während der Haft ein zweites Mal verurteilt wurden, so daß sich ihre Haftzeit um ein paar Jahre verlängerte. So jedenfalls erging es einem Neffen von Walter Ulbricht, der zunächst fünf Jahre Zuchthaus wegen seiner kritischen Haltung zur SED-

Landwirtschaftspolitik erhalten hatte und während der Haft kein Hehl daraus machte, daß er seine Einstellung zum SED-Regime nicht geändert hatte. Er bekam zweieinhalb Jahre »Nachschlag«, die er bis zum Februar 1962 verbüßen mußte. Dann entließ man ihn in die BRD.

Dem Zuchthaus Waldheim unmittelbar benachbart lag (und liegt noch immer) die psychiatrische Anstalt. Diese Nachbarschaft hat sich für manchen Gefangenen als gefährlich erwiesen, besonders für jene, die bereits etliche Jahre verbüßt hatten. Die skizzierten Haftbedingungen und das Verhalten mancher Angehörigen des Wachpersonals, den Gefangenen durch kleinere oder größere Schikanen vorsätzlich zu provozieren, blieben nicht ohne Folgen. So kam es gelegentlich vor, daß ein Gefangener sich nicht länger zusammenreißen konnte und sich gegen diese Schikanen wehrte, indem er seinen Groll mehr oder weniger drastisch äußerte. Die »Beweisführung«, daß ein solcher Strafgefangener in eine stationäre psychiatrische Behandlung gehörte, war dann nicht schwer. Mitgefangene haben mir von solchen Fällen berichtet. Dann hing es vom psychiatrischen Gutachten ab, ob und wann so ein Patient je wieder in Freiheit kam! Man tut gut daran, den Rat von Gefangenen mit längerer »Knasterfahrung« zu befolgen: sich in keinem Falle provozieren zu lassen und möglichst nicht aufzufallen!

Große Hoffnungen auf eine vorzeitige Haftentlassung machte ich mir nicht, denn eine Bereitschaft zur Zusammenarbeit mit Leuten, die so vielen Menschen Unrecht angetan hatten, kam nicht in Frage. Ich hatte auch nicht das Glück, durch eine Amnestie vorzeitig entlassen zu werden. Während meiner Haftzeit von 1958 bis 1962 hat es eine solche nicht gegeben, auch nicht anläßlich des Todes von Staatspräsident Wilhelm Pieck am 7. 9. 1960. Im

Rahmen eines sogenannten Allgemeinen Straferlasses wurde zwar eine größere Zahl von Strafgefangenen entlassen, Voraussetzung war aber, daß zwei Drittel der Strafe bereits verbüßt waren und der Häftling »sich gut geführt« hatte. Statt der erforderlichen 32 Monate hatte ich erst 30 verbüßt. Meine Strafe hätte nach diesem Erlaß herabgesetzt werden können. Aber auch dies geschah nicht, da ich das Verbrecherische meines Tuns noch immer nicht eingesehen hatte.

Aus dem Urteil des Bezirksgerichts Gera, 6. 10. 1958: Im April 1956 suchte der Angeklagte nicht nur wieder einmal wie so oft ein Westberliner Kino, sondern auch die »Bücherstube Ost« in Westberlin auf. Bei diesem Besuch nahm er eine Hetzschrift mit in den demokratischen Sektor. Bereits im Jahre 1955 schleuste er zwei Hetzschriften der »Freien Jungen Welt«, die er von Straßenverteilern erhalten hatte, in das Gebiet der Deutschen Demokratischen Republik ein. Im Oktober 1956 erhielt er auf gleiche Weise eine illustrierte Hetzschrift über Ungarn und brachte diese ebenfalls in das Gebiet der Deutschen Demokratischen Republik. Im Januar 1958 suchte der Angeklagte Hoffmann das »Amerika-Haus« in Westberlin auf und erhielt dort eine Hetzschrift von Djilas, die er ebenfalls in den demokratischen Sektor einführte. Die von dem Angeklagten eingeschleusten Hetzschriften wurden von ihm an andere Studenten zum Lesen weitergegeben, und zum Teil propagierte er den Inhalt dieser Hetzschriften.

Mein erster Aufenthalt in Waldheim währte nur sieben Wochen, da das Zuchthaus überbelegt war und es nicht genügend Arbeitsmöglichkeiten gab. Ich wurde nach Torgau verlegt. Das dortige Gebäude war zwischen den beiden Weltkriegen als Militärgefängnis errichtet worden. Jede Zelle war mit Parkettfußboden, Wassertoilette und Waschbecken mit fließendem kaltem Wasser ausgestattet. Verglichen mit Waldheim empfand das jeder als eine wesentliche Verbesserung. Die letzten 18 Monate meiner Haft mußte ich wieder in Waldheim verbringen, davon sechs Monate in totaler Isolationshaft.

Zum System des damaligen Strafvollzugs gehörte es auch, die Zusammensetzung der Gefangenen einer Zelle in kurzen Zeitabständen zu wechseln. Das erschwerte es dem Gefangenen, sich auf seine Mitgefangenen einzustellen und einzuschätzen, wer von diesen ein Denunziant war. Die üblichen Denkklischees – hier die Guten, die Politischen, da die Bösen, die Kriminellen – erwiesen sich als unbrauchbar. Ich habe es erlebt, daß ein Mörder sich für seine Mitgefangenen eingesetzt hat und dafür in den Arrest gegangen ist, während es vereinzelt Fälle gab, in denen Politische ihre Mitgefangenen denunziert haben. Insgesamt hatte ich 54 verschiedene Zellenmitbewohner, und ich könnte über viele ergreifende Schicksale berichten.

Über die Schwierigkeiten eines Strafgefangenen, in der DDR-Gesellschaft wieder Fuß zu fassen, machte ich mir bei meiner Entlassung am 17. 2. 1962 keine Illusionen. Es kam aber schlimmer, als ich erwartet hatte. Bereits wenige Tage nach meiner Entlassung zu meiner Mutter nach Falkensee durfte ich erneut die Rolle eines Angeklagten übernehmen, obwohl ich inzwischen weder eine Straftat noch eine Ordnungswidrigkeit begangen hatte. Der Rat der Stadt Falkensee war der Meinung, daß ich eine ernste Gefahr für die »Staatsgrenze West« zur

»selbständigen politischen Einheit Westberlin« dar-
stellte. Die Arbeiter-und-Bauern-Macht hatte solche
Gefahrensituationen für den »antifaschistischen Schutz-
wall« vorgesehen und eine Verordnung erlassen, nach
der es nicht erforderlich war, gegen Gesetze zu versto-
ßen, um in den Personenkreis aufgenommen zu werden,
der von bestimmten Gebieten fernzuhalten war. So bedurfte es bei meiner »Vergangenheit« für das Kreisgericht Nauen keiner besonderen Begründung, um mich
am 28. 2. 1962 zu einer Aufenthaltsbeschränkung zu verurteilen, die mir die Anwesenheit am Wohnort meiner
kranken Mutter auf unbestimmte Zeit verbot (Verstoß
gegen Artikel 8 der Verfassung der DDR). In meinem
Verbannungsort Blumenthal (Kr. Pritzwalk) hieß es nun
in einem Sägewerk während der nächsten vier Monate
Bretter stapeln.

Aus der Verordnung über Aufenthaltsbeschränkung
vom 24. August 1961 (GBL II, Nr. 55):
Auf Grund des Beschlusses der Volkskammer der
Deutschen Demokratischen Republik vom 11. August
1961 verordnet die Regierung der Deutschen Demokratischen Republik:
§ 1
(1) Bei einer Verurteilung zu Freiheitsstrafe oder bei
einer bedingten Verurteilung kann das Gericht zusätzlich auf eine Beschränkung des Aufenthalts des Ver-
urteilten erkennen.
(2) Die Aufenthaltsbeschränkung kann angeordnet
werden, wenn die Fernhaltung der Person von bestimmten Orten und Gebieten im Interesse der Allge-
meinheit oder eines einzelnen geboten oder die öffentliche Sicherheit und Ordnung bedroht ist. […]

Daß die Rechte eines ehemaligen politischen Häftlings in der DDR eingeschränkt waren, mußte ich in der Folgezeit immer wieder feststellen. So bedurfte z. B. ein Arbeitsstellenwechsel der Zustimmung des Rates des Kreises, Abteilung Inneres. Auch bin ich seit meiner Haftentlassung im Jahre 1962 vom Ministerium für Staatssicherheit observiert worden. Außerdem fehlte es bei meinen damaligen Bemühungen um Wiederzulassung zum Studium von meinem 2. Verbannungsort Pritzwalk (Bez. Potsdam) aus, wo ich im Kupplungswerk als Dreher arbeitete, nicht an Einschüchterungsversuchen von seiten der Stasi. Daß ich mein Studium schließlich nach achteinhalbjähriger Unterbrechung doch noch abschließen konnte, verdanke ich der Fürsprache von Kurt Brückmann, der 1965 meine Eingabe an den Staatsrat als Sektorleiter im Ministerium für Hoch- und Fachschulwesen zu bearbeiten hatte, sowie den Professoren Horst Kunze und Othmar Feyl, damals Direktor und stellvertretender Direktor des Instituts für Bibliothekswissenschaft und wissenschaftliche Information, die sich bei der Humboldt-Universität – die mich auf Lebenszeit von allen Hochschulen der DDR relegiert hatte – für mich einsetzten.

Außerdem ist anzumerken, daß ich in meiner weiteren beruflichen Entwicklung schwerwiegenden Benachteiligungen ausgesetzt gewesen bin. So mancher staatliche Leiter verhielt sich so, als könne er sich diesem Personenkreis gegenüber jeden Verstoß gegen das Arbeitsrecht erlauben. So entband mich Verlagsleiter Köhler vom VEB Bibliographisches Institut Leipzig im Juni 1974 von der Funktion des verantwortlichen Redakteurs des Zentralblatts für Bibliothekswesen. Daß Genosse Köhler in dem folgenden Arbeitsrechtsstreit den kürzeren zog,

nutzte mir gar nichts, denn er setzte sich über einen Beschluß der Konfliktkommission des Verlages hinweg und
mich wegen *gesamtdeutscher Tendenzen in der Fachzeitschrift* nicht mehr in meine Dienstfunktion ein.

Ich mach' das Geschäft schon dreißig Jahre und hab' noch jeden gekriegt

Klaus Freymuth, geb. 1942, vor der Verhaftung frei-
schaffender Ingenieur (Kameramann), gegenwärtig
Dok.-Video-Produzent, freischaffend
Anklage: Verstoß gegen das Zollgesetz, Steuerhinter-
ziehung, Urteil: 2 Jahre (Bewährung), in Haft von
Juli 1984 bis März 1985, Gefängnis: Stasi-U-Haft
Berlin-Hohenschönhausen

1984 ist für mich im wahrsten Sinne ein Orwellsches Jahr
gewesen. Die Vorgeschichte dazu lag zwei Jahre zurück.
Ich war gerade vierzig Jahre alt geworden. Im September, es war ein schöner Herbsttag, bekam ich einen Anruf von der Bauakademie mit einem Arbeitsangebot. Ich
war zu der Zeit freischaffend, habe in einem kleinen Videostudio in Berlin gearbeitet. Wir haben Dokumenta-
tionen erstellt für den kulturellen Bereich, aber auch In-
dustriewerbung gemacht für Messen und Ausstellungen.

In der Wallstraße wurde ich also zu dem Direktor bestellt. Der ließ mich in einen Nebenraum und sagte, er
hätte im Moment keine Zeit. Ich sollte mal nebenan warten. Und da saß ich dann so fünf bis zehn Minuten. War
schon ärgerlich. Plötzlich ging die Tür auf, und zwei
strahlende Herren betraten den Raum. Der eine etwa so
in meinem Alter, vielleicht ein bißchen jünger, Mitte
Dreißig, und der andere so jenseits von Fünfzig. Freund-

liches Auftreten, sprachen mich an und sagten: »Guten Tag, Herr Freymuth. Wir freuen uns, Ihnen endlich mal persönlich zu begegnen. Wir kommen vom Ministerium für Staatssicherheit.« Sie klappten ihre Ausweise auf, sagten dann noch, daß sie sich schon längere Zeit mit mir beschäftigt hätten.

Also, mein Schreck, ich weiß nicht, ob man mir den angesehen hat, ich war verwirrt wahrscheinlich in dem Moment. Hab' auch richtig im Magen irgendwie ein ungutes Gefühl gespürt. Und dachte dann krampfhaft: Wie verhältst du dich? Möglichst natürlich. Was wollen die denn? Ich war innerlich sehr aufgeregt, hab' aber nach außen versucht, einen klaren Kopf zu behalten.

Die gingen dann sofort aufs Ziel los. Sagten, ich hätte ja einen sehr großen Freundes- und Bekanntenkreis. Und in dem Bekanntenkreis gäbe es einige Leute, die sie besonders interessieren. Und nannten dann auch gleich einige Namen. Und – das waren wirklich Freunde, Arbeitskollegen und auch Fernstehende; auch so ein, zwei Verwandte waren dabei. Aus der Bundesrepublik. Meine Antwort war ganz eindeutig. Ich hab' ihnen gesagt, daß es mich wundert, wenn sie sagen, daß sie sich lange mit mir beschäftigt haben, und dann zu dem Schluß kommen, daß dieses Kontaktgespräch zum Erfolg führen müßte. Und – daß ich nicht bereit bin, in der Weise mit ihnen ein Gespräch zu führen. Ich habe dann noch gesagt, ich akzeptiere zwar, daß es solche Dienste wie den ihren geben müsse, solange es den CIA gibt und den Bundesnachrichtendienst. Aber ich akzeptiere nicht, daß dieser Dienst sich, aus meiner Sicht, ausschließlich nach innen wendet. Und aus dem Grunde bin ich nicht bereit, mit ihnen über diese Dinge zu reden. Außerdem bin ich der Meinung, daß meine Freunde und Bekannten keine

Lumpen sind. Da gibt's niemanden, über den ich was reden könnte. Wenn überhaupt, sollten sie selbst mit ihnen sprechen. Aber ich hab' keinen Anlaß, ohne deren Anwesenheit über sie zu sprechen.

Na ja, da sagten sie, das wäre die erste Antwort. Wir haben dann dieses direkte Thema verlassen.

Aus: Die Zusammenarbeit mit patriotischen Kräften (MfS, JHS-Nr. 12/96 / Vertrauliche Verschlußsache VVS-0001, 598 Ausf. Bl. 1–7, Lehrstuhl I, Studienmaterial, Fachschulstudium Rechtswissenschaft, Herausgeber: Juristische Fachschule Potsdam):
Patriotische Kräfte sind Personen, die sich aus positiver gesellschaftlicher Überzeugung oder aus anderen Beweggründen zur konspirativen Zusammenarbeit mit dem MfS verpflichtet haben. [...] Sie sind die wichtigsten Kräfte des MfS im Kampf gegen den Feind. Deshalb genießen sie auch unsere besondere Fürsorge. [...] Durch die Arbeit mit patriotischen Kräften ist das MfS in der Lage, Verdächtige oder andere operativ interessierende Personen zu bestimmten, operativ gewünschten Äußerungen, Verhaltensweisen, Handlungen usw. zu veranlassen. [...] Die patriotischen Kräfte opfern oftmals einen Teil ihrer persönlichen Freizeit für die Realisierung der operativen Aufgaben. Sie müssen Verbindungen zu Personen aufnehmen und unterhalten, mit denen sie oftmals nichts verbindet. Nicht wenige patriotische Kräfte müssen zum Eindringen in feindlich-negative Personenkreise sozusagen in eine andere »Haut schlüpfen«, um Gleiche unter Gleichen zu sein, und dabei ihre wahren Gedanken und Einstellungen verbergen. [...] Die dem MfS übertragene Aufgabenstellung zur Bekämpfung

des Feindes verlangt oftmals auch, Personen für die Zusammenarbeit zu gewinnen, die aufgrund ihrer politischen Haltung, ihrer Moralauffassungen oder aus anderen Gründen eine mehr oder weniger verfestigte ablehnende Haltung zur Unterstützung des MfS einnehmen. [...] Beweggründe für die Bereitschaft zur inoffiziellen Zusammenarbeit mit dem MfS können darin bestehen, mit unserer Hilfe bestimmte persönliche Interessen und Bedürfnisse (z. B. materielle Zuwendungen) zu befriedigen oder begangene Straftaten durch die Tätigkeit für das MfS wiedergutzumachen. Es bedarf also nicht immer der edelsten Motive, um Personen für die inoffizielle Zusammenarbeit mit dem MfS zu gewinnen. [...]

Sie fingen dann an, die Katze aus dem Sack zu lassen, und erzählten mir, was mich wirklich verblüfft hat, unheimlich viele Details aus meinem Leben. Ich war schon überrascht über diese genaue Detailkenntnis. Vorrangig in beruflicher Hinsicht. Aber es ging eben auch bis zu Andeutungen aus dem privaten Bereich. Das läßt sich bei mir nie so richtig trennen. Arbeit und persönliches Leben – das ging ineinander über. Und da wußten die echt gut Bescheid. Das hab' ich sofort registriert und war dadurch nun noch ein bißchen vorsichtiger. Andrerseits, das entspricht möglicherweise meinem Naturell, hat mich die Sache nicht nur irritiert, sondern ich hab' versucht, mich an denen zu messen.

Nach einer dreiviertel Stunde wurde ich entlassen. Ich hab' dann, wie ich's immer gehalten hab', natürlich mit meiner Frau darüber gesprochen, und auch mit Freunden. Ich kann mich auch nicht erinnern, daß ich in irgendeiner Form vergattert wurde, über dieses Gespräch Stillschweigen zu bewahren. Es gab dann mindestens nochmals fünf, sechs Gespräche innerhalb des nächsten Vierteljahres.

Es gab zwei Gespräche, wo nur der Jüngere allein zu mir kam. Und der interessierte sich dann ganz besonders für meine Arbeit, für Video. Der wußte auch recht gut Bescheid. Hat auch ein paar technische Fragen gestellt. Ich nehme heute an, das war einfach, um mich psychologisch ein bißchen aufzubereiten. Daß ich die Scheu verliere, mit ihm zu reden.

Der fing dann auch an, über Theater zu sprechen und über Konrad Wolfs Filme. Also, ich denke, die haben sich wirklich gut vorbereitet oder sind gut vorbereitet worden.

Aus: Die Vorbereitung, Durchführung und Auswertung der Treffs (VVS 0001 MfS JHS-Nr. 202/84 304 Ausf. Bl. 1 bis 22, Sektion Politisch-operative Spezialdisziplin, Lehrstuhl I Ministerium für Staatssicherheit, Hochschule, Lehrmaterial für Hochschuldirektlehrgänge):
Die Treffs, die vertraulichen konspirativen Zusammenkünfte zwischen IM-führenden Mitarbeitern und IM [Informelle Mitarbeiter, G. F.] haben in der Zusammenarbeit mit den IM eine besondere Stellung. [...] Sie müssen durch die IM-führenden Mitarbeiter gründlich vorbereitet werden. Die Vorbereitung der einzelnen Treffs wird vom Inhalt und vom Umgang her immer unterschiedlich sein. So wird sich ein Mitarbeiter, der einen IM erst kurze Zeit übernommen hat, mehr damit befassen müssen, wie dieser IM auf den neuen Auftrag reagieren wird, ob er ihn bereitwillig annehmen oder erst Bedenken äußern wird. [...] Es

kommt darauf an, bereits bei der Erarbeitung von Aufträgen zu sichern, daß sie für die IM auch konkret überschau- und faßbar sowie erfüllbar sind. So ist z. B. bereits in Vorbereitung auf den Treff zu prüfen, ob ein IM, der die Ergebnisse einer internen Diskussion in einem kirchlichen »Friedenskreis« auf ihren ideologischen Hintergrund bezogen einschätzen soll, dazu auch tatsächlich in der Lage ist. Es muß überlegt werden, ob der IM aufgrund seiner eigenen fachlichen und operativen Kenntnisse und Fähigkeiten, seines Feindbildes usw. feindliche Positionen und Argumente als solche erkennen kann und welche Kenntnisse ihm dazu noch zu übermitteln sind. [...] Es ist darum unbedingt darüber nachzudenken, wie die IM für die Übernahme einzelner Aufträge motiviert werden können, welche möglichen Einwände und Bedenken, Zweifel oder Gefahrenmomente sie eventuell vortragen könnten und wie diesen entgegenzuwirken ist. Oft kann bereits durch Kleinigkeiten, durch geschicktes Einstellen auf die Persönlichkeit der IM, eine große Wirkung erzielt werden! Es sei in diesem Zusammenhang an solche bewährten Methoden erinnert wie:

– die sachliche, aber stimulierende Bewertung erzielter Arbeitsergebnisse hervorzurufen;

– die ideenreiche Erläuterung der besonderen politisch-operativen Bedeutsamkeit der zu lösenden Aufgaben, um auf diese Weise bei den IM das Gefühl des unbedingten Gebrauchtwerdens zu erzeugen;

– die Gestaltung einer mobilisierenden Treffatmosphäre, insbesondere im Zusammenhang mit Geburtstagen oder bestimmten Jubiläen sowie staatlichen Auszeichnungen der IM;

– die Vorbereitung kleiner Aufmerksamkeiten für sol-

che Anlässe, die die IM persönlich als bedeutsam
empfinden;
– die Gewährleistung von Hilfe und Unterstützung für
die IM in komplizierten persönlichen Angelegenheiten
u. ä. [...]

Einmal hab' ich einen Termin verschlafen. Hab' dann da
in der Bauakademie nach ihnen rumgefragt. Und nächsten Tag bekam ich einen Anruf von einem wutschnau-
benden Stasi-Mann. Wie könne ich mich derart beneh-
men, ob ich nicht wisse ..., und dann hat er mir 'ne Stand-
pauke gehalten. Da hab' ich gesagt, also hör'n Sie, wenn
Sie weiter in der Weise mit mir reden, dann leg' ich auf.
Wir stehen in keinem Verhältnis zueinander, das Sie berechtigt, in dieser Weise mit mir zu reden. Ich hab' verschlafen. Wenn Sie dagewesen wären, oder ich hätt' irgendeine Adresse von Ihnen, hätt' ich mich möglicherweise entschuldigt. *Ich* bin nicht interessiert an den Gesprächen mit Ihnen. *Sie* setzen mich ja hier ständig unter
Druck. Da fing er wieder an, mich unheimlich zu bedro-
hen. Sie könnten mich jetzt schon für zweieinhalb Jahre
einsperren, weil ich die Vertraulichkeit gebrochen hätte.
Ich hab' dann gedacht, laß den mal Dampf ablassen, rea-
gier überhaupt nicht, irgendwann ist der fertig.
   Zwischendurch hatte er mir erzählt, er hätte sogar eine
Art Psychogramm erstellt. Offenbar müßte ich geeignet
sein aus seiner Sicht. Und da hab' ich ihm erklärt, warum
das ein falscher Ansatz ist. Und hab' geredet, fast um
mein Leben. Und ich hatte dabei die falsche Vorstellung,
daß ich die Leute überzeugen kann. Von ihrem schändli-
chen Tun. Das ist also absolut naiv gewesen. Absolut
naiv. Jedenfalls endeten die Gespräche damit, und ich
bin nicht darauf eingegangen, auf keine Forderung.

Aus: Die Vorbereitung, Durchführung und Auswertung der Treffs:

Jeder IM hat ein anderes intellektuelles Niveau, hat seine individuelle berufliche und gesellschaftliche Entwicklung und daraus resultierende Kenntnisse, Fähigkeiten und Einstellungen. Daraus ergibt sich für die IM-führenden Mitarbeiter, daß sie sich den IM sprachlich anpassen müssen. Die Fragen, Forderungen usw. müssen so abgefaßt oder formuliert werden, daß sie von den IM auch verstanden werden. Eine weitere Forderung an die IM-führenden Mitarbeiter besteht darin, daß sie bei den Treffs selbst aufmerksam zuhören. Dadurch wird auch Verständnis für die Mitteilungen und Gedanken der IM ausgedrückt, und die IM bemerken Interesse an ihren Ausführungen. Durch Zwischenfragen können die IM zum weiteren Nachdenken angeregt werden. Sehr wichtig ist, daß die IM bei den Treffs die Möglichkeit zum Ausreden eingeräumt bekommen, also nicht dauernd unterbrochen werden. [...] All das wird als indirekte Lenkung der Treffgespräche bezeichnet. Von entsprechender Mimik und Gestik begleitet, fördert diese indirekte Lenkung die Aktivität der IM beim Treff. [...] In der Regel ist es nicht zweckmäßig, bei den Treffs sofort »mit der Tür ins Haus zu fallen« und unvermittelt zum Kern der Sache zu kommen. Vielmehr sollten die IM für die operativen Belange des jeweiligen Treffs gut eingestimmt und aufgeschlossen werden. Das ist zum Beispiel möglich durch das Stellen von Fragen zum persönlichen Befinden der IM, zu familiären Problemen, die bei den letzten Treffs eine Rolle spielten, oder zu Problemstellungen aus dem Freizeitbereich der IM. [...] Die Zusammenkunft mit den IM kann und darf nicht wie ein »Befehlsempfang« ablaufen. Es ist immer daran zu denken, daß die IM eine gesellschaftlich wertvolle Tätigkeit realisieren, zu der sie sich freiwillig verpflichtet haben. [...]

Bei der letzten Begegnung – das werd' ich mein Lebtag nicht vergessen –, da zupfte mich der Ältere zum Abschied an der Jacke, das war kurz vor Weihnachten, und sagte noch so ironisch: »Na ja, jetzt wünsch' ich Ihnen ein schönes Weihnachtsfest. Und vielleicht sehen wir uns im neuen Jahr noch mal. Aber, Herr Freymuth, ich weiß nicht, was Sie jetzt hier mit uns für 'n Spiel gespielt haben. Ich sag' Ihnen nur das eine: Ich mach' das Geschäft schon dreißig Jahre. Und hab' bisher noch jeden gekriegt.«

Ich hatte ja damals gerade dieses Videostudio aufgebaut. Eines der wenigen akzeptierten in der DDR, mit einem relativ großen Aufgabenkreis. Also von kulturellen Geschichten bis zu Industriesachen, und auch so'n bißchen Underground-Kultur im Prenzlauer Berg und in der DDR hab' ich begleitet. Das war schon interessant für die Stasi. Für eine Ballett-Werkstatt hatte mich der Theaterverband um Mitarbeit gebeten und in diesem Zusammenhang Kontakt hergestellt zu den Amerikanern. Zur Kulturabteilung der Botschaft. Es kam also vor, daß vor unserm Studio dort im Prenzlauer Berg ein amerikanisches Botschaftsauto parkte. Oder die Kubaner waren da. Die wollten irgendein Messe-Video haben. Für den Export. Ich war auch befreundet mit einer Kulturbeauftragten der österreichischen Botschaft. Da ging es um ein Video, was wir über Hundertwasser gemacht haben. Zu seiner Ausstellung in der DDR. Und so gab es natürlich einen großen Bekanntenkreis, und die Stasi wollte da partizipieren.

Daß sie mich angesprochen haben, hab' ich ihnen erst mal nicht übelgenommen, aber ich hab' ihnen übelgenommen, daß sie ein Nein nicht akzeptieren können. Ja, irgendwann danach begannen dann ganz normale Schikanen. Ich bekam bestimmte Aufträge nicht mehr. Einige Leute, gerade aus dem Kulturbereich, signalisierten mir, daß es Nachfragen gab von der Stasi. Auch über die Steuer lief dann einiges. Die haben an einem Tag sämtliche Aufträge, die wir DDR-weit hatten, offengelegt. Sind ausgeschwärmt, muß man sagen, und haben in allen Städten, wo wir an Theatern gearbeitet haben, oder in Ausbildungseinrichtungen die Verträge kontrolliert. Mit der Zielstellung, irgendwelche Unregelmäßigkeiten zu finden. Man wollte mir ein Steuervergehen nachweisen. Offenbar haben sie nichts gefunden. Wir haben ja sehr korrekt unsere Steuern immer bezahlt. Das hat aber nicht etwa die Konsequenz gehabt, daß man von uns abließ, sondern im Gegenteil. Die Aktivitäten wurden verstärkt. Und es fing dann auch ganz direkt an mit Bespitzelung. Man hat dann ein Auto vor unser Studio gestellt, mit 'nem Stasi-Mann, der uns beobachtet hat. Es gab Situationen, wo man dann richtig gemerkt hat, daß man verfolgt wird mit 'nem Auto. Oft hab' ich das auch verdrängt. Ich wollt's einfach nicht glauben, daß die so was machen. Ich wußte ja, daß sie's machen, das hatte ich ja oft genug gesehen bei Robert Havemann. Aber ich hab' doch nicht gedacht, daß die das bei mir machen, wer war ich denn?

Es gab dann auch Einflußnahme auf die Aufsichtsbehörde, das war ja das Kulturministerium, die Hauptverwaltung Film, daß man uns die Arbeitsgenehmigung wieder entzieht. Aber ich muß sagen, für mich war das ein zwiespältiges Gefühl. Einerseits fühlte man sich irgendwie ernst und wichtig genommen. Es ist ja nicht jedermann, hinter dem so'n Stasi-Spitzel hersteigt, und andererseits hab' ich mich gefragt: Was machen die sich für eine Arbeit, wieso, warum? Also, lächerlich fand ich das Spiel.

Aber das Lachen verging mir dann eines Tages. Das war dann so eineinhalb Jahre nach der ersten Kontaktaufnahme. Die Situation verschärfte sich immer mehr. Mir wurde die Arbeitsgenehmigung entzogen, massive Steuergeschichten wurden mir angehangen... Also *angehangen* kann man gar nicht sagen. Das gipfelte einfach darin, daß man sagte: Die Steuerbegünstigung wird entzogen. Ich habe ja freischaffend künstlerisch gearbeitet. Dafür gibt's eine Festlegung, daß man 20% Steuer entrichtet, was ich auch getan habe. Und diese Grundlage wurde nachträglich geändert, so daß ich für die zurückliegenden zwei Jahre wahnsinnige Steuern nachzuzahlen hatte. Aber davor gab's natürlich etliche Gespräche, wo ich versucht habe, mich dagegen zu wehren. Ich hatte ja auch Fürsprecher. Leute also, mit denen ich gearbeitet habe, die mich kannten. Die haben sich, so gut sie konnten, eingesetzt. Es gab z. B. ein Schreiben, das vier prominente Leute unterzeichnet hatten. Das waren der Präsident der Akademie der Künste, Manfred Wekwerth, Wolfgang Heinz, Präsident des Theaterverbandes, Professor Martin Puttke, Direktor der Ballettschule, und Professor Minetti, damals Rektor der Schauspielschule. Die vier hatten einen Brief geschrieben an den Kulturminister, mit der Bitte, daß ich meine Tätigkeit weiterführen kann. Aber das hat alles nichts mehr genutzt. Die Organe hatten schon ihr Urteil gefällt.

Und dann kam dieser Morgen – das ist so ein Datum im Leben, was man nicht so leicht vergißt. Am Tag zuvor hatte meine Tochter ihr Abiturzeugnis bekommen, und mein Sohn hatte gerade die mittlere Reife bestanden. Also Anfang Juli, als es die Zeugnisse gab. An diesem Tag war ich in Rostock. Unterwegs hab' ich schon bemerkt, in Rostock, wir wurden verfolgt von einem Stasi-Wagen, auf der Autobahn auch. Ich hab' das noch mit 'nem Lachen erzählt, am Abend. Der nächste Morgen dann, ich hatte mich vorbereitet auf ein Gespräch beim Referat *Steuern*. Da sollte es noch mal darum gehen, daß wir das nicht akzeptieren wollten, diese Steuerbescheide, die man uns präsentiert hatte. Und ich hatte 'nen Haufen gute Argumente dafür, daß das alles Unrecht wäre, jedenfalls war ich eigentlich guter Dinge.

Meine Frau und meine Tochter hatten gerade das Haus verlassen, mein Sohn Lars war noch in der Wohnung, und plötzlich klingelte es. Lars macht auf, und sechs Leute betreten die Wohnung. »Aufstehen, rauskommen, zeigen Sie Ihren Ausweis, Sie sind vorläufig festgenommen.« Alle Zimmer wurden besetzt. Wir wohnten in einer kleinen Neubauwohnung. Ich rief meinem Jungen noch zu: »Schau dir alles genau an und verständige Maschka und unsere Freunde!« Lars wurde dann in sein Zimmer gesperrt und danach in ein Auto gebracht, und ein Stasi-Mann fuhr den ganzen Tag, also bis zum frühen Nachmittag, mit ihm durch die Stadt, damit er nicht irgendwo anrufen konnte. Ich mußte mich schnell ankleiden, auf Schritt und Tritt verfolgt von einem Stasi-Mann. Hab' dann noch schnell 'n bißchen Geld in die Tasche gesteckt, und dann ging es »ab die Post«. Unten vor der Tür standen schon mehrere Lada-Wagen. Einer fuhr dann vorneweg, einer hinterher, ich saß hinten auf der Bank mit Handschellen angeschlossen, mit einer Blechbrille auf, ich sollte nicht sehen, wohin die Fahrt geht.

Die Fahrt endete, nachdem wir einige schwere Eisentore passiert hatten, das merkte man immer am Anhalten und an diesen kurzen Kommandoworten, und irgendwann mußte ich dann aussteigen. Mir wurde die Brille abgenommen, und ich sah eine kleine Garage mit einem Ausgang. Dann wurde ich reinbefohlen und mußte mich entkleiden, die Sachen alle auf 'n Tisch legen, die wurden weggenommen. Dann wurde ich untersucht, man schaute in alle Körperöffnungen. Dann bekam ich Häftlingskleidung. Die bestand aus einem Trainingsanzug und aus Latschen, weiter nichts. Als Unterwäsche eine Turnhose und ein Turnhemd. Dann wurde ich viele Gänge entlanggeführt und in eine Zelle gesperrt.

Die Vernehmung begann so nach ein, zwei Stunden. Das war die erste Begegnung mit einem Menschen, von dem ich sagen muß, daß ich wohl selten einen so gut kennenlernte in einer bestimmten Situation. Es war also mein Vernehmer. Die erste Begegnung gestaltete sich sehr kontrovers. Er forderte mich auf, Platz zu nehmen, und dann fing er gleich an, mich fast anzuschreien, und befahl mir, ich solle mich anständig hinsetzen. Also Anschreien ist für mich immer so 'ne Sache, da wehre ich mich. Und in diesem Moment hab' ich wieder Kraft gespürt und hab' gesagt: »Also, wenn Sie sich hier mit mir unterhalten, und ich nehme an, daß Sie das wollen, dann überlegen Sie sich bitte, in welchem Ton Sie mit mir sprechen. Auf diese Weise wird's kein Gespräch geben.« Und das hab' ich mit viel Ruhe und Kraft gesagt, war auch richtig stolz, daß es mir ohne Zittern in der Stimme gelungen ist, und das hat sofort das Verhältnis zwischen uns bestimmt. Ich fragte natürlich, wo ich hier sitze und was der Grund wäre.

Ich wäre hier eingesperrt worden wegen des Verdachts

einer Straftat. Ich hätte in unserm Studio ja etliche Geräte benutzt, also z. B. eine Fernsehkamera. Ich hätte mit Videokassetten gearbeitet. (Wir hatten natürlich einen Recorder dazu und Mikrofone und all das, was man eben braucht, um Videoarbeit zu machen.) Und das seien ja alles Geräte, die nicht in der DDR hergestellt werden, und sie möchten die Einfuhrgenehmigung sehen. Und wenn ich ihnen die zeige, dann könne ich sofort das Gefängnis verlassen.

Da sagte ich: »Ich hab' mich bemüht um eine Einfuhrgenehmigung. Die ist uns verweigert worden, aus bürokratischen Gründen.« Übrigens wußten das alles auch die Stasi-Leute, die sich vorher mit mir beschäftigt haben. Ich hab' das ja niemandem verheimlicht. Außerdem hab' ich gesagt, daß wir zum Teil die Geräte auch über »Partisanenwege« ins Land gebracht haben und daß ich es unsinnig finde, so ein nützliches Arbeitsmittel unter Kuratel zu stellen. Ich hab' ihn auch angesprochen auf die Gespräche von vor zwei Jahren. Da hat er gesagt: »Das ist Unsinn, so was gibt's nicht. Das sind Gespenstergeschichten, Herr Freymuth. Also, was Sie sich da ausdenken... Was soll der zu Ihnen gesagt haben? Er macht das Geschäft schon dreißig Jahre, und er hätte noch jeden gekriegt..., aber Herr Freymuth, wo leben wir denn?« Also richtig so 'n bißchen zynisch-ironisch.

Ich hatte lange Zeit die Vermutung, in den ersten Wochen, daß man jetzt einfach die Muskeln spielen läßt und mich einschüchtern will. Um letztlich doch zum Ziel zu kommen, also mit diesem Vorwand 'ne Anklage zusammenzuzimmern. Es war dann die Rede von sechs Jahren, die man mich einsperren könnte. Aber immer wieder wurde gesagt: »Es liegt ja an Ihnen, Herr Freymuth. Wir können auch anders.« – Das Ganze war so nach dem

75

Motto: »Willst du nicht mein Bruder sein, schlagen wir dir wenigstens, na ja, wenigstens die Nase ein.«

Und das hat mich so empört, daß sie so feige sind, so eine Geschichte auf diese Weise zu lösen, da gab's überhaupt keinen Spielraum für mich.

Brief aus der Haft an seine Frau, 18. 10. 1984:
Maschka, habe gerade Deine letzten Briefe bekommen, es tut gut. Aber solche starken Menschen wie die Luxemburg gibt es wohl sehr selten: und dazu diese Wärme, Reife und Klugheit! Vorgestern hatte ich mit Gysi ein Gespräch, habe ihm meinen Entschluß mitgeteilt. Ich glaube, er hat ihn erwartet. Laß uns jetzt ruhig und gelassen auf alles andere warten. Mir geht es gut. Ich sitze nur noch in der Zelle. Habe eine Methode gefunden, die Zeit zu überstehen. Durch minimalste Nahrungsaufnahme kommt man in einen »schläfrigen Zustand«. Dann läßt es sich gut träumen. Auch bekomme ich auf Wunsch jetzt täglich Tranquilizer (Faustan). Das verkürzt sehr die Zeit. (Allerdings spiele ich dann nicht mehr so aufmerksam Schach.) Ich beneide Dich um vieles, aber besonders darum: Du kannst lesen, wonach Dir zumute ist. Leider spürt man erst schmerzlich den Verlust auch von selbstverständlichen Dingen, wenn sie einem entzogen sind. Jedoch auch das wird sein Gutes haben, die Genußfähigkeit wird steigen. Maschka, in Skaby alternativ leben? Das schaffen wir noch nicht, wir würden zugrunde gehen. Wir brauchen nicht nur uns. Ich habe auch noch genug Kraft und Ideen für einen Neubeginn! Und wenn uns unsere Freunde helfen, um so besser. Sei nicht kleinmütig, wenn Du mich das nächste Mal besuchst, besprechen wir alles.

(Verkäufe, Arbeit, Schulden.) Vielleicht kannst Du über einige Dinge mal mit Burkhardt reden (Skaby, Wohnung). Grüße Peter besonders von mir, ich danke ihm. Schade ist nur, daß ich nun wohl nicht mehr von ihm programmieren lernen kann. Bekommt er den Computer eigentlich zurück? Und wenn – »die Seele ist raus«. Was will Susi machen? Rufe bitte im Verlag an, die sollen nicht mehr mit mir rechnen. Video ade! Grüße Deine Mutter. Es tut mir so leid, ich hoffe, daß ich vieles wieder gutmachen kann. Maschka…
Dein Klaus

Es gab dann eine Phase, wo man mir angeboten hat, ich könnte in der Zelle ja mein Buch schreiben. (Ich hatte gerade vorher einem Verlag ein Manuskript angeboten.) Das hab' ich abgelehnt. Weil, ich hab' eben kein Unrechtsbewußtsein oder Schuldbewußtsein entwickeln können. Und das hat mir doch Kraft gegeben.

Ich war also die meiste Zeit ziemlich stark. Sicher gab's auch Perioden, wo man psychisch fertig war, wo man diese Situation einfach nicht mehr ausgehalten hat. Das Lebensalter spielt 'ne Rolle. Man denkt an seine Kinder, an seine Frau und weiß nicht, wie lange das dauert, also das war zum Verzweifeln manchmal. Andererseits ist daraus auch wieder Kraft entstanden, daß man sich von innen aufgebaut hat. Ich hab' mich dann runtergehungert, um zu prüfen, ob man das kann, ob der Wille stark genug ist. Wollte sozusagen meinen Körper einsetzen als Waffe in dieser Geschichte. Um damit zu sagen: Ich laß mich hier nicht einsperren. Für nichts. Bin dann so bei 58 Kilo gelandet, bei 1,82 Meter. Ich wollte ein Zeichen setzen. Und das ist nicht so einfach, plötzlich nicht zu essen.

Es gibt ja da vernünftiges Essen. Da kannste dick und rund werden. In diesem Gefängnis. Man verliert auch keine Energie, keine Kalorien. Du kannst dich ja kaum bewegen. Mal abgesehen von der halben Stunde da im Frischluftkäfig.

Dann hab' ich, sagen wir mal nicht: freche Briefe, aber knallharte Briefe geschrieben. Denn die Briefe waren ja immer auch Information für die Stasi. Zwei, drei, die gingen so übers Ziel hinaus, die haben sie gar nicht befördert. Ich bekam dann irgendwann mal ein Schreiben. Da stand dann drin, daß die wegen Beleidigung der Rechtsfindungsorgane von der Staatsanwaltschaft eingezogen wurden.

Brief aus der Haft an seine Frau, 2. 11. 1984:
Liebe Misch – eigentlich wollte ich Dir einen Liebesbrief schreiben, einen »Sonntagsbrief«. Doch nach Deinem letzten Besuch muß ich ein paar Dinge klären. Zuerst das Einfachere: Ich ernähre mich normal, d. h., ich esse so viel, wie ich brauche, um allen Dingen, die mir hier begegnen, kräftemäßig standzuhalten. Ansonsten lebe ich reduziert, in jeder Beziehung. Und das kann ich nur so machen! Du weißt, daß es nicht meine Art ist, zu verdrängen. Probleme müssen gelöst werden. Ich (wir) haben davon mehr als genug. Da mir jedoch jegliche Möglichkeit fehlt, etwas zu lösen, und ich nicht »kaputt«gehen will, muß ich verdrängen lernen. Nur darum handle ich so, sonst gibt es keinen Grund. So kann ich in den langen Tagen viel schlafen. Ich danke für Deine (Eure) Mitbringsel. So schöne Sachen – nur, Maschka, ich will es hier nicht schön haben. Ich will keine Lebkuchen, ich will leben. Ich möchte es mir nicht so gemütlich

wie möglich einrichten, vielleicht noch einen Tannen-
zweig und »Bunten Teller« zu Weihnachten? Nein,
danke. Also bitte nur Obst und Kaffee! Es gibt hier ge-
nug Essen! Nun zum Zweiten: Viele werden Dir Mut
machen, Dich trösten, sagen – so schlimm wird's
nicht werden usw. Das ist lieb und gut gemeint. Dank
allen. Doch ich bin hier und sehe und überlege: Wozu
der Aufwand, wenn kein entsprechendes Ergebnis
zu erwarten ist? Du mußt komplexer denken! Sei kein
Rohr im Wind. Sei traurig und stark, oder vergiß mich;
denn unser Wiederfinden kann ein Weilchen dauern.
Und welche Perspektive haben wir dann? Keine Ar-
beit, kein Buch, viel Mißtrauen, viele Schulden, ver-
bittert und enttäuscht… Ist das eine Basis? Mögli-
cherweise kommt zu meinen bisherigen Irrtümern ein
weiterer hinzu: Das Verwechseln von Ursache und
Wirkung. Andererseits gibt es Grenzen, Grenzen der
Belastbarkeit. Ich bin an meine gelangt, verzeih mir –
stärker bin ich nicht. Zu meinem Verhalten hier:
Glaube mir, es ist nicht anders als draußen! Ich bin
kein Verbrecher, ich gebe mich, wie ich bin – authen-
tisch. Jeder hat die Chance gehabt, in mir zu »lesen«.
Ich weiß nicht, woran es liegt, wenn man ein Buch
nicht liest: Langeweile, Überdruß, Unverständlich-
keit…? Alles weitere über Gysi. Ich bitte Dich um
Dein Vertrauen – grüße alle und küsse die Kinder,
Dein Klaus.

Eines Tages habe ich dann gesagt: So, jetzt ist Schluß. Ich
hab' das ernst genommen. Die wollen mir nicht ans Leben, aber die wollen mir meine Freiheit rauben. Und da
gibt's kein Verständnis mehr. Das sind jetzt meine
Feinde. Du bist ja nicht müde. Du bist ja nicht erschöpft,

im Gegenteil, du wirst zu 'nem Idioten gemacht. Du darfst nicht arbeiten, du kannst dich nicht irgendwie sinnvoll beschäftigen, es gibt zwar Bücher, alle zwei Wochen werden durch die Luke drei Bücher geschoben. Der Zufall regiert die Auswahl. Das meiste ist unsinniges Zeug, das Verhältnis von Makulatur zu Literatur ist etwa so zehn zu eins. Und das hält man nicht aus. Und in der Situation entwickelst du eine unheimlich kriminelle Phantasie. Und Energie. Also was ich da nachts für Lichtmasten gesprengt habe und sonst was, das ist heute richtig zum Lachen. Um sich wirklich zu wehren, gibt's nicht viele Möglichkeiten. Du kannst die Aussagen verweigern, aber dann sitzt du eben ein halbes Jahr länger. Und ich hatte auch nichts zu verbergen. Mein Leben war vorher offen und öffentlich. Ich hab' also gar nicht das Gefühl gehabt, daß ich jemanden schädige, wenn ich über meine Freundschaften und so was spreche. Das hab' ich also nicht groß ausgeführt, aber ich hab' mich nicht verweigert, wenn man mich fragte, ob ich den und jenen kenne. Da sagte ich: »Natürlich kenne ich den.« Denn ich hatte ja überhaupt kein schlechtes Gewissen.

Mein größtes »Vergehen« war dieser kurze Interviewfilm mit Robert Havemann. Und dafür, dacht' ich, mußt du jetzt sechs Jahre ins Gefängnis.

1968 hatten wir Robert Havemann kennengelernt. 1980 hatte er gerade sein Buch rausgebracht, sein letztes. *Morgen* hieß das. Diese sozialistische Utopie. Und wir kamen auf den Gedanken, so 'n bißchen *promotion,* wie man heute so sagt, für dieses Buch zu machen, am besten einen kleinen Film. Aber das war ja sehr gefährlich, denn Robert war zu der Zeit ja stark kontrolliert; wenn der nach S. kam, um seinen Sohn zu besuchen, da sind vier, fünf Autos gefolgt. Und ganz schamlos haben die das ganze Gelände umstellt, jedes Auto fotografiert, uns fotografiert. Auf Schritt und Tritt wurde er beobachtet. Es war also nicht ungefährlich, einen kurzen Interviewfilm mit ihm zu machen. Deshalb hatten wir etliche Vorsichtsmaßnahmen getroffen. Ich hab' also mit ihm vereinbart, daß ich ihm drei Fragen stelle zu diesem Buch, und ihn gebeten, keine Polemik gegen die DDR zu starten. Ich war also richtig 'n DDR-Bürger. Aber ich hatte nicht seine Erfahrungen mit dem Staat, solche schlimmen Erfahrungen hatte ich nicht. Und dann war ich zu gutgläubig. Ich dachte, das sind alles Schwierigkeiten auf dem Weg, und später wird alles besser werden. Und wir müssen natürlich was dafür tun, daß es besser wird. Und ich wollte eben meinen Teil dazu tun, indem ich mit Robert so'n Interviewgespräch mache zu seinem Buch, das mich beeindruckt hat, weil es ein Großteil seiner Erfahrungen komprimiert hat. Seiner Lebenserfahrung.

Wir hatten uns also verabredet, mitten im Wald. Ich wollte einen ganz neutralen Hintergrund. Er hat dann im Wald vor 'nem Holzstoß gesessen. Ich hatte vorher die drei Fragen auf eine Tonbandkassette gesprochen, Robert dieses Tonbandgerät in die Hand gegeben, mit 'nem Ohrhörer hat er gesessen, hat also praktisch selbst die Fragen ausgelöst am Tonband und dann die Antworten gesprochen. Ich habe im Auto, im Trabant, gesessen, mit zitternden Händen die 16-mm-Filmkamera in der Hand. Man sieht das an den Bildern, daß die ganz schön verwakkelt sind. Das Material ließ ich dann beim Fernsehen entwickeln. Ich hatte ja gute Beziehungen zum Fernsehen. Hab' in der Expedition den Film abgegeben, raufgeschrieben, daß es ein Gespräch mit einem alten Bauern zur Erntezeit wäre am Feldrand. Und da Bild und Ton getrennt sind, kann also im Kopierer keiner rauskriegen, was derjenige, der da zu sehen ist, gerade spricht. Und vom Bild her kannten ja die wenigsten Robert... Dann hab' ich gleichfalls beim Fernsehen noch den Ton überspielt, mit 'nem kleinen Trick, indem ich praktisch ein anderes Interviewgespräch vorangeschnitten habe. Es ging da um Binnenschiffer. Also insofern war das schon ein bissel raffiniert, was ich da gemacht habe. Und es ist auch gelungen. Ich hab' den Film dann geschnitten, und der wurde dann auch im ZDF in *Aspekte* gezeigt.

Aber das war gar nicht der Anklagepunkt. Ich hab' ihnen erzählt, daß ich diesen Film gemacht habe. Damit die Anklage nicht einfach so eine kriminelle Arie wird. Aber es war gar nicht notwendig. Sie hatten inzwischen das Tonband gefunden.

Brief seiner Frau, 13. 11. 1984:
Lieber Klaus, gerade höre ich chilenische Musik im Radio – ist es schon elf Jahre her? Komme von Dr. Gysi, Deinen Eltern, bin in die Wanne gefallen und jetzt wieder einigermaßen o. k. Wir halten uns gegenseitig aufrecht, wobei meine »Stärke« eine nach außen ist. Klaus, trotzdem kannst Du Dich voll auf mich verlassen. Bin Deine Frau – nur Du kennst meine Schwächen, aber auch meine Stärken! Ich verstehe Dein Verhalten und habe volles Vertrauen, wie immer – grenzenlos. Trotz der Vorbehalte male ich mir das »Wiedersehen« aus, wie nach einer langen, langen Krankheit, den Sinn des Lebens überprüfend, Handlungen in Frage stellend – tief Luft holen und alles Wichtige gemeinsam besprechen, reden, träumen, fühlen und machen. Dankbar sein für gute Zeiten, andere annehmen (müssen). Was wird Otto zu alldem sagen, wenn ich mit ihm rede? Klaus, es ist so be-

drückend, zu lesen, daß man nicht in Dir liest. Es war unsere Hoffnung. Beim nächsten Termin müssen wir unbedingt die Zukunft besprechen. Lieber Klaus, es sind wenig gute Freunde geblieben, ab und zu kommt wer, aber kontinuierlich sind's wenige. Namen sind Dir klar, Mut machen wir uns keinen. Wir sehen's wie Du. Nur Du, Lieber (ich auch), wir wollten's immer anders sehen. Wo ist die Hoffnung? Nur mit uns ist zu rechnen. Wenn man doch an anderen Stellen »komplexer« denken würde. Wie viel wäre gewonnen, Stolz – engagiert sein – nicht mit Scheuklappen die Wirklichkeit in ihrer Dialektik sehen. Dazu müssen die Menschen gebracht werden. Über diese Fragen sprechen wir besser später. Langsam suchen wir Käufer für Skaby, Riedels? Tietzes, oder? Mir ist's recht, nur zahlungskräftig müssen sie sein. Uns drängt keiner, Klaus, keine Gedanken ans Geld. Denk an die Liebe, Deine Kinder, Freunde – Eltern davor, an mich und wenn Du's brauchst, auch gen Süden. Klaus, ich liebe Dich, sei wie Du willst – mußt. Ich war nur so sehr erschrocken. Habe meine Nerven auch stärker eingeschätzt. Glaube an Dich und Deine Grenzen. Die Kinder lieben Dich, die Alten in Ost und West. Friedel erkundigt sich regelmäßig. Lieber, ich lösche das Licht, rücke zu Dir, umfasse Dich, und so schlafe ich ein. Glaub an mich. Ich hab' so viel mit Dir zu bereden. Lieber, gute Nacht.

Ich hab' also dort wirklich die Schattenseiten des realen Sozialismus erlebt. Vorher hat man's zwar gewußt, aber doch irgendwie verdrängt. Man hat's also nicht so an sich rangelassen. Und jetzt hab' ich's erlebt. Und das, was du dort erlebst, das beeinflußt dein Denken. Weit mehr als alles andere. Und darum hab' ich also gesagt: In dem Staat will ich nicht mehr leben. Hier will ich raus. Es gibt nichts mehr, was mich hier noch hält. Ich seh' auch keine Chance, hier noch was zu verändern. Außerdem, was soll ich hier verändern, wenn ich im Knast sitze? Da gibt's nur noch eins: weg! Und das mit aller Konsequenz. Da malt man sich natürlich auch die Zukunft wieder in anderen Bildern.

Und man bekommt Auftrieb für die verrücktesten Sachen: Mein Zellengenosse, der hatte aufgrund besonderer Umstände ein Radio bekommen. Ein kleines Koffergerät, was eigentlich nur ein- und ausgeschaltet werden kann. Und auf einen Sender abgeglichen ist. Und da ich von der Ausbildung her Ingenieur bin, für Nachrichtentechnik, hat mir das keine Ruhe gelassen. Ich wollte also aus dem »Radio« wieder 'n richtiges Radio machen. Und hab' dann nach einem halben Jahr meinen Partner so weit gehabt, daß er damit einverstanden war. Ich durfte das ja sonst gar nicht berühren, ich konnte natürlich mithören, aber es war nur ihm zur Verfügung gestellt worden. Ansonsten hab' ich kaum gehört, daß jemand da im Knast 'n Radio hatte. Ich hab' also aus diesem »Radio« tatsächlich wieder 'n Radio gemacht, mit wenigen Hilfsmitteln. Mit 'ner alten Büroklammer, mit 'nem bißchen Bindfaden und mit 'nem bißchen Asphalt, den ich aus 'ner Ritze gekratzt habe, konnte ich den Oszillator verändern, den Schwingkreis, der für die Frequenz des zu empfangenden Senders bestimmt ist. Ich habe ein Loch in das Radio gebohrt, die Leiterplatte rausgeholt und dann die Oszillatorspule benutzt, um die Sender einzustellen. Nach fast einem Vierteljahr ist das (damals glaubten wir, unbemerkt) gelungen. Ich konnte also alle Sender, die auf Mittelwelle zu empfangen sind, einstellen. Hinterher ist uns klargeworden, daß die das möglicherweise schon von Anfang an gewußt haben. Denn es gibt ja keinen vernünftigen Grund, daß sie die Zellen nicht abhören. Vielleicht wollten sie einfach rauskriegen, wie lange ihre Soldaten brauchen, um uns auf die Schliche zu kommen. Denn die waren anschließend stinksauer.

Brief aus der Haft an seine Frau, 15. 11. 1984:
Liebe Misch –
Ja, es stimmt, es gibt einen neuen Briefträger – nur fünf Tage! Ansonsten nichts Neues: ein schlichtes, kompliziertes und sehr introvertiertes Leben, oder besser Lebensersatz. Du mußt für mich mitleben, verschließ Dich nicht! Hast sicher viele Weiberkontakte? (Was bleibt übrig, wenn Männer knapp werden?) Erstaunlich ist die Beobachtung, wie anpassungsfähig der Organismus auf die Umwelt reagiert, lediglich der Kopf legt sich quer. Je länger die Zeit dauert, desto prägender wird der Rhythmus: Das Zeitgefühl geht verloren, man wird zur Maschine. Ein mögliches Ziel – Ruhe, Friedhofsruhe. Draußen ächzt und stöhnt eine Welt, es gibt Kriegsgeschrei. Ist es schon wieder soweit? Man weiß zu wenig. Meine Probleme kommen mir dagegen immer kleiner und lächerlicher vor, obwohl sie tüchtig »Volumen« bekommen durch professionelle Routine. Ich wiege jetzt 58 kg, dabei bleibe ich – es hat sich so gut eingepegelt. Erst wenn wir wieder gemeinsam kochen können, werden sich meine Portionen vergrößern. Denn ich bin hungrig – nach Dir, nach Menschen, Arbeit und Streit, in dem man eine Chance hat. Liebe Maschka, Du hast geschrieben, Du willst meine Wunden heilen. Gerne, aber ich werde keine haben, unsere Liebe und Würde

sind nicht verletzbar. Alles andere ist äußerlich, abwaschbar und abschüttelbar. Ich freue mich auf unser »später«. Es wird uns fordern. Dann kommt irgendwann die Zeit, wo wir gegen die Fünfzig ankämpfen müssen. Es wird noch schön spannend werden. Gefühle sind zu entdecken, Reisen sind zu machen, unsere Kinder zu »entlassen« und über deren Probleme sich zu freuen. Ich habe Lust zu arbeiten, auch ein paar Ideen. Du kannst mir dabei gut helfen, es wird Dich interessieren. Maschka, sei nicht betrübt, ich liebe Dich, brauche Deine Wärme, Freundlichkeit, Weisheit, Zärtlichkeit und bin gewiß, das alles zu erhalten. Laß uns noch ein wenig träumen und dann sehen, was sie uns bescheren. Ich habe keine Angst, und erst recht nicht, seit ich weiß, daß Ihr zu mir haltet. Grüße alle. Dein Klaus.

Irgendwann hat man mir dann gesagt, daß ich den Prozeß kriegen werde, und ich hab' eine Strafprozeßordnung verlangt. Papier und Bleistift, das gab's ja die ganze Zeit nicht. Und die Anklageschrift natürlich. Das haben die erst mal abgelehnt. Da hab' ich gesagt: »Gut, dann macht ihr euer Ding, ich werde kein Wort reden bei diesem Prozeß. Ich will in meine Zelle zurück, und ich stehe zu keinem Gespräch mehr zur Verfügung.« Zwei Tage später wurde ich wieder geholt, kam in eine andere Zelle, und da lag dann das Gewünschte. Und da saß dann so 'n Stasi-Major, man kennt ja nur die Dienstgrade, Namen gibt's nicht, und da sagte ich: »Na bitte, warum nicht gleich?« Sagt der: »Also, Herr Freymuth, warum hassen Sie uns?« Da mußte ich richtig innerlich lachen und hab' ihm so etwa geantwortet: »Hassen ist nicht das richtige Wort für die Beziehung zwischen uns. Haß ist ein Gefühl, was aus dem Bauch kommt. Ich mach' das über'n Kopf, und da gibt's ein anderes Wort, und das ist *Verachtung!* Ich verachte Sie, daß Sie aus einer Geschichte, die Sie längst durchschaut haben, die man in 'ner halben Stunde bei 'nem Bier besprechen könnte, so eine Aktion machen. Sie sind eben feige, Sie können nicht verlieren. Sie können sich nicht irren.« Ja, und da war dann Einzelhaft angesagt, genauso wie nach der Radiogeschichte.

Der Prozeß ist im Grunde 'ne Theaterinszenierung gewesen. Ein relativ kleiner Raum, wo es die typische Konstellation gab – auf der einen Seite Angeklagter und Verteidiger, auf der anderen Seite der Staatsanwalt und in der Mitte der »unabhängige« Richter mit den beiden Schöffen. In der Strafprozeßordnung steht, daß jede Verhandlung öffentlich sein muß, es sei denn, das Gericht beschließt was anderes, das heißt, das Gericht muß es erst beschließen, so daß am Anfang jeder Verhandlung die Öffentlichkeit erst mal Zutritt hat.

Ja, und die Öffentlichkeit sah dann so aus: Bevor meine Frau und meine Freunde ankamen, hatten unauffällige Herren in Kutten schon den Saal gestürmt, die einzigen vier, fünf Plätze, die dort für Privatpersonen zur Verfügung standen, waren also besetzt.

Meine Freunde versuchten trotzdem hineinzukommen, wurden wieder rausgedrängt. Sogar der Gerichtspräsident wurde bemüht. Es gab ein furchtbares Theater. Aber Gysi kam dann auch und bewirkte, daß meine Frau wenigstens die ersten Minuten drinbleiben konnte.

Man muß dazusagen, daß das ganze Gerichtsgebäude besetzt war von Stasi-Leuten. Die sind mit zwei Bussen angekarrt worden, einige haben dann das Haus umstellt, andere haben in den Gängen rumgestanden, also 'ne massive Einschüchterung hat stattgefunden.

Ich erinnere mich gut an den Vertreter der General-staatsanwaltschaft. Er war das Musterbeispiel eines ver-unsicherten, armseligen Menschen. Der war nicht im-stande, länger als Sekundenbruchteile Blickkontakt zu halten. Ständig die Augen wieder weg. Die huschten un-ruhig im Zimmer hin und her. Er war nervös im Gesicht. Es zeichnete sich alles schon ab. Er zuckte ständig und brachte auch keinen Satz richtig raus. War fahrig, konnte also kein Gespräch führen, geschweige denn auf Dinge reagieren, die man ihm angeboten hat. Also das war ein Mann, der ist offenbar als Mensch schon völlig kaputtge-spielt worden, dort. Wahrscheinlich total schizophren le-bend. Der war sich ja der Situation bewußt. War sich auch der Rolle bewußt, die er zu spielen hatte. Vielleicht geht's ihm jetzt 'n bißchen besser. Nach der »Wende«. Und er fühlt sich auch als Opfer.

Ja, und dann die Verhandlung. Also zuerst kurze Fra-gen zur Person. Dann ging's um die »Straftat«. Die Have-mann-Geschichte wurde überhaupt nicht erwähnt. Und plötzlich zog der Staatsanwalt einen Zettel aus der Ta-sche, wandte sich an das Gericht und sagte, er zieht die Anklage auf Verbrechen zurück und plädiert auf Verge-hen, Zollvergehen, plädiert für sofortige Freilassung. Das Gericht zog sich dann zur Beratung zurück, kam dann wieder nach 'ner Viertelstunde und hat dem Antrag natürlich stattgegeben. In dem Moment war ich frei. Dann fragten die mich, ob ich trotzdem an der Verhand-lung weiter teilnehmen könne. Denn sie möchten natür-lich das Vergehen behandeln. Das Vergehen wurde dann verhandelt, und ich wurde irgendwie zu 'ner Bewäh-rungsstrafe verurteilt. Wegen Verletzung der Zollge-setze. Tja, das war die Geschichte.

Ich bin dann drei Tage später nochmals zur Stasi hinbestellt worden. Und zwar direkt ins Ministerium Normannenstraße, wo die Türen keine Klinken haben. Das erinnert an das Orwellsche Liebesministerium. Und die gratulierten mir dann zu dieser Freilassung und verhielten sich so wie Jungs, die sich nach einem Geländespiel wiedertreffen, von den unterschiedlichen Parteien, fast mit Schulterklopfen. »Und die Radiogeschichte, die war ja gut!« So nach dem Motto: Eigentlich könntest du doch jetzt bei uns mitmachen. Nachdem wir nun alles so gut bestanden haben.

Zu meiner Freilassung kann ich nur sagen, das war nicht eine späte Einsicht der Stasi, sondern die ist zurückzuführen auf massiven Druck von Außenstehenden. Die haben geschafft, daß sie die Hände von mir gelassen haben. Vorrangig waren das Leute aus der Kulturszene und natürlich meine Freunde. Ganz besonders bin ich Frank Beyer dankbar. Der war wie ein Motor. Der hat andere Leute aktiviert. Das hat 'ne ganze Weile gebraucht, bis die dann den Mut gefunden haben, sich da eindeutig zu erklären. Denn es war ja so zu der Zeit: Wenn die Stasi irgendwo die Hände drin hatte, dann hat man sich erst mal erschrocken, und möglichst wollte niemand was mit den Geschichten zu tun haben. Und dann gab's natürlich immer den Glauben, irgendwas wird schon dran sein. Umsonst machen die das nicht.

Die Zeit nach der Entlassung war eine Zeit, wo man ständig irgendwie auf der Hut war und überlegt hat, ist das nun jetzt ein Zufall oder 'ne ganz normale Lebenssituation oder ist das wieder irgendein Trick der Stasi? Jetzt nach der »Wende« hab' ich überlegt, wie ich also persönlich dazu beitragen kann, nicht zuzulassen, daß wir diese ganzen Geschichten verdrängen, sondern daß wir sie irgendwie bewältigen. Ich hab' versucht, ausfindig zu machen, wer mein Vernehmer war. Und zwar mit dem Ziel, daß er sich bei mir mal meldet, denn ich hätte gern einen Film gemacht über die Stasi, um die Mechanismen aufzuzeigen. Nicht die Herrschaftsmechanismen, sondern diesen psychologischen Hintergrund. Ich hätte gern gezeigt, wie die ideologische und politische Einflußnahme erfolgt ist. Und zwar auf den verschiedenen Ebenen. Bei den ganz jungen Leuten, die ja neunzehn, zwanzig Jahre waren, als Handlanger dienten und als Spitzel. Dann die mittlere Ebene. Und natürlich auch die, die besonders Schuld auf sich geladen haben. Die sich die Befehle ausdachten und sozusagen ihr ganzes Leben mit der Stasi verwoben haben. Vertreter aus diesen drei Ebenen hätt' ich gerne vor der Kamera befragt. Leider ist es bis jetzt nicht dazu gekommen. Der Vernehmer hat sich nicht gemeldet. Vielleicht sitzt er, weil er offenbar auch ein tüchtiger Mann war, schon beim Verfassungsschutz.

In den ersten Jahren haben wir immer noch gedacht, es kommt wieder anders

Bärbel Schliem (geb. John), geb. 1944, vor der Verhaftung Schülerin der 12. Klasse, gegenwärtig freie Gewerbetreibende (Mecklenburger Küchenstudio) Anklage: Verleiten zum Verlassen der DDR (§ 21 StEG), Urteil: 4 Jahre, in Haft von September 1961 bis August 1963, Gefängnisse: U-Haft Berlin-Hohenschönhausen, Strafvollzug Halle, Jugendhaus Hohenleuben

Ich bin in Adlershof geboren und hab' dort auch gewohnt, und wir sind in Neukölln zur Schule gegangen. Mit der S-Bahn, das war gar kein Problem. Mein Bruder stand kurz vor dem Abitur, ich war in der elften Klasse. Und wir wollten im Prinzip schon vor dem 13. August in den Westen.

Meine anderen Geschwister waren schon in den fünfziger Jahren rübergegangen. Am 13. waren wir im Urlaub, an der Ostsee. Und nach dem Urlaub wollten wir dann alle rüber, der Rest. Das waren meine Mutter, meine Schwester, mein Bruder und ich. Und dann hat uns der Termin überrascht, und wir sind nicht mehr dazu gekommen. Und dann war große Panik. Deshalb war das alles auch ein bißchen unüberlegt. Wie man in dem Alter eben nicht so weit nachdenkt.

Zu der Zeit, als das alles anfing, gab es ja gar kein anderes Thema. Unsere Bekannten, die Schüler waren, die haben ja praktisch nur nach irgendwelchen Fluchtwegen gesucht. Wenn zwei zusammenkamen: »Haste schon jehört, der is ooch weg, und der is so, und der is jeschwomm', und der hat dis jemacht.« Da waren wir dankbar, daß jemand auf uns zukam und uns die Möglichkeit geboten hat, weil man ja von Ostberliner Seite aus wenig unternehmen konnte. Das mußte ja von der andern Seite geplant werden. Es war so, daß wir angesprochen wurden, ob wir rübergehn wollten und ob wir da mitmachen wollten, bei so einer Organisation, die durch die Kanalisation was vorbereitet hatte. Da waren schon etliche Durchgänge so weg, und wir waren eben die nächste Gruppe. Das war Ende August oder Anfang September 1961.

Und einem Schulfreund, dem hatten wir das alles noch gesagt, weil der auch dringend wegwollte. Bloß – es ist ja gar nicht dazu gekommen. Wir sind an dem Tag zu dem Termin nachts dahin. Es war in der Nähe von der Bornholmer Straße. Und da war niemand zu sehen, menschenleer alles. Und da sind wir wieder nach Hause gefahren. Wir haben niemanden getroffen und keinen gesehn und gar nichts. Und vierzehn Tage später haben sie uns dann geholt.

Der Generalstaatsanwalt
der Deutschen Demokratischen Republik

Berlin N 4, den 2. 10. 61
Scharnhorststraße 37
Telefon: 22 06 37 95
Ni/Sz

Frau
Gerti John
Berlin-Adlershof
Handjerystraße 19

Hierdurch teile ich Ihnen mit, daß gegen Ihre Tochter
Bärbel und Ihren Sohn Rüdiger ein Ermittlungsverfahren eingeleitet und Haftbefehl erlassen wurde.
Nach Abschluß der Untersuchungen erhalten Sie weitere Nachricht.

Im Auftrag:
[Unterschrift unleserlich]
Staatsanwalt

Wie das rausgekommen ist, kann ich nicht rekapitulie-
ren. Erst dachten wir, vielleicht der Freund. Aber der ist
auch mit verhaftet worden. Zuerst wurde mein Bruder
abgeholt. Der hatte eine Arbeit aufgenommen, weil er ja
nicht mehr zur Schule konnte, und irgendwas mußte er ja
machen. Er hat dann in Treptow auf dem Bau gearbeitet,
weil er sich ein bißchen Geld verdienen wollte. Nach seiner Verhaftung kamen diese Stasi-Leute und haben gesagt, ich müßte irgendwie eine Zeugenaussage machen
für meinen Bruder, und sie haben erst mal die Wohnung
durchgekämmt, alles aus den Schränken raus. Also Woh-
nungsdurchsuchung. Und anschließend mußte ich mit-
fahren und Zeugenaussage machen. Und von der Zeugenaussage bin ich dann nicht zurückgekommen. Meine
Schwester, die war auch schon inhaftiert. Die hatte eine
andre Sache versucht, mit dem Ausweis von einer Freundin. Sie war nämlich zu der Zeit im Studium in Westberlin und wollte ihr Studium nicht aufgeben.

In der Magdalenenstraße hab' ich die erste Nacht verbracht, da war aber noch nicht Haftbefehl erlassen. Da
dachte ich immer noch, daß ich vielleicht am nächsten
Tag nach Hause fahren kann. Die nächsten Wochen war
ich, glaube ich, in Hohenschönhausen. Bloß – da hab' ich
ja nichts von gesehen. In der Zelle war ich alleine, und in
den Gängen durfte man ja niemanden sehen, mußte man
ja immer an die Wand. Im Prinzip war ich froh, wenn mal
jemand kam, daß man mal was sagen durfte. Na ja, wenn
man den ganzen Tag alleine ist. Man sagt ja dann auch alles, was man gefragt wird, und hat dann vielleicht schon
ein Wort zuviel gesagt. Kann ja sein, die wußten gar
nicht, daß ich dabei war. Möglich. Denn mein Bruder
wird ja sicher auch vorsichtig gewesen sein in seinen Aussagen. Wir sind nie zusammen vernommen worden.

Ich mußte dann sämtliche Mitschüler aufschreiben,
mit Namen und Adressen, weil ja sehr viele Grenzgänger
waren, die im Osten gelebt haben und dann täglich in den
Westen zur Schule gefahren sind. Ja, die mußte ich alle
namentlich angeben. Das hat lange gedauert, bis ich alle
zusammengekriegt habe. Und da konnte man auch gar
nichts irgendwie auslassen. Da wurde erst gefragt, wieviel waren Sie denn in der Klasse, ja, und dann mußten
auch so viele Namen kommen. Das war wohl immer so,
daß man viele, viele Namen sagen mußte. Ich hab' in den
Vernehmungen ganz ehrlich gesagt, ja, eigentlich wollte
ich nach drüben, obwohl sie mich gar nicht selbst an der
Schleuse erwischt haben. Ja. Aber in dem Alter ist man ja
auch so ein bißchen bockig. Ich hab' dann schon bißchen
aus Trotz auch mal gesagt, warum wollen Sie das wissen,
hab' versucht, irgendwas nicht zu sagen. Aber da ist man
nachher doch bloß noch schlechter bei gefahren, wenn
man nicht so viel ausgesagt hat. Und das hatte gar keinen

Sinn. Dann haben sie eben abgebrochen und gewartet, bis man das nächste Mal irgendwas gesagt hat.

Im Dezember bin ich nach Halle verlegt worden. Aus welchem Grund, das weiß ich nicht. Dort war dann auch der Prozeß. Ich bekam vier Jahre Zuchthaus. Mein Bruder hatte sieben Jahre. Sieben Jahre – er hatte ja eigentlich nichts anderes gemacht als ich, aber ihm hat man Rädelsführerschaft angelastet. Jedenfalls haben sie ihn als »Führungskraft« hingestellt.

Aus einem Brief des Bruders aus dem Haftarbeitslager Riesa (undatiert):

Liebe Mutti, liebe Geschwister, heute kam Euer Brief vom 3. des Monats. Lange hatte ich schon darauf gewartet. Bärbel, wenn die Prüfungsergebnisse nach Deinen Vermutungen ausfallen, hast Du ganz gut abgeschnitten. Mit Deiner Arbeit, Mutti, geht es wohl auch zur Zufriedenheit. – Jeden Monat stehe ich aufs neue vor dem Problem, einigermaßen sinnvoll eine Briefseite zu beschreiben. Manchmal mache ich mir daher vor dem Termin schon Notizen. Im April habe ich, als ich, abends auf dem Bett liegend, gerade in einer ausgesprochen ausgeglichenen, gemütvollen Stimmung war, einen Briefbeginn geschrieben, den ich Euch mal präsentieren will: Es ist ziemliche Ruhe in der Stube, was leider höchst selten vorkommt, einige sind beim Würfelspiel, der Lautsprecher überträgt Schlagermusik. Eben las ich in »Krieg und Frieden«. Für die Nerven eine Wohltat. – Heute ist Sonntag. In den letzten Wochen war es durchweg heiß und sonnig. So auch heute wieder. [...]

Gestern haben wir den tschechoslowakischen Film »Mitternachtsmesse« gesehen, der sehr ein-

drucksvoll war. Ich lese z. Z. Heinrich Manns »Zwi-
schen den Rassen«. Heute abend trinken wir im Saal
Zitrone. Wer Zitronen hat, ist in diesen Hundstagen
besser daran als einer mit Tee, weil man den nie so
abkühlen kann. Im nächsten Paket schickt mir bitte
ein Feuerzeug mit, am besten Typ Austria. Die sehen
zwar meist nicht so elegant aus, sind aber haltbar. An
meinem war schon mehrmals der Mitnehmer ent-
zweigegangen. Viele Grüße Euer Rüdiger

Der Prozeß – ich glaube, es war ein öffentlicher Prozeß, meine Mutter war ja auch da. Oder ob sie nur als Zeuge geladen war? Das kann auch sein. Ich weiß bloß, daß da vorne, also daß der Schöffe geschlafen hat. Das weiß ich ganz genau. Der hat die Augen zugehabt. Und die Rechtsanwältin – das war ja eine Pflichtverteidigung, wir kannten ja sowieso keinen Rechtsanwalt –, die hat an sich auch nichts bewirkt oder versucht. Wir hatten damals den Eindruck, das sollte so richtig ein Beispiel sein. Zur Ab-schreckung. Die Richter sind völlig unpersönlich gewe-sen. Als wenn man wunder was Schlimmes gemacht hätte. Und ich war mir gar keiner Schuld bewußt. Ja, und dann wurde immer darauf hingewiesen, daß ich zwar noch nicht volljährig bin, aber ich hätte trotzdem die Reife und müßte eben schon so bestraft werden wie ein Erwachsener. Aber ich denke, daß die Strafe bestimmt nicht angemessen war.

Jugendhaus Hohenleuben
22. August 1962

Sehr geehrte Frau John!
Auf Ihr Schreiben vom 13. 8. teile ich Ihnen mit, daß

auf Grund des Ministerratsbeschlusses der Arbeit im Strafvollzug neue Aufgaben gestellt werden. Im Jugendhaus Hohenleuben wurden bereits vor dem Staatsratsbeschluß die hier einsitzenden Jugendlichen laufend überprüft im Hinblick auf eine bedingte Strafaussetzung. Auch mit Ihrer Tochter wurden Aussprachen geführt. (...) Von einer Antragstellung auf bedingte Strafaussetzung zum jetzigen Zeitpunkt muß ich aber noch absehen, da Ihre Tochter in ihrem Gesamtverhalten zwar äußerst höflich und zuvorkommend ist, ansonsten aber noch die richtige Einstellung zur Straftat vermissen läßt. Hier ist noch einige Umerziehungsarbeit zu leisten. Als Anerkennung für die gezeigten Leistungen Ihrer Tochter füge ich in der Anlage einen Paketerlaubnisschein bei. Hochachtungsvoll

Sellenriek, Hauptmann der VP

Nach dem Prozeß, da konnte ich in der U-Haft auch arbeiten. Das war so eine Kommandogruppe, alles verurteilte Frauen, alles Politische. Wir haben da Wäsche gemacht, und wir wurden recht gut behandelt, ja. Das war so die Weihnachtszeit, da haben wir es eigentlich nicht schlecht gehabt. Hat uns auch immer gewundert, wir haben da Westschokolade und so was bekommen. Wahrscheinlich aus Paketen rausgenommen. Nehme ich an. Dort wär' ich am liebsten geblieben. Mit den Frauen zusammen. Aber dann mußte ich doch weg. In dem Jugendhaus, da waren auch viele wegen Republikflucht, aber da waren alle Delikte, sogar welche wegen Totschlag oder Beihilfe zum Mord. Wenn man sich gut geführt hat, war die Behandlung dort auch nicht schlecht, kann man nicht sagen.

Und während der Zeit des Strafvollzugs hab' ich ja auch gearbeitet. In diesem Jugendhaus waren eine Schneiderei und eine Näherei. Und da haben praktisch alle Mädchen genäht. Für eine Wäschefabrik. Bettwäsche. Den ganzen Tag. Das war ja das Gute dabei, das war eigentlich das Beste, daß man da den ganzen Tag beschäftigt war. Ich hab' geackert wie so eine Wilde. Hab' immer zweihundert Prozent gemacht. Und dann konnte man sogar noch einen Qualifikationsnachweis bekommen. Als Näherin. Dann hatte ich sogar so eine Art Berufsausbildung.

Aus einem Brief aus dem Jugendhaus Hohenleuben an den Bruder, 19. 2. 1963:
Mein lieber, guter Hulu!
Zunächst möchte ich mich recht herzlich für Deine Geburtstagskarte und Deinen Brief bedanken. Aber schreib doch bitte immer alle Zeilen voll, ja! Ich war doch ein wenig enttäuscht, zumal der untere Rand abgerissen worden ist. Ich bin Dir aber trotzdem nicht böse. Lieber Hulu, obwohl Du auch auf die freudige Nachricht wartest, muß ich Dir doch leider mitteilen, daß ich noch eine Weile warten muß, nach Hause zu kommen. Am 13. 2. war die Überprüfung, und die Kommission war mit mir eigentlich sehr zufrieden, mit meiner Entwicklung hier im Jugendhaus. Aber die Generalstaatsanwaltschaft hat entschieden, daß mein Urteil nicht überhöht ist, und so ist jetzt eine Entlassung nicht möglich. Im Herbst wird es dann hoffentlich und wahrscheinlich klappen, und bis dahin soll ich die Zeit noch nutzen, mich auf meinen Beruf vorzubereiten. Ich bleibe jetzt bei Innenarchitektur, und die Anstalt will versuchen, zum September eine

Anlernstelle als Dekorateur für mich zu bekommen. Vielleicht kann ich mir eine Fachzeitschrift halten solange. Außerdem habe ich mir vorgenommen, Russisch zu wiederholen. Mathematik schaffe ich nämlich nicht allein. [...] Morgen schreiben wir die ersten Arbeiten für die Prüfung, in Mathematik, Rohstofflehre und Bindungslehre. Die anderen Fächer folgen in der nächsten Woche. Hulu, ich würde doch alles versuchen, daß Du auch noch etwas lernst, Klaus ist doch auch Lehrling in einer Schneiderei, schriebst Du. [...]

Ich muß jetzt aufhören, die Gruppe macht Gesellschaftsspiele, es ist zum Totlachen. Außerdem ist gleich Abendbrot.
Viele herzliche Grüße Deine Bärbel.

Ich hab' mich ja von Anfang an da geführt wie der beste Mensch. Und hatte ja auch meine Vorteile dadurch. Mein Bruder war immer ein bißchen aufsässiger. Der konnte nicht so gut heucheln, wahrscheinlich. Er hat auch immer Bücher verlangt, Klassiker oder irgendwelche Schriftsteller, die sie ihm dann übelgenommen haben. Und dann waren seine Briefe auch nicht so freundlich. Wir haben auch ein Gnadengesuch für ihn eingereicht.

Aus dem Gnadengesuch an den Staatsrat der DDR, 25. 12. 1963:
Als Mutter und Schwester des Oberschülers Rüdiger John, geboren am 20. 7. 42, bitten wir, unserem Sohn und Bruder die Verbüßung seiner Reststrafe in Gnaden zu erlassen. [...]
Unser Sohn und Bruder war zur Tatzeit erst 19 Jah-

re alt. Er kannte bis dahin nur die Schule und nicht das wirkliche Leben, insbesondere nicht das Arbeitsleben. Er war also noch sehr unerfahren. Er war auch sehr beeinflußbar und hat die Sache als ein Abenteuer angesehen. Er ist sich auch nicht darüber klar gewesen, wie gefährlich und schädlich sein Handeln war. Er ist auch wohl den Einflüsterungen des Westberliner Agenten namens Wiechmann erlegen, weil es Schule und Jugendorganisation nicht gelungen ist, ihn in seinem Bewußtsein entsprechend zu festigen. Wir meinen daher, daß die Strafe von 7 Jahren Zuchthaus ihn unverdient hart getroffen hat. [...]

Die sozialistische Gesellschaft hat mir, Bärbel John, durch vorzeitige Haftentlassung die Möglichkeit gegeben, mich zu bewähren. Ich bemühte mich, durch eifrige Arbeit mich des in mich gesetzten Vertrauens würdig zu erweisen. Wir sind überzeugt, daß auch unser Sohn und Bruder nach einer vorzeitigen Entlassung den gleichen Weg gehen und sich bewähren wird. Wir bitten daher, ihm durch wohlwollende Prüfung und Bewilligung unseres Gnadengesuchs den gleichen Weg zu eröffnen. [...]

Kanzlei des Staatsrates, 13. 1. 1964:
Werte Frau John!
Auf Ihr Gesuch in der Strafsache Ihres Sohnes muß mitgeteilt werden, daß keine Voraussetzungen für die Einleitung eines Gnadenverfahrens bestehen. Der Straffall Ihres Sohnes ist wirklich nicht geeignet, bagatellisiert zu werden. Das Strafmaß richtet sich nach dem Grad der Beteiligung. [...] Wir können Ihnen jetzt keinen anderen Bescheid erteilen.
Mit freundlichen Grüßen, *Bluhm,* Abt.-Leiter

Nach der Entlassung dann hab' ich mir, glaub' ich, die Arbeit selbst gesucht, weil ich nun Näherin gelernt hatte, und da bin ich dann zur Firma *Tadellos*, da wurden Hemden und Schürzen und so was alles genäht. Und da hab' ich den Facharbeiterbrief gemacht, innerhalb von kurzer Zeit. Vorher bin ich in eine Herrenschneiderei, eine Privatfirma, gegangen. Da hatte ich Arbeitszeit nach Vereinbarung und konnte zur Volkshochschule gehen abends, und hab' da die zwölfte Klasse noch mal gemacht, damit ich dann Abitur hatte.

Aus einem Brief an den Bruder, Adlershof, 31. 9. 1963:

Mein lieber Hulu!

Du wirst es kaum fassen können, wenn Du liest, von wo ich Dir schreibe. Es ist aber tatsächlich so, ich bin wieder zu Hause seit Freitag. Am 29. 8. war vormittags die Jugendkommission in Hohenleuben, und ich habe sozusagen die Prüfung bestanden und wurde gleich am nächsten Tag entlassen. Abends um $1/2$ 10 war ich glücklich hier. Du wirst Dich sicher mit mir freuen, und vielleicht gibt es Dir auch etwas Auftrieb. Mir geht es ganz gut, morgen werde ich das erste Mal allein aus dem Hause gehen, man ist doch irgendwie unsicher, es ist alles so neu und ungewohnt. Wenn ich mich wieder eingelebt habe, werde ich versuchen, Dich bald zu besuchen. Ich kann Dir auch einige gute Ratschläge geben, die Du brauchen wirst. […] Hier in der Wohnung hat sich so viel verändert, man kann sich richtig wohl fühlen. Jetzt werden wir gleich auf dem Balkon Kaffee trinken. Bis ich zu Dir komme, sei recht lieb gegrüßt von Deiner Schwester Bärbel.

Wegen der Strafverkürzung hatte ich, glaub' ich, drei Jahre Bewährung. Na ja, eingeschüchtert war ich immer. Ich hab' immer alles gemacht, was man mir gesagt hat. Ja, bißchen Angst hatte man schon, daß man in dieser Zeit irgendwas falsch macht.

Aus der Begründung für die vorzeitige Haftentlassung:
[...] hat die Jugendliche als Wäscherin gearbeitet. Sie zeigte dabei ausgezeichnete Leistungen, ihre Normerfüllung lag bei durchschnittlich 200%. Für gute Leistungen wurde sie mehrmals mit Sachprämien und anderen Vergünstigungen ausgezeichnet. Im Wettbewerb ging sie als Sieger hervor und erhielt den Wimpel »Beste Arbeiterin«. Aufgrund dieser guten Leistungen bestand sie die Qualifikationsprüfung im theoretischen und praktischen Teil mit der Note »Sehr gut«. Auch in der Berufsschule war sie die beste Schülerin. Aufgrund ihres disziplinierten Auftretens wurde sie als Gruppenälteste eingesetzt. Diese Funktion führt sie ebenso gewissenhaft aus. Sie gab schwächeren Jugendlichen Hilfe und Unterstützung. In ihrer Freizeit war sie stets bereit, zu helfen, wo sie gebraucht wurde. Ihre Einstellung zu unserem Arbeiter-und-Bauern-Staat ist positiv. Ihre Mitarbeit bei Presseinformationen ist gut. Sie gibt sich große Mühe, die gesellschaftlichen Probleme zu verstehen.

Das Erzieherkollektiv des Jugendhauses und die Jugendkommission ist der Meinung, daß der Erziehungszweck bei der Jugendlichen John erreicht ist. Aus diesen Gründen ist die bedingte Strafaussetzung für den Rest der Strafe gerechtfertigt. Die Jugendkommission erwartet von ihr, daß sie in der Gesellschaft sich ebenso verhält, wie sie es im Jugendhaus getan hat.

Sellenriek
Leiter des Jugendhauses Hohenleuben
Klitzsch
Staatsanwalt
Poethig
Richter am Kreisgericht Gera
Koch
Referat Jugendhilfe
29. August 1963

Na, irgendwie ist doch noch was aus mir geworden, aber die erste Zeit war schon alles ziemlich krampfhaft. Ich wollte ja studieren und hatte mich an der Fachschule für angewandte Kunst beworben. Werbung oder so was wollte ich machen. Zweimal hatte ich mich umsonst beworben. Beim dritten Mal, da hab' ich *das* im Lebenslauf einfach »vergessen«. Und dann hat's geklappt. Hat nie einer gefragt. Vorher hatte ich das immer angegeben. Ja. Ich dachte, man muß das. Ich hab' immer alles wahrheitsgetreu gesagt.

Nach dem Facharbeiterbrief hab' ich dann gewechselt. Bin zur Staatsoper, in die Kostümabteilung, und hab' da ein paar Jahre gearbeitet als Spritzmalerin. Da in der Kostümabteilung werden die fertigen Kostüme, wenn sie aus der Schneiderei kommen, noch bearbeitet. Mit Farben. Gespritzt und gemalt und bearbeitet. Während der Zeit hab' ich ein Fernstudium gemacht an der Textilbekleidungsschule am Warschauer Platz, mit Abschluß Ingenieur. Und ich wollte dann auch nicht mehr weg, nach drüben. Nein, das war dann irgendwie vorbei. Dann hab' ich ja auch geheiratet, und irgendwie war das erledigt, das Ganze. Da haben wir eben das Beste draus gemacht. Und schlecht ist es uns eigentlich nie gegangen. Weil wir die Westverwandtschaft hatten. Ich hatte ja jetzt drei Geschwister im Westen. Ja, in unserer Familie haben fast alle – waren fast alle inhaftiert, auch schon mein Vater. Der ist in Buchenwald gewesen. Drei Jahre, von 45 bis 48. Die Sache, die jetzt gerade so aktuell ist, wo sie die Gräber überall finden. Er ist aber wiedergekommen, nach drei Jahren. Hat aber bloß noch vier Jahre gelebt. Mein ältester Bruder, der war fünfzehn, der ist nicht wiedergekommen. Der hatte im Prinzip gar nichts gemacht. Ich war damals noch sehr klein. Ich kenne das eigentlich nur vom Erzählen, und meine Mutter und meine Geschwister, die haben auch nicht viel drüber gesprochen. Weil – das konnte man ja auch gar niemandem erklären. Davon wußte ja auch kaum jemand. Wenn ich das mal jemandem gesagt habe, dann waren die immer ganz erstaunt. Daß es überhaupt so was gab. Daraufhin sind wir dann auch entsprechend erzogen worden und sind auch nie Pioniere gewesen. Meine Mutter hat immer gesagt: »Geht nirgends rein, in keine Organisation. Pioniere, FDJ, nirgends.« Weil wir ja eben das Beispiel hatten, wie es dem ältesten Bruder ergangen ist, bloß weil er da in der HJ drin war. War die Rede vom Werwolf. Aber er war da nie bei. Hat sie gesagt: »Wenn es mal wieder anders kommt...« Wir haben ja in den ersten Jahren immer noch gedacht, es kommt wieder anders. Aber irgendwann hat man auch gedacht, jetzt wird's nicht mehr anders. Denn ich hab' ja meine Kinder auch Pionier werden lassen. So konsequent war ich dann auch nicht, daß ich gesagt hätte, ihr geht auch nirgends rein. Und dann waren inzwischen auch so viele Jahre vergangen, man dachte, na ja, nun gibt's sowieso kein Zurück mehr. Es geht alles in eine Richtung.

Und die Kinder, die sind jetzt vierzehn und sechzehn. Der Große, der hätte das gerne alles gewußt. Er hat uns auch Vorwürfe gemacht, daß wir ihn eben überhaupt nicht soviel aufgeklärt haben über die ganzen politischen Verhältnisse. Der hat alles das, was er in der Schule gelernt hat, eben geglaubt. Und wir haben nicht viel dagegengeredet. Das hat er uns zum Vorwurf gemacht. »Hättet ihr mir das doch gesagt.« Aber das hätte ihm ja auch nicht viel genützt. Hätte ihm ja bloß geschadet in der Schule. Wie wir so aufgewachsen sind, wir wußten ja genau, was wir sagen durften und was nicht. Mir ist auch nicht schwergefallen, nicht zu sagen, was ich denke. Hab' ich von Anfang an so mitbekommen. Daß man zu Hause so spricht und woanders eben, was die hören wollen. Die andern.

Der Große, der war auch jetzt bei der ganzen Entwicklung gleich dabei. Na, gleich kann man nicht sagen. Er war erst ein bißchen skeptisch. Er hat immer noch den bösen Kapitalismus so im Hinterstübchen gehabt. Aber dann ist er auch mitgegangen zum Demonstrieren, in Schwerin.

Mir geht das alles hier zu langsam. Könnte alles viel schneller gehen. Weiß nicht, wie Sie drüber denken, aber meinetwegen könnten wir sofort vereinnahmt werden. Hätt' ich nichts dagegen. Mir liegt hier an der DDR überhaupt nichts. Die zu erhalten, irgendwie. Für mich ist die DDR – also ich habe mich nie identifiziert. Mir liegt da gar nichts dran, an den sozialen Errungenschaften. Wir haben in der Familie immer darauf gewartet, irgendwann muß ja Schluß sein damit. 1953 dachten wir, nun kann es ja nicht mehr lange dauern. Aber es ging dann immer so

105

weiter. Irgendwann dachten wir, da müssen wir ebenso mitmachen beziehungsweise nur so tun, als machten wir mit. Vielleicht hat man's auch nur deshalb gut ausgehalten, weil man eben die Unterstützung aus dem Westen hatte. Wir haben unsere Pakete gekriegt, und ich konnte vor allen Dingen rüberfahren. Ich hatte durch die Geschwister eben... Da waren immerzu irgendwelche Anlässe. Seit 1982 bin ich jedes Jahr rübergefahren. Manchmal mehrmals. Und da konnten wir uns eben Wünsche erfüllen und den Kindern was mitbringen. Ich hab' das nicht so empfunden, wie schlecht wir hier dran sind.

Gesprochen wurde nichts,
wir nickten nur

Bernd Sickert, geb. 1958, vor der Verhaftung Elektromeister im VEB Getränkekombinat (KINDL), gegenwärtig Elektromeister im Schlachthof Berlin (West)
Anklage: Republikflucht (§ 213), Urteil: 1 Jahr 6 Monate, in Haft von September 1984 bis September
1985, Gefängnisse: Berlin-Hohenschönhausen, Berlin-
Rummelsburg (U-Haft), Strafvollzug Naumburg, Abschiebehaft Karl-Marx-Stadt

Ich bin ehemaliger Ostberliner, wohnhaft damals in Berlin-Marzahn, Fichtelberger Straße 18. Ich bin in der
DDR groß geworden. 1984 habe ich einen gemeinschaft-
lichen Urlaub mit meinem Schwager in Ungarn durchgeführt. Vorher drei Wochen Tschechei, dann Ungarn –
Pußta, Plattensee und später Richtung ungarisch-öster-
reichische Grenze zu einem offiziell eingezeichneten, internationalen Campingplatz, um mich dort mit meinem
Halbbruder, der 1980 aus der DDR geflüchtet ist und in
West-Berlin lebte, mal zu treffen.

Als wir ungefähr fünfzig Kilometer von der Grenze
entfernt waren, wurden wir auf einer öffentlichen Straße
von einer Grenzstreife oder Polizei, genau kann ich's
nicht sagen, angehalten und sofort der Flucht Richtung
Österreich verdächtigt. Daraufhin kamen dann Zivil-Si-
cherheitsbeamte und warfen uns das ebenfalls vor, und

wir wurden zu einem Grenzbataillon geführt. Dort sagten uns die Ungarn klipp und klar, wir würden aufgrund eines Vertrages, ob man uns nun die Schuld beweisen könne oder nicht, an die Staatssicherheit in der DDR ausgeliefert werden. Wir würden dort sicherlich, weil die ungarischen Sicherheitsbehörden uns nichts nachweisen können und wir auch nicht im Grenzgebiet waren, unsere Unschuld beweisen können. Das würden wir vielleicht so nach einem Vierteljahr schaffen. Damit würden wir aber im Prinzip ein Vierteljahr umsonst gesessen haben, auch keinen normalen Ausweis mehr bekommen, sondern nur noch den PM 12*, und unsere damals begrenzte Reisefreiheit, wenn ich mal so sagen darf, wäre vollends aufgehoben worden.

Daraufhin entschlossen wir uns, daß wir die Fluchtabsicht »zugeben« und dann sehen, was kommt.

Wir wurden dann von Szombathely, einer ungarischen Ortschaft, nach Budapest gebracht in das sogenannte Gästegefängnis. Dort kam nach ungefähr drei Wochen ein DDR-Sicherheitsbeamter, der sich als Botschaftsangehöriger ausgab. Gleich beim Türaufmachen rief er (ohne mich nach dem Namen zu fragen oder warum ich überhaupt sitze): »Verräter, Staatsfeinde, ihr habt die DDR schwer verletzt, in einem anderen Land, einem sozialistischen Land, und das gerechte Urteil wird euch noch nacheilen.«

Wir wurden dann nach weiteren zwei Wochen per Staatssicherheitsbegleitung, pro Mann ein Sicherheitsbeamter, in einen ungarischen Reisebus hineingepfercht. Dort durften wir noch 'ne kleine Stadtrundfahrt machen

---

* provisorischer Personalausweis, der die Bewegungsmöglichkeiten stark einschränkte

und wurden dann zum Flughafen Budapest gebracht. Auf der Gangway der TU 134 A wurden uns Handschellen angelegt und irgendwas gesagt von wegen Flucht und so weiter, und daß wir jetzt Gefangene der Staatssicherheit seien. Später sind wir mit zugezogenen Gardinen auf dem Flughafen Schönefeld gelandet, damit wir ja nicht erkennen, wo wir sind. Wir wurden dann in eine sogenannte »Minna« gepfercht, das ist ein LKW mit ganz kleinen Kabinen, und nach Berlin-Hohenschönhausen verfrachtet. Dort lief das ganze Spiel darauf hinaus, daß wir in Ungarn zugegeben hätten, das Land verletzt zu haben, ungarische Rechte, und gleich im ersten Gespräch wurde uns gesagt, daß man den Trabi sowieso einziehen würde. Allein der Gedanke einer Vielleicht-nicht-mehr-Rückkehr würde genügen, um ein Auto einzuziehen, ohne daß überhaupt eine Tat vollführt wurde.

Wir haben uns dann entschieden, das voll »zuzugeben«. Wir haben gesagt: »O. K., wir wollten abhaun. Und jetzt laßt uns bitte in Ruhe. Wir geben nichts weiter zu.« Dann ging das Spiel los. Wir haben den Rechtsanwalt Dr. Vogel bekommen, genauer gesagt den Rechtsanwalt Starkulla, der uns nur durch eine Handbewegung in einem Besucherzimmer die Frage andeutete, ob wir rübergehn wollten. Es wurde eigentlich nichts gesprochen, weil: wir nickten nur. Daraufhin durften wir den Raum wieder verlassen. (Ich hab' den Starkulla nur noch einmal wiedergesehen, als er mir schöne Grüße bestellte von meinem Schwager, und dann bei der Gerichtsverhandlung.)

Brief eines Westberliner Anwalts an den Bruder von Bernd Sickert, 18. 1. 1985:
Sehr geehrter Herr Hoffmann!

Mir liegt nunmehr der schriftliche Bericht meiner Ost-Berliner Kollegen vor.

Das Stadtbezirksgericht Berlin-Lichtenberg verhandelte am 7. und 8. 1. 1985 und erkannte antragsgemäß nach § 213 Absatz 2, Absatz 3, Ziffer 5, Absatz 4 (versuchte Republikflucht) und § 22 Absatz 2, Ziffer 2 (Täter und Teilnehmer), Strafgesetzbuch der DDR bei Ihrem Bruder auf eine Freiheitsstrafe von einem Jahr und sechs Monaten. Eingezogen wurde der PKW »Trabant«, ein Kompaß, ein Fernglas, 2104,60 Forint, 656,70 Kronen und 272,14 Mark.

Das Urteil ist rechtskräftig, die Untersuchungshaft rechnet seit dem 9. 9. 1984.

Von der Verurteilung habe ich den Bundesminister für innerdeutsche Beziehungen informiert mit der Bitte um Prüfung, ob geholfen werden kann. Vorhersagen oder Zwischenbescheide sind in aller Regel nicht zu erlangen. Bitte haben Sie Geduld. Für eventuelle Rückfragen stehe ich Ihnen jederzeit zur Verfügung. Mit freundlichen Grüßen
(i. V. Rechtsanwalt)

Die Verhandlung war dann in Berlin-Lichtenberg, unter Ausschluß des Volkes natürlich. Noch nicht mal meine Eltern oder von meinem Freund die Eltern durften dabeisein, auch nicht dessen Frau. Wir wurden dann im Namen des Volkes unter Ausschluß des Volkes zu anderthalb Jahren verurteilt. Vorher drehte ich mich noch um zu meinem Rechtsanwalt, den ich fragte, ob er überhaupt wisse, warum ich hier sitze. »Ja«, meinte er, »ich habe mir Ihre Akte schon mal durchgelesen. Sie sind wegen ungesetzlichen Grenzübertritts/Ungarn hier, und Sie müssen mindestens anderthalb Jahre bekommen, und wenn die Richterin sagt ›Ja‹, dann sagen Sie auch ›Ja‹, und wenn sie ›Staatsfeinde‹ brüllt, dann seien Sie ruhig und nicken nur mit dem Kopf. Und zum Schluß, wenn die Frage kommt: ›Möchten Sie immer noch rüber?‹, dann bejahen Sie das!« Es lief ab wie im Schauspiel. Ich habe dann genickt und »Ja« gesagt, und genau nach einer halben Stunde war die Gerichtsverhandlung beendet, wir haben genau unsere anderthalb Jahre bekommen.

Ich selber hatte zum damaligen Zeitpunkt vor der Inhaftierung eigentlich nicht die Absicht abzuhaun. Ich gebe zu, ich wollte mich mit meinem Halbbruder treffen, was sicherlich vielleicht auch schon eine Straftat dargestellt hätte. Aber aufgrund der gesamten Ereignisse: Festnahme, angekündigter PM 12 und so weiter, haben wir uns dann, wie gesagt, entschieden, diesen Weg zu gehen. Ich habe ihn nicht bereut, sag' ich offen. Aber es war für mich eigentlich von Anfang an ein Schauspiel.

Ich hab' durch Klopfen in der U-Haft der Staatssicherheitsabteilung mitbekommen, daß dort alle Rechtsanwalt Dr. Vogel hatten oder eben den Schwiegersohn Starkulla oder Hartmann. Es war für mich nur ein Schauspiel, ja.

Die Richterin Vogel, zu der brauche ich mich nicht zu äußern, die ist sicher allgemein bekannt, blutunterlaufene Augen und eben nur Gebrülle: *Staatsfeinde, Verräter,* und das Urteil stand eigentlich von Anfang an schon fest.

Vielleicht sollte ich noch ergänzen; während der Inhaftierung hatte ich einen Zellen-Mitinhaber, wenn ich's mal so sagen darf, einen Herrn Peters aus Berlin-Lichtenberg, eigentlich sehr gutmütig, der hatte einen Brief geschrieben an RIAS-Berlin über Musikwünsche und schrieb da noch mit rein, daß man ihm vielleicht mal fachmännisch ratschlagen könnte, wie er sich bei seinem Freund verhalten solle; der ist verschwunden, weil er wohl irgendwohin geschrieben hat und seitdem nicht mehr aufgetaucht ist. Und dieser Peters bemerkte, daß sein Brief also nie angekommen ist und bei RIAS seine Musikwünsche nie gesendet wurden. Er wurde dann zwei Wochen später früh auf dem Weg zur Arbeit in einen Lada reingezwängt und dann in Richtung Staatssicherheit...

Vor der Gerichtsverhandlung glaubte er an drei Monate Strafe. Ich sagte ihm, das Thema könne er wohl vergessen. Er war dann eigentlich glücklich, daß er auch seine anderthalb Jahre bekommen hat, um auch dieses Spiel mitzumachen.

Er wurde vor mir abgeurteilt, kam dann zurück vom Gericht in dieses kleine Kabuff in Lichtenberg und sagte durch die Wand zu mir: »Ich versteh' das nicht. Vorher trinkt der Starkulla noch mit der Richterin Vogel Kaffee, und die versuchen gar nicht, das zu verheimlichen, daß hier irgendwelche Scheinverfahren durchgeführt werden.«

Staatsanwaltschaft bei dem Kammergericht
Am Karlsbad 6–7
D-1000 Berlin 30
Herrn Bernd Sickert, Wiesbadener Straße 50c
1000 Berlin 33
27. November 1985

Sehr geehrter Herr Sickert,
Sie haben am 22. November 1985 beantragt, gemäß § 15 des Gesetzes über die innerdeutsche Rechts- und Amts-Hilfe in Strafsachen vom 2. Mai 1953 (GVBl.

f. Bln., Seite 293) in der Fassung des letzten Änderungsgesetzes die Unzulässigkeit der Vollstreckung des rechtskräftigen Urteils des Stadtbezirksgerichts Berlin-Lichtenberg 8. Januar 1985 – Aktenzeichen nicht bekannt – festzustellen, durch das gegen Sie wegen »ungesetzlichen Grenzübertritts« (§ 213 StGB) auf eine Freiheitsstrafe von einem Jahr und sechs Monaten und – nach meinen Erkenntnissen – auf Einbeziehung eines PKW, eines Kompasses, eines Fernglases und verschiedener Geldbeträge (§ 56 StGB/DDR) erkannt worden ist.

Ich habe die Verurteilung, soweit mir das ohne Kenntnis des Urteils nebst Gründen möglich war, aufgrund Ihrer Antragsangaben, der bei Antragstellung vorgelegten Unterlagen sowie der Erkenntnisse meiner Amtsermittlungen überprüft.

Als Ergebnis stelle ich hiermit die Unzulässigkeit der Vollstreckung fest.

Vorsorglich weise ich jedoch darauf hin, daß ich gesetzlich ermächtigt bin, meine Entscheidung zu ungunsten des Betroffenen zu ändern, wenn mir neue Tatsachen oder Beweismittel bekannt werden, die dazu Anlaß geben.

Hochachtungsvoll	Beglaubigt
Wolf	[unleserlich]
Oberstaatsanwältin	Justizangestellte

Wir wurden nach dem Prozeß von Berlin-Hohenschönhausen nach Rummelsburg verlegt, dann mit dem sogenannten Grotewohl-Express* (kleine Räume von ein mal

---

* Waggons mit Zellen, die an fahrplanmäßige Reisezüge angehängt wurden; eingeführt zur Häftlingsbeförderung während der Amtszeit von Ministerpräsident Grotewohl

einsfuffzig, schätz' ich jetzt mal ein, genaue Maße kenne ich nicht, da wurden wir zu siebent reingepfercht) – da durfte ich noch einmal eine DDR-Besichtigung durchführen – von Berlin-Lichtenberg Richtung Cottbus, von dort später nach Leipzig, dann Richtung Suhl, und zuletzt nach Naumburg gebracht.

In Naumburg die Begrüßung durch einen Oberstleutnant Fintsch: »Mir sind zwei Mörder lieber als ein Politischer, und danach handeln wir hier.« Sie haben sich dort auch daran gehalten – das Krimi-Kommando hatte absolute Oberhand. Ich war eingeteilt in das sogenannte »Baukommando«. Wir wurden jeden Morgen in so einem vergitterten Bus und mit einem Hund vorne drin in das Möbelkombinat Naumburg, »Möbel und Beschläge Naumburg«, glaube ich, war das, gefahren. Dort wurden wir in eine Schleuse reingefahren, wo keinerlei Fenster und nichts war. Hinter uns zu, hinterm Bus. Dann wurde die nächste Schleuse aufgemacht, und dort waren drei riesengroße Betonhallen nebeneinander ohne jegliches Fenster, nur mit Leuchtstofflampenbeleuchtung. Da standen so an die fünfzig Stanzen. Dort mußte jeder irgendwelche Scharniere ausstanzen. Ich selber war mit vier weiteren Insassen mit einem Preßlufthammer beschäftigt, immer neben diesen Stanzen den Beton aufzubockern und dann Frischbeton reinzumachen, weil dieser Beton oben regelmäßig kaputtgegangen ist durch die Hubwagen und durch diese ganze Stanzerei, durch die Vibration auf dem Fußboden.

Während meiner Arbeit und auch abends merkte ich, ich selber hatte ja auf Taglicht überhaupt keinen Einfluß mehr, daß ich durch den Nur-Umgang mit Leuchtstofflampenlicht nicht mehr in der Lage war, noch eine Zeitungsseite zu lesen. Total verschwommen alles. Ich wurde dann dort zur hauseigenen Klinik gebracht. Es wurde ein Arzt von Naumburg geholt, ein Augenarzt, der sich zumindest so bezeichnete. Der untersuchte meine Augen und sagte: »Ja, Sie haben recht. Es sieht nicht gut aus, aber Sie sind ja hier politischer Gefangener.« Nein, das Wort *politischer Gefangener* hat er nicht verwendet, aber er sagte eben: »Sie sind ja hier, weil Sie ja wohl nach dem Westen wollen, und Sie werden ja wohl auch bald dort hinkommen. Und dann können Sie sich das mal dort machen lassen. Von uns hier nicht mehr. Wir werden da kein Geld mehr für investieren.«

Ich bin dann, wie gesagt, im November rübergekommen nach Westberlin. Dort war man recht erschüttert, daß ich jetzt erst zum Augenarzt komme. Als ich dann meine Vergangenheit erzählte, hat man sehr, sehr schnell operiert und gesagt, daß es wirklich höchste Zeit war, diese Operation durchzuführen.

Bevor es nach Westberlin ging, sind wir erst nach Gießen gekommen. Dort waren einige Anwälte von Westberlin da, auch westdeutsche Anwälte, auch ein Minister. Und dieser Minister sagte, daß indirekt für mich persönlich zum Beispiel 86 000 DM ausgehandelt waren. Diese Information sollten wir unter Verschwiegenheit behalten. Er fügte noch hinzu, daß die Bundesrepublik dieses Geld nicht bar gezahlt hat, nicht *cash,* weil sie sich nicht Menschenhandel vorwerfen lassen wollte, sondern daß dafür das sogenannte Traumschiff »Kap Arkona« an die DDR übergegangen ist.

Herzöge hatten ihre Söldner,
Honecker hatte seine Staatssicherheit

Peter Ringk, geb. 1941, vor der Verhaftung wiss.
Grafiker im Film- u. Fernsehstudio der Charité, gegen-
wärtig freiberuflicher Trickdesigner
Anklage: Staatsfeindliche Hetze, unterlassene
Anzeige u. a., Urteil: 1 Jahr 6 Monate, in Haft von
August 1980 bis Juni 1981, Gefängnis: Stasi-U-Haft
Berlin-Hohenschönhausen

Jahrelang habe ich meinen Verstand gequält, Klarheit in
mein politisches Bewußtsein zu zwingen. Unter der psychischen Selbstzerfleischung leidend, es könne an mir
selbst liegen, mein Verstand könnte zu begrenzt sein, zu
erfassen, daß alle Maßnahmen der Führung der Arbeiterklasse »zum Wohle des Volkes und des Sozialismus«
notwendig waren, obwohl sie mir die Galle provozierten.

Obgleich unzählige Male mein Gefühl beleidigt und
verletzt wurde, war ich bereit, mich mit der Möglichkeit
abzufinden, ich könnte zu dumm sein, die Richtigkeit der
Politik der Diktatur zu begreifen und zu würdigen. Mein
Gefühl weigerte sich, offensichtlich schikanöse und will-
kürliche Niederträchtigkeiten innen- wie außenpoliti-
scher Natur als menschenwürdig anzuerkennen.

Ohnmächtig entwickelte ich mich zwangsläufig zum
Einzelgänger, darauf bedacht, mir selbst die Bedeutung
solcher Begriffe wie Moral, Anstand, Zivilcourage zu er-

halten. Einzelgänger zu sein ist eine durchaus negative gesellschaftliche Position, in Relation aber zu der konkreten gesellschaftlichen Konstellation noch die sauberste persönliche Stellung. Der Mensch aber ist nach seiner biologischen Bestimmung ein Herdentier. So empfand ich meine Lage als ungesund, die Gesellschaft aber als wesentlich kranker. Meine so entwickelte »Neurose«, nicht mehr mit Sicherheit unterscheiden zu können zwischen richtig und böse und falsch und gut, dauerte bis zu meiner Verhaftung durch die »Staatssicherheit« am 22. August 1980.

Zum Verständnis der Zusammenhänge sind einige Vorbemerkungen unerläßlich:

1. Zwei Grundmotive, langjährige Freundschaft und meine Bereitschaft, im Interesse meiner Selbstachtung wider den Stachel zu löcken, um die eigene Feigheit zu überwinden, veranlaßten mich, für befreundete Familien deren Ausreiseanträge zu formulieren und meine Zeugenschaft unterschriftlich zu bekunden. – Ich selbst habe weder vor noch nach der »Wende« die Ausreise gewollt. Die Anträge meiner Freunde waren mit dem auch von mir unterzeichneten Hinweis versehen, daß ihre jeweiligen Durchschläge der Westdeutschen Vertretung in Berlin, der Gesellschaft für Menschenrechte in Frankfurt/Main und dem damaligen Bundesminister für gesamtdeutsche Fragen Egon Franke zugeleitet wurden.

Meine damalige Lebensgefährtin – seit einigen Jahren in West-Berlin lebend – wurde in diesem Zusammenhang, da selbst Antragstellerin, telefonisch zur Kriminalpolizei in der Keibelstraße zitiert. Ich nahm an der »Aussprache« als Beschwerdeführender teil. Es wurde uns bedeutet, wir täten besser daran, unsere Aktivitäten im Zusammenhang mit Ausreiseanträgen einzustellen, widrigenfalls müßten wir mit Maßnahmen rechnen. Meine Nachfrage nach der Existenz rechtlicher und gesetzlicher Grundlagen für solche »Maßnahmen« wurde mit der Bemerkung beschieden, daß man solche schaffen könne.

Trotzdem formulierte und unterschrieb ich weitere Ausreiseanträge in insgesamt sechs Fällen.

2. Den Fernsehauftritt Wolf Biermanns, der zu seiner Ausbürgerung führte, empfand ich als Heilmittel gegen meine »Neurose«. Alle meine Empfindungen zur Amoralität unserer Staatsführung und ihrer Erfüllungsgehilfen wurden von Biermann so deutlich und klar angesprochen, daß mir vor Ingrimm das Zwerchfell hüpfte. Seine Darstellung unserer Wirklichkeit war mir wichtig genug, die Wiederholung seines Auftrittes mittels Tonband zu speichern und fünf Abschriften zu fertigen, die Freunde erhielten. Als Biermann »ausgebürgert« wurde, nahm ich vor ca. 40 Kollegen dazu Stellung und gab meiner Empörung Ausdruck.

3. Als die »Solidarnosc« verboten und in die Illegalität gedrängt wurde, bekundete ich meine Solidarität dadurch, daß ich am 21. August 80 eine Nachbildung der polnischen Nationalflagge in meinem im Parterre gelegenen Schlafzimmerfenster öffentlich zur Schau stellte.

Am nächsten Morgen wurden meine Lebensgefährtin und ich verhaftet und in die Untersuchungshaftanstalt Hohenschönhausen verbracht, in Handschellen und kriminellem Geruch. Während des Ermittlungsverfahrens wurde ich konfrontiert mit den Beschuldigungen:
– den Straftatbestand der *Aufwiegelei* erfüllt zu haben bezüglich der polnischen Nationalflagge;
– mich schuldig gemacht zu haben der *landesverräterischen Agententätigkeit,* weil ich mittels der Durchschläge der Ausreiseanträge Kontakt aufgenommen hatte mit

der Gesellschaft für Menschenrechte, die vom ZK der SED zur staatsfeindlichen Organisation erklärt war;
– den Straftatbestand erfüllt zu haben der *Verbreitung staatsfeindlicher Hetze* wegen der Übereignung der Biermann-Abschriften an meine Freunde;
– wegen *unterlassener Anzeigepflicht* bezüglich meines nichtgemeldeten Wissens um die Ausreisebemühungen meiner Freunde straffällig zu sein.

Aus: Versuch einer Analyse – Krebsschaden SED (Peter Ringk, 1989):
(…) Das Volk hat hin und wieder als außerordentliche Leistung ein paar Tyrannen erschlagen, um in dumpfem Vertrauen ein paar andere zu züchten. Unsere bisherige Geschichte weist bis heute keine Machtbeteiligung des Volkes aus. Macht hatten bisher: Herzöge, Könige, Kaiser, Hitler und Honecker. Macht aber läßt sich nicht begreifen als persönlicher Kraftakt, sie wird durch entsprechendes Instrumentarium verübt. Herzöge hatten ihre Söldner, Hitler seine Gestapo, Honecker seine Staatssicherheit. Um aber die Instrumente zu beherrschen, bedarf es der geistigen Konstruktion. Herzöge hatten ihren Adel, Hitler seine NSDAP, Honecker seine SED. [...]
Die Geschichte der SED ist die des Versagens und der Entartung. Und dabei stammte sie doch aus gutem Hause, dem Haus der Luxemburg und Liebknecht, Bebel und Thälmann. Sie hat dennoch eine Entwicklung genommen, die leider nicht mit dem 17. Juni 1953 beendet war, mit der sie ihre im Erbe der aufrechten Kommunisten übernommene historische Chance vertan hatte. Den Willen des Volkes mit Gewalt brechend, ergriff sie ihre zweite historische

Chance, bildete »Staatssicherheit«, machte das Volk zum Klassengegner und sperrte es ein. Die SED und niemand sonst war es, die solche Moral-Monster wie Honecker, Hager, Schnitzler und Konsorten gebar und hätschelte. Sie war es, die die Fleischtröge leerte, bevor das Volk von der Arbeit kam. Sie konstruierte ein Gesellschaftssystem, demgegenüber das angeblich von ihr bekämpfte des Kapitalismus, das wahrhaftig nicht vom Humanismus getragene, noch das geringere Übel war. Sie machte dubiose Geschäfte mit dem »Klassengegner« zu privatem Gewinn, eiskalt die Todesträchtigkeit von Waffenschiebereien kalkulierend und forcierend durch gleichzeitigen Verkauf an gegeneinander Kriegführende wie Iran und Irak.

Sie schützte, lohnte und belobigte Unrecht und Verbrechen verübende staatliche Institutionen. [...]

Die Vielzahl derer, die wegen mangelnder Leistungsfähigkeit oder wegen Leistungsunmuts der Partei beitraten, um Leiter zu werden, blockiert weiterhin jegliches Leistungsprinzip, soll aber künftig mit mehr Autorität ausgestattet werden. Welche Chance hat dann wohl wirkliche Leistung, real eingeschätzt und gewürdigt zu werden? Da schieben sich wieder die zahllosen kleinen Metastasen die Atzung zu. [...] Die SED hat den Namen geändert. Was kann eine Namensänderung bewirken, wenn die Namensträger exakt die gleichen Menschen sind?! Eine Hauttransplantation über die zutage getretene Geschwulst ist nicht geeignet, den Patienten zu gesunden. [...]

Die historische Schuld aber bleibt: Die SED hat dem Sozialismus einen irreparablen Schaden zugeführt. Sie hat diesen Begriff okkupiert, für sich ver-

braucht, die bisher einzige humanistische Idee ge-
schändet, unglaubwürdig gemacht und die Saat
schon im Keimen erstickt. [...]

Nach siebenmonatiger Untersuchungshaft wurde Anklage gegen mich erhoben und von der Staatsanwältin ein Strafmaß von einem Jahr und neun Monaten gefordert.

Aufgrund der dem Vorgang innewohnenden Logik, daß ich meine Anzeigepflicht erfüllt hatte mit meiner unterschriftlichen Zeugenschaft – die Originale der Ausreiseanträge wurden schließlich dem MdI zugestellt, somit hatte ich meine »Mitwisserschaft« klar und deutlich bekundet –, war es ein Leichtes, diesen Anklagepunkt ad absurdum zu führen. Die Staatsanwältin kam nicht umhin, die Strafmaßforderung auf ein Jahr und sechs Monate zu reduzieren, jedoch nicht ohne mich beleidigt zu haben (wobei mir der »strafrechtliche Zusammenhang« bis heute nur erahnbar ist) dadurch, daß sie mir schlechte Leistungen schon während meines Grafik-Studiums unterstellte. Auch ein Hinweis auf mein damaliges Leistungsstipendium konnte ihre Meinung nicht beeinflussen. Da nun aber »Recht gesprochen« wurde im »Namen des Volkes«, aber unter Ausschluß der Öffentlichkeit, bewegte mich dieser Umstand vergleichsweise wenig. Die Richterin jedoch zeigte sich sehr beeindruckt und stimmte freudig dem Antrag der Staatsanwältin zu. Wahrscheinlich stand auch sie in Sachen Recht im »sozialistischen Wettbewerb«.

Als bedenklich allerdings empfinde ich, daß weder die Staatsanwältin noch die Richterin, noch der von mir berufene Verteidiger, allesamt gelernte Juristen, über die Logik im Zusammenhang mit dem zweiten Anklagepunkt [Agententätigkeit] gestolpert waren. Ich zweifle nicht deren Verstand an, wohl aber ihre Bereitschaft, dem Recht zu dienen.

Meinem Verteidiger billige ich ein Handicap zu. Bei seinen mehrmaligen Besuchen während der Ermittlungen wies er darauf hin, daß wir bis zum Abschluß des Ermittlungsverfahrens über alles reden könnten, über Gesundheit und Krankheit, über das Für und Wider von Sauerkirschen, aber nicht über meinen Fall!!!

Es gab da verbriefte Rechte des Beschuldigten, die offenbar rein dekorative Geltung hatten.

Im Verlaufe des vorangegangenen Ermittlungsverfahrens wurde dem Untersuchungsorgan durch Aussage meiner Lebensgefährtin bekannt, daß einer meiner engsten Freunde mit seinem Tonbandgerät den Biermann-Auftritt auf meine Bitte in meiner Wohnung mitgeschnitten hatte, da ich selbst nicht über ein solches Gerät verfügte. Weil ich die volle Verantwortung für sein Mitwirken übernahm, war ihm eine »Verbreitungsabsicht« nicht nachzuweisen. Ich war dafür 93 Tage in Einzelhaft und leide noch heute daran, daß mein Freund ein unausgesprochenes Mißtrauen gegen mich hegt, ich aber keine Beweismöglichkeit für mein Verhalten habe.

Auch darin liegt eine große Schuld der vormals Machtausübenden, Mißtrauen unter den Anständigen konstruiert zu haben durch Statuierung abschreckender Exempel, unabhängig von Recht und Unrecht unter Mißbrauch ihres Amtes, einzig zu dem Selbstzweck ihrer Machterhaltung nach dem uralten Prinzip des »Teile und herrsche«.

Zum Verständnis des Verfahrens zur Umkehrung von Unrecht in scheinbares Recht sei hier eine »Beweisführung« zitiert:

»Herr Ringk, Sie haben doch Freunde?!« – »Ja, natürlich!« – »Und die trafen sich doch häufig in Ihrer Wohnung!?« – »Ja, gewiß, wir besuchten uns wechselweise.« – »Und dabei wurde doch wohl auch über Ausreiseanträge und politische Ereignisse gesprochen!?« – »Gewiß!!« – »Na, dann können Sie doch nicht mehr leugnen, eine konspirative Wohnung betrieben zu haben!!!«

Nach insgesamt zehn Monaten Untersuchungshaft wurde mir ein Schreiben verlesen, ein Gerichtsbeschluß, ich sei wegen guter Führung, hervorragender Arbeitsergebnisse und insbesondere wegen meines positiven Einwirkens auf Mithäftlinge vorfristig aus der Haft zu entlassen.

Jeder, der durch Hohenschönhausen gegangen ist, wird bestätigen, daß es in einer Untersuchungshaftanstalt ein einfaches, aber optimal wirksames System gibt, das jegliche Kontaktaufnahme zwischen Häftlingen außerhalb ihrer Zelle unmöglich macht. Auch ein zufälliger Blickkontakt mit anderen Häftlingen ist völlig unterbunden. Dieses System schließt somit Arbeit total aus. Meine unter diesen Umständen logische Frage an den Überbringer der Entlassungsbotschaft, wie es wohl möglich wäre, daß ich gute Arbeitsergebnisse erbracht und aus Einzelhaft heraus positiv auf Mithäftlinge eingewirkt haben könne, wurde beantwortet mit dem Bemerken: »Na, Herr Ringk, wenn Ihnen diese Erklärung nicht gefällt, wir können sie auch ganz schnell wieder vergessen!!«

Ich habe meinen Haß in Verachtung mildern können. Mich dürstet nicht nach Rache. Aber ich erhebe die Forderung nach gesetzlich getragenem Recht, das allen, die willkürlich zu Opfern erkoren waren, Wiederaufnahme ihrer politischen Strafverfahren ermöglicht. Bei Schulderkenntnis zu Lasten derer, die unrechtmäßig zur Verurteilung beigetragen haben, ist denen konsequent das mißbrauchte Amt zu entziehen. Bei Schulderkenntnis zu Lasten jener, die ein solches Wiederaufnahmeverfahren mißbrauchen wollen, tatsächlich begangenes Unrecht zu vertuschen, um als »politische Opfer« anerkannt zu werden, ist erneute Verurteilung geboten.

Ich persönlich beantrage die Wiederaufnahme meines Strafverfahrens mit der Bedingung der Anwesenheit jener Personen, die mein Urteil konstruiert haben. Außerstande, diese Personen namentlich zu benennen, da sie das Geheimnis ihrer Identität gewahrt haben, vertraue ich darauf, daß die gerichtlichen Unterlagen meines Verfahrens diesbezüglich Aufschluß geben: Es sind dies vier Ermittlungsführende der »Staatssicherheit«, die Staatsanwältin und die Richterin.

Danach war für mich
der Sozialismus totgetrampelt

Heinz Loesner, geb. 1928, vor der Verhaftung Transportarbeiter, gegenwärtig Mitarbeiter beim Betriebsschutz
Anklage: Staatsfeindliche Hetze, Urteil: 2 Jahre 6 Monate, in Haft von September 1968 bis März 1971, Gefängnisse: U-Haft Berlin-Pankow, Strafvollzug Haftarbeitslager X, Berlin, Genseler Straße

Prager Volkszeitung vom 28. Juni 1968, Nr. 26, S. 7, Auszug aus dem Abdruck einer Fernsehansprache von Ota Sik:
Ohne Wirtschaftsprosperität bleibt auch die Freiheit für die Massen der Werktätigen ein zur Hälfte leerer Begriff. Die Wirtschaft ist nämlich der gemeinsame Nenner des Staates. Die Verfolgungen in der Vergangenheit haben nur einen Teil der tschechischen oder slowakischen Nation in Mitleidenschaft gezogen. Widerrechtlich eingekerkert war nur der kleinere Teil der Bevölkerung, was freilich nicht bedeutet, daß die nicht Betroffenen schweigen sollten. Auch das Maß des Drucks auf die verschiedenen gesellschaftlichen Gruppen und Schichten war verschieden stark. Die Verarmung der Wirtschaft jedoch hatte alle unmittelbar berührt. [...] Die anhaltende Täuschung jedoch mußte bittere Früchte tragen. Der einfache Bürger, der nicht

die Möglichkeit hatte, hinter die politischen Kulissen zu schauen, der Mensch, der zwanzig Jahre lang das Wirtschaftsleben mit seinen Händen gestaltete, hat sich offenbar im Unterbewußtsein gegen die Vorstellung gewehrt, daß unsere Gesellschaft weder seinen ursprünglichen Träumen noch den Vorstellungen vom wissenschaftlichen Kommunismus entspricht. [...] Jeder von uns war längere oder kürzere Zeit, gewollt oder ungewollt, eine Stütze des Machtsystems, das nicht nur der allgemeinen sozialistischen Moral, sondern auch den ursprünglichen Vorstellungen der Klassiker widersprochen hat. Viele von uns haben dann nicht mehr die rosa Brille abnehmen können, weil sie des Bewußtseins der tieferen Zusammenhänge unseres deformierten Lebens verlustig gingen. [...]

Ich bin wohnhaft in Berlin-Marzahn. Meine ursprüngliche Heimat ist Ostpreußen. Dort bin ich großgeworden. 1946 bin ich dann weg und bin erst mal im Ruhrgebiet gelandet. Dort hab' ich im Bergbau gearbeitet. Fünfzehn Jahre lang. Deswegen bin ich heute auch schon Bergmannsrentner. Als junger Mensch fängt man an, sich für politische Dinge zu interessieren, besonders wenn man im Bergbau ist. Ich war damals zwar nicht in der KPD oder einer anderen Partei drin, aber ich habe mitgemacht bei der *Internationale der Kriegsdienstgegner,* das war eine pazifistische Richtung. Ich war auch in der *Deutschen Friedensunion* tätig und habe an Aktionen in Dortmund teilgenommen. Wir wollten, daß die Raketen dort wegkommen. Ich hatte nämlich die Theorie vertreten, der Rapacki-Plan, der sollte durchgeführt werden. Und Polen, Tschechoslowakei, DDR und Bundesrepublik, die sollten eben in diesen Plan einbezogen werden, damit dort keine Raketen hinkommen. Später hab' ich dann auch, als die Amerikaner Vietnam überfielen, an Aktionen teilgenommen wie Flugblattverteilung, Demonstrationen, Ostermärsche usw. Und im Jahre 1961 bin ich wegen Familienschwierigkeiten nach Berlin. Da hab' ich dann im EKL angefangen, Elektrokohle Lichtenberg. Und da ich nun mal ein linkseingestellter Mensch war, das möchte ich hier ganz klar sagen, war ich für den proletarischen, sozialistischen Internationalismus. Ich bin zwar niemals in der SED gewesen, aber ich habe mich sofort engagiert. Und bin für den Sozialismus, wie ich ihn mir damals vorstellte, auch eingetreten.

Ja, und dann, als im Jahre 1968 die Truppen des Warschauer Vertrages in die ČSSR einrückten, war mein erster Weg sofort in die Botschaft der Tschechoslowakei. Dort waren die Botschaftsangestellten, die erklärten uns, daß dieser Einmarsch von der Regierung der Tschechoslowakei, der damaligen Regierung, nicht gewollt war. Es waren nur ganz, ganz wenige Funktionäre, die die sowjetischen Truppen um Hilfe herangeholt hatten. Und im Kommunistischen Manifest, da steht unter anderem ganz klar und deutlich, daß die Herrschaft des Proletariats nur für eine bestimmte Zeit existieren sollte, und dann sollte sie weg sein. Diese marxistische Theorie, die wurde auch von Alexander Dubček vertreten und von den Genossen in der ČSSR. Die haben sich eben gesagt, hier im gesamten Ostblock gibt's keine Kapitalisten mehr. Der Sozialismus ist aufgebaut. Nun erübrigt sich das Diktat. Es ist nicht mehr notwendig. Daran hab' ich damals geglaubt. Und weil ich daran geglaubt habe, bin ich dann hingegangen, habe einen Druckkasten gekauft und habe mir selber Flugblätter gemacht, da stand drauf:

Es lebe der Marxismus-Leninismus!
Breshnew, bist Du wahnsinnig?
Darum Schluß mit der Aggression
gegen die ČSSR!

So, und diese Flugblätter hab' ich dann verteilt. Bin erst zum Bahnhof Friedrichstraße, denn da kamen ja viele Leute, und denen hab' ich dann die Blätter gegeben. Also mir war alles egal in dem Augenblick. Ich habe früher eine schwarzrotgoldene Fahne gehabt, da war das Emblem von Walter Ulbricht drin, so sag' ich das mal heute. Ich war so in Wut gewesen, ich hab' die Fahne genommen und hab' draufgetreten und hab' sie in eine Mülltonne reingeschmissen. Das sollte jeder sehen im Haus. So in Wut war ich. Also wie gesagt, ich hab' die Blätter verteilt. Die Leute kamen und haben genommen. Und wenn dann so fünf, sechs standen, bin ich wieder weitergezogen. Hab' die reden lassen, hab' mich dann nicht mehr daran beteiligt. Und dann bin ich zur August-straße. Ich wollte in »Clärchens Ballhaus«. Und komme um die Ecke, und da kamen drei junge Burschen, und ich hab' denen natürlich auch ein Blatt gegeben. Der eine hat's genommen und weggeschmissen, der andere, der schnappte sich ein Blatt, und dann stürzten sich alle drei auf mich. Der eine mit Revolver. Sie ergriffen mich, ich konnte nichts mehr machen. Ich hab' ja keine Kanone gehabt. Was sollte ich da machen? Und dann wurde ich zur Polizei gefahren. Keibelstraße. Die Polizisten sagten dann zu mir: »Wat hamse denn da jemacht? Warum machense denn sowat? Kriejense zu wenich Geld? Is Ihn' Ihr Lohn zu kleen? Wollnse mehr verdien'?« Ich sage: »Nee, darum jeht's doch jar nich. Es jeht doch darum, dat is 'ne Aggression, wat da jemacht wird.«

Aus: Berliner Zeitung, 22. August 1968:

An alle Bürgerinnen und Bürger der DDR!

Wie durch Rundfunk und Fernsehen bekannt geworden, haben dem Sozialismus treu ergebene Persönlichkeiten der Partei und des Staates der ČSSR am 20. August den Kampf zum Schutz der sozialistischen Staatsordnung, gegen die konterrevolutionären Umtriebe aufgenommen. Dies wurde notwendig, nachdem durch einen verschärften Rechtskurs einer Gruppe in der Führung der KPČ und die erhöhte Aktivität der antisozialistischen Kräfte eine akute politische Krise in der ČSSR ausgelöst worden war. [...]

Für jeden Bürger der DDR wird beim Blick auf die Landkarte verständlich, daß für unsere Republik und für die anderen sozialistischen Bruderländer eine unerträgliche Lage geschaffen worden wäre, wenn die insbesondere vom westdeutschen Imperialismus inspirierten antisozialistischen Kräfte vom Süden, also von unserer Flanke her, ihre konterrevolutionäre Tätigkeit hätten betreiben können. [...]
Berlin, den 21. August 1968

Zentralkomitee
der Sozialistischen Einheitspartei Deutschlands
Staatsrat der Deutschen Demokratischen Republik
Ministerrat
der Deutschen Demokratischen Republik

Die Polizisten, die waren ja nicht so. Die haben mir noch eine anständige Schüssel Nudelsuppe hingestellt. Und am nächsten Tag wurde ich abgeholt. Also, es war richtig unwürdig, sofort die Hände zusammen, die *Acht* drum, wie ein Verbrecher. Und dann ging's ab nach Pankow. In die Untersuchungshaft. Da war ich erst einmal mit einem Studenten zusammen, der kam aus Zerbst, und der wollte von der Tschechoslowakei aus türmen. Und ist ergriffen worden. Dann war ich mit einem gewissen Lehmann aus Dortmund zusammen, der saß ein... Angeblich hat er Spionage gemacht. Na ja, er hat mir selber erzählt, was er gemacht hatte. Später saß ich dann mit einem zusammen, den haben sie immer »Gauleiter« gerufen. Der hat feste Propaganda gemacht für die Nazis. In der U-Haft. Ja, ja, der hat laut Führerreden gehalten. »Heil Hitler« geschrien und so was alles. Und der hat dann noch erzählt, wie er die Volkspolizei zusammengedroschen hat, vorm Staatsratsgebäude.

Na, ich mußte auch des öfteren zum Vernehmer hin. Nun war das bei mir aber so, ich hatte keinen Mittäter. Ich hab's ganz alleine gemacht. Von mir aus. Weil nämlich im Betrieb keiner dafür war. Da hab' ich das auf eigene Faust gemacht. Und die Staatssicherheit, die wollte natürlich immer, ich sollte die andern auch noch nennen, die da mitgemacht haben. Konnte ich aber nicht. Und wenn – nicht wahr, hätte ich es sowieso nicht gesagt: »Bandenbildung«, da gibt's ja gleich noch was dazu. Ein halbes Jahr war ich in der Untersuchungshaft. Es war immer fürchterlich, wenn die Wachleute reinkamen, dann mußte man sich immer so an die Wand stellen. Mütze ab und strammstehen. Und wenn man Rundgang hatte oder so was, dann durften immer nur die zwei, die in einer Zelle waren, zusammen gehen. Oben war ein Wachtturm, der konnte in alle Gänge reingucken. Ein Gitter war auch drüber. Es wurde niemals so gemacht, daß man einen andern gesehn hat. Das gab's nicht. Nur durch Zuruf oder durch Klopfzeichen und so hat man sich verständigt. Deshalb wußten wir ja schon alle, wieviel wir bekommen. Das wußte schon jeder. Das war ein festgeschriebenes Maß. Die andern haben es dann schon gerufen: Zweieinhalb Jahre gibt's dafür!

Am 15. September bin ich eingeliefert worden, und der Prozeß, der fand Februar, März statt, ich weiß es jetzt nicht mehr so genau. Da wurde ich dann hingefahren, in die Littenstraße, glaub' ich. Und dort haben sie mir die *Acht* abgenommen. Vor mir ging einer, ich ging in der Mitte, nach mir ging einer. Die waren alle in Zivil, damit die andern, die im Gericht auf den Gängen waren, nichts mitkriegten. Dann kam ich in den Gerichtssaal rein, da war die Öffentlichkeit nicht zugelassen. Es war untersagt. Es lümmelten dann bloß ein paar Lümmel von der Stasi rum. Leider weiß ich heute nicht mehr, wie der Richter hieß. Das hab' ich mir nicht gemerkt. Einen Rechtsanwalt hatte ich auch. Ich wollte ja keinen haben, aber die haben gesagt, ich muß einen nehmen. Da war's mir auch egal. Ja, dann wurde ich eben angeklagt, was für Verbrechen ich gemacht habe. *Staatsfeindliche Hetze, Konterrevolution, Konterrevolutionäre Verbrechen* und was da alles war. Ich war ein Konterrevolutionär. Ein konterrevolutionärer Verbrecher. Ich kann nicht die Nummer des Paragraphen sagen. Hab' ich mir nicht so gemerkt. Aber darum ging's. Jedenfalls das eine weiß ich noch. Ich war ja auch Mitglied der Deutsch-Sowjetischen Freundschaft. Da sagte einer von den Schöffen: »Na, sagen Sie mal, Sie waren doch Mitglied der Deutsch-Sowjetischen Freundschaft!?« Ich sagte: »Ja, ich war Mitglied der Deutsch-Sowjetischen Freundschaft.« – »Und wie kamen Sie dann dazu, so etwas zu tun?« – »Na, passense uff, det is janz einfach«, sagte ich, »sehen Sie, wenn ich einen Freund habe, und ich betrachte ja die Sowjets als

Freunde, und wenn ich sehe, daß die etwas verkehrt machen, dann gehört's doch wohl zur Freundschaft, daß man einem Freund das sagt.«

Aus: Berliner Zeitung, 24. August 1968:

...den Mördern in den Arm gefallen

Die Reaktion in der Tschechoslowakei entfachte in den vergangenen Monaten, unterstützt von Geheimdiensten, Politikern und der Presse imperialistischer Staaten, insbesondere Bonns, eine zügellose Kampagne gegen die Kommunistische Partei der Tschechoslowakei.

Die verräterische Haltung eines Teils der Führung der KPČ, ihre wiederholten Aufrufe, »mit dem Monopol der Kommunisten auf die Macht Schluß zu machen«, »die Partei von der Macht zu trennen«, unterstützten die Revisionisten und die Reaktion. [...]

Da schrie der Richter mich an, ich solle sofort aufhören und nicht hier noch antisowjetische Hetze betreiben. So war's gewesen. Und so was nennt sich Richter. Auf deutsch gesagt: ein Strolch! Wenn ich den heute sehen würde... na ja, ich würde ihm keine klatschen, das macht man ja nicht, dafür ist man ja ein anständiger Mensch. Aber ich würd' ihm die Meinung sagen. Danach hab' ich gesagt: »Sie können mich jetzt fragen, was Sie wollen. Ich gebe keine Antwort mehr. Ich sage nichts mehr. Es hat keinen Zweck hier.« Ich hab' dann auch nichts mehr gesagt. Na ja, man hat mich dann verurteilt: zweieinhalb Jahre. Hab' die Zeit voll abgesessen. Es gab welche, die haben ein Bittgesuch eingereicht und geschrieben, daß sie ihren Fehler einsehen. Dann konnte man ein Jahr eher gehn. Aber das hab' ich nun nicht gemacht. Ich war immer der Meinung, ich war im Recht, und da hab' ich mir gedacht, da sitzt du lieber die ganze Zeit ab. »Nee, denen kriech' ich nich zu Kreuze!« So hab' ich im stillen gedacht.

Im Haftarbeitslager hab' ich einen kennengelernt, der stammte aus Adorf. Das war ein überzeugter Sozialdemokrat. Und es gab doch damals eine Abmachung, daß sozialdemokratische Funktionäre hier in der DDR Kundgebungen abhalten und SED-Funktionäre in der Bundesrepublik. Das hatten beide Parteien vereinbart. Und dann zum Schluß, wo es soweit war, hat aber die SED nein gesagt. Da gab's nämlich zu der Zeit, das rührte noch von Adenauer her, ein sogenanntes Handschellengesetz, und das sah so aus: Jeder SED-Funktionär, der in die Bundesrepublik kam, der wurde sofort festgenommen. Aber die SPD damals, die hat gesagt, daß dieses Gesetz während der Zeit des Redneraustauschs nicht angewandt werden darf. Und das hatte die damalige Bundesregierung auch zugestanden. Aber die SED hat gesagt, da machen wir nicht mit, das Gesetz hat ganz abgeschafft zu werden. Jedenfalls – der Sozialdemokrat hatte an seinen Vorsitzenden Willy Brandt geschrieben. So hat er das gesehen. Und er wollte genaue Informationen haben, warum die SED einen Rückzieher gemacht hat. Aber der Brief ist gar nicht weggekommen. Er hat zweieinhalb Jahre gekriegt. – Und dann waren auch welche dort, die waren in der Armee gewesen und waren schon eingerückt in die Tschechoslowakei. Aber aufgrund dessen, was sie da erlebt haben, was sie gesehen haben, da haben die gesagt: Was suchen wir hier überhaupt? Ich mache nicht mehr mit. Fünf Jahre haben die dafür bekommen. Fünf Jahre mußten die dafür sitzen.

Und dann waren da noch Bibelforscher, mit denen hab' ich mich auch unterhalten. Da war einer dabei, ein Alter, der war von 1933 bis 1945 im KZ gewesen. Und 1945 wurde er befreit durch die Rote Armee. 1948 kam schon wieder das Verbot für die Zeugen Jehovas. Das sind ja ganz sture Pazifisten. Die fassen keine Knarre an. Die lassen sich lieber den Kopp abschlagen. Und die tun ja eigentlich keinem was. Die sind hundertprozentige Pazifisten. Und der Alte, der war schon da im Lager seit 1948 (und ich war 1969 da!). Der hat zu mir gesagt: »Seit 1933 bin ich nur im Gefängnis.« Die brauchten nach 1948 nur eines zu machen – unterschreiben, daß sie dem Glauben, den sie haben, abschwören. Schon konnten sie rausgehen. Der Alte, der hat mir dann erzählt, daß er sogar Krach mit seiner Tochter gekriegt hat. Die hat gesagt: »Papa, unterschreibe das.« Er hat gesagt: »Das geht nicht.« Dem haben sie alle Zähne rausgeschlagen. In der Nazizeit. Und die waren trotzdem überzeugt. Die saßen meistens zusammen, die Brüder – am Tisch. Die waren eigentlich immer noch fröhlich und lustig. Die fühlten sich noch wohl.

Ich bin nie geschlagen worden. Weil ich nicht so weit gegangen bin. Ich hab' sie nicht herausgefordert. Aber ich hab' einen gekannt, der hat sie herausgefordert. Der ist danach in den Keller gekommen, und ein anderer hat erzählt, daß er im Keller ganz schön Senge gekriegt hat. Und wir haben den auch nicht mehr gesehen. Der ist weggekommen.

Im Haftarbeitslager hab' ich im Transport gearbeitet, in einer Lagerhalle außerhalb. Dort kamen jeden Monat LKWs an, vollkommen vollgeproppt mit westlichen Waschmitteln. Ja, und die mußten wir in Papiertüten umfüllen. Die Stasi hatte die alle aus Paketen rausgenommen, die verschiedensten Sachen, ob das *Sanso* war oder *Ata* oder *Weißer Riese*. Alles, was es gab. Jetzt ist aber folgendes passiert. Es kam doch manchmal vor, daß in so einem Paket was drin war. Geld war drin, es waren aber auch Hefte drin, Zeitungen. Das meiste an Zeitschriften, was ich hatte, das war von den Bibelforschern, das sind wohl die aktivsten. *Erwache* und so was. Dann hab' ich auch den *Vorwärts* gehabt von der SPD. Oder was von der CDU oder von der Landsmannschaft. Und ich konnte immer welche ins Lager reinschmuggeln. Aber da ist einer gewesen bei uns auf der Stube, der war ein alter Nazi, Fahnenjunker in der Wehrmacht. Der hat sich gerühmt, daß er in Oradour dabei war, wo die Frauen alle in die Kirche getrieben wurden, daß sie die alle reingejagt und dann umgebracht haben. Und der hat das mit den Schriften gemeldet. Beim Polit-Hauptmann. Erst hab' ich abgestritten, ist doch ganz klar. Aber der Hauptmann hat all die Dinger auf den Tisch gelegt und gesagt, der Heinz Skotazek hätte mich angezeigt. Ich sage zu ihm: »Gloobense doch nich diesem alten Nazi, det is doch 'n ganz alter dreckiger Faschist!« Da sagt der Hauptmann zu mir: »Passense ma uff, wat hier 'n Faschist is und wat 'n Nazi is, das bestimm' nich Sie, sondern das bestimm' wir. Hamse verstanden?«

Und dann gab's vier Wochen strengen Arrest, im Keller. Der war, na, ich schätze, einszwanzig, einsdreißig breit, vielleicht zwei Meter lang, Dunkelzellen. Und da waren mindestens vierzig Grad Wärme drin. Denn die ganzen Rohre, die gingen durch die Zellen durch. Und das war ein Klappern. Das knallte und klopfte wie noch nie. Und dann war's dunkel. Und die Rohre knallten in einer Tour. Und wenn ich das Knallen und Poltern im Rohr gehört hab', da hab' ich mir Melodien zusammengereimt. Ich hab' mich immer so da hineinversetzt, als ob ich da Musik hören würde. Und dann ging die Zeit auch ganz gut vorbei.

Na ja, dann kam die Zeit meiner Entlassung. Wir mußten versprechen, daß wir über die ganze Zeit nichts sagen. Ich hab' wieder angefangen in meinem Betrieb. So, und dann war ja klar, daß bei mir nichts mehr zu holen war. Es ist ja wohl klar, daß für mich der Sozialismus tot war. Der war totgetrampelt. Ich konnte nicht mehr an diese Sache glauben. Und dann sollten eines Tages Subbotniks gemacht werden. Unser Abteilungsleiter, Kollege Gürtler – der ist heute noch Abteilungsleiter bei Elektrokohle –, der sagte: »Also wie ihr alle wißt, wir machen wieder einen freiwilligen Subbotnik. Hundertprozentig alle, ist doch ganz klar.« Ich die Hand hoch. »Das stimmt nicht, Kollege Gürtler, wir machen nicht hundert Prozent. Ich hier, ich werde ihn nicht machen. Da wir zehn Mann sind, werden sich also zehn Prozent nicht beteiligen.«

»Mein lieber Kollege Loesner«, sagte er daraufhin, »wenn du den nicht machst, dann sei am besten ruhig. Kriege ich raus, daß du versuchst, die Kollegen aufzuhetzen, dann landest du wieder dort, wo du hergekommen bist, wo du mal warst!« In der Brigade haben sie nur gekiekt. Keiner hat was gesagt. Da war ich natürlich auf der Palme. (Das war 1972 oder 73, da war ich ja noch frisch.)

»Nun paßt mal auf«, sag' ich, »die ihr euch hier Kommunisten nennt. Ihr könnt eure Zäune und eure Mauern so hoch machen, wie ihr wollt, merkt euch das. Vor euch hab' ich keine Angst mehr. Das ist aus. Stacheldraht, alles könnt ihr machen. Aber bei mir nicht mehr. Ich bin befreit«, sag' ich, »Gott sei Dank, ich bin ein freier Mensch geworden.« In der Haft ist mir alles runtergefallen. Meine ganze Weltanschauung, die ich hatte, ist zerbrochen. Ich fühlte mich wirklich befreit. Ich dachte, ich bin freier als die Weltstadt.

Aus: Berliner Zeitung, 27. August 1990:
[...] 22 Jahre nach dem Einmarsch der Warschauer-Pakt-Truppen in die Tschechoslowakei wurde nun erstmals eine offizielle Bilanz der Opfer der Invasion veröffentlicht.

Laut den bisher streng geheimgehaltenen Protokollen des Prager Innenministeriums sind demnach in den ersten sieben Tagen nach der Niederschlagung des »Prager Frühlings« 94 Menschen getötet und 345 schwer verletzt worden. Die frühere offizielle kommunistische Propaganda hatte trotz anderslautender Meldungen westlicher Agenturen stets behauptet, daß die gewaltsame Intervention im August 1968 ohne Opfer erfolgt wäre. Den Angaben des Ministeriums zufolge sind in den ersten sieben Okkupationstagen, also bis zur Rückkehr der nach Moskau verschleppten damaligen ČSSR-Führung, 53 tschechoslowakische Bürger erschossen worden. Der jüngste war ein 13jähriger Junge. Die Schützen seien durchweg sowjetische Soldaten, also nicht Angehörige der anderen Besatzungsarmeen, gewesen. 38 Tschechoslowaken, unter ihnen zwei 15jährige Mädchen, seien von Panzern und anderen Militärfahrzeugen mit tödlichen Folgen überfahren worden, und drei Personen seien auf andere Weise ums Leben gekommen.

Dann ging wieder eine Zeit rum. Da war Versammlung. Da tritt wieder dieser Kollege Gürtler auf und sagt: »Also hier der Kollege Dombrowski, der hat bei uns soundsoviel Jahre gearbeitet, treu und brav gearbeitet. Und was macht der Kollege jetzt? Er hat einen Antrag gestellt und will nach Westberlin. Der ist praktisch aufgehetzt worden, von seiner Schwester wahrscheinlich, die ja schon vorm Mauerbau gegangen ist, und nun will der Kollege hier uns auch verlassen. Was sagt ihr dazu? – Wie ist das, Kollege Dombrowski, willst du deinen Antrag zurücknehmen?« Da hat der Kollege Dombrowski gesagt: »Nein, ich ziehe den Antrag nicht zurück.« Dann hat man ihm gesagt, wie schwer das ist, daß er da arbeitslos wird, und er hat doch hier seine zweieinhalb Zimmer, er hat sein Auto, das hat er doch alles. Aber der war nicht zu bewegen. Der zog den Antrag nicht mehr zurück.

Dann sprach der vom FDGB. Und der hat gesagt, daß man sogar berechtigt wäre, ihm die Kinder wegzunehmen. Und keiner hat ein Wort gesagt. Nicht einer. Gegen so eine verbrecherische Äußerung. Kidnapping wollten sie machen. Das ging mir langsam auf die Hutschnur. Ich bin aufgestanden und habe gesagt: »Wenn der Kollege hier gehen will, laßt ihn gehen.«

Hinterher sagt der Kollege Dombrowski zu mir: »Ist ja wunderbar, daß du dich so für mich eingesetzt hast.« Ich sage: »Ich hab' mich gar nicht für *dich* eingesetzt. Ist verkehrt gedacht. Das ist mein Prinzip, um das es geht. Du hast nicht gezählt.« – Und dieser Gürtler, dieser Abteilungsleiter, geht heute hin und sagt ganz frech: »Kollegen, alles, was vorm vierzigsten Jahrestag gesagt worden ist, zählt heute nicht mehr. Nicht wahr, wir sind heute in der Demokratie.« Der ist heute noch Abteilungsleiter. Und deswegen sage ich, es ist mein Standpunkt: Ich würde heute persönlich auf Erich Honecker nicht so eine Jagd veranstalten. Ich würde die Jagd nicht mitmachen. Ich meine, durch diesen Mann hab' ich allerhand gelitten. Aber ich verurteile die Leute, die früher kein Wort gesagt haben und heute den Mann hängen sehn wollen. Nicht wahr. Für die hab' ich nicht allzuviel übrig. Ich weiß nicht, was dahintersteckt. Wissen Sie, was hinter diesen Leuten steckt?

Na ja, ich hab' ja auch nicht viel gemacht. Ich hab' ja nur das damals gemacht, und dann hab' ich mich in der Versammlung noch zweimal geäußert.

»Und det erhält sich allet nur durch so 'ne Falschheit an der Macht...«

Gilbert Radulović (jetzt: Furian), geb. 1945, vor der Verhaftung Bearbeiter für Versicherung und Inventuren im VEB Wärmeanlagenbau Berlin, gegenwärtig org. Mitarbeiter der Berliner Domkantorei
Anklage: Ungesetzliche Verbindungsaufnahme (§ 219), Urteil: 2 Jahre 2 Monate (§§ 219 und 220), in Haft von März 1985 bis April 1986, Gefängnisse: Stasi-U-Haft Berlin-Hohenschönhausen, Durchgang Berlin-Rummelsburg, Strafvollzug Cottbus, Abschiebehaft Karl-Marx-Stadt

Aus der Anklageschrift des Generalstaatsanwalts von Berlin vom 20. 8. 1985:
[...] Aus ideologischen Gründen lehnte er es ab, Mitglied der Kampfgruppen und der DSF zu werden, an Kampfdemonstrationen zu gesellschaftlichen Höhepunkten teilzunehmen und sich an Spendenaktionen für die internationale Solidarität zu beteiligen. Seit Anfang der 60er Jahre bildete sich beim Beschuldigten – beeinflußt durch intensives Verfolgen von politischen und kulturpolitischen Sendungen westlicher Rundfunkanstalten, wie RIAS und SFB, und der Lektüre antisozialistischer Schriften, z. B. von Solshenizyn – eine ablehnende Haltung zur sozialistischen Staats- und Gesellschaftsordnung heraus. Der Beschuldigte

gelangte zu solchen Auffassungen, daß die sozialistische Entwicklung in der DDR nicht den Lehren der Klassiker des Marxismus-Leninismus entspreche und deshalb Tendenzen der Abkehr eines Teils der Bevölkerung von der gesellschaftlichen Entwicklung zu verzeichnen seien. Des weiteren ist der Beschuldigte der Meinung, die SED sei keine marxistisch-leninistische Partei und die politische Macht würde nicht von der Arbeiterklasse, sondern von Berufspolitikern ausgeübt. Nachdem der Beschuldigte bereits im Jahre 1962 aus dem Jugendverband ausgeschlossen wurde, erfolgte aufgrund seines politisch negativen Verhaltens im Jahre 1971 seine Exmatrikulation vom Philosophiestudium. […]

Als ich am 27. März 1985 früh zur Arbeit fuhr, mußte ich schwer tragen. Kurz zuvor hatte ich – nach meiner Scheidung – eine Wohnung besetzt, die fünf Jahre leergestanden hatte, in der also viel zu tun war. Deshalb trug ich allerhand Werkzeug bei mir. Außerdem enthielt mein Beutel auch Material für eine Ausstellung mit Werken von Reinhard Zabka, die am gleichen Tage im Foyer des Betriebs aufgebaut werden sollte. Aus unerklärlichen Gründen (es sollte sich bald klären!) war der zuständige Kulturfunktionär nicht aufzufinden, und auch der Fuhrparkleiter »wußte nichts« vom geplanten Transport der Collagen und Objekte, an denen Zabka am Tage zuvor noch bis in die Nacht gearbeitet hatte. Gegen 9.00 Uhr erhielt ich einen Anruf vom Kaderdirektor, ich möge doch in sein Büro kommen. Dort erwarteten mich vier Herren in Zivil, die mich aufforderten, zur Klärung eines Sachverhaltes mitzukommen. Als ich nach dem »Sachverhalt« fragte, wurde mir bedeutet, das würde ich später erfahren. Zwei der Herren begleiteten mich dann in mein Büro, da ich darauf bestand, meine Sachen mitzunehmen. Meine beiden Kolleginnen saßen stumm und blaß an ihren Schreibtischen. Der Lederbeutel, in dem ich alle Sachen verstaut hatte, von einer Luftpumpe über Zangen und Schrauben bis hin zur Liste der Exponate Zabkas sowie einem Buch mit Illustrationen von ihm, sollte mich durch vier Gefängnisse begleiten. Die Mitglieder des privaten Zeichenzirkels, in dem ich am Abend Akt stehen sollte, würden vergeblich auf mein Erscheinen warten. Und Vögel und Pflanzen in der Wohnung, in der ich die letzte Nacht verbracht hatte, sollten ungewöhnlich lange ohne Futter und Wasser auskommen, denn der Fütterer saß erst einmal in einem von zwei Ladas, die aus der Wallstraße in Richtung Magdalenenstraße davonfuhren.

Aus einem Brief aus der Stasi-U-Haft, Berlin-Hohenschönhausen, an die geschiedene Frau, 11. April 1985:
Liebe Carmen!
[…] Beim Eintritt in dieses Kammertheater muß mehr abgelegt werden als nur das alte Kostüm, die alte Rolle, der alte Text: hier muß man zu einem gehörigen (oder ungehörigen?) Teil sich selbst ablegen, sich selbst zurücknehmen – nicht im Sinne von widerrufen, sondern im Sinne von reduzieren auf zwei nur lose miteinander verknüpfte Teile: den Leib, den ich durch wechselweise Ruhe- und Bewegungsübungen in Gang halte, und den Geist, der wiederum gespalten ist in einen bei Vernehmungen anwesenden und einen beim (teils aus Notwehr, teils mit Vergnügen praktizierten) Lesen quasi abwesenden. Den

Rest, versuchsweise Seele benannt, muß ich vorerst als »subversives Element« wie einen Geist in der Flasche verborgen halten: vor mir selbst. [...]
Einen liebevollen Gruß
Gilbert

Im Jahre 1982 hatte die Krise meiner bis dahin vierzehnjährigen Ehe einen Höhepunkt erreicht. Die Beziehung zu einer anderen Frau war mir nicht genug der Loslösung. Ich hatte das dringende Bedürfnis, ein Stück Leben ganz für mich allein, also ohne meine Frau, zu bestimmen. Da kam mir die Bitte zweier Freunde entgegen. Sie wollten eine Art Dokumentation über die »Szene« in Ostberlin anfertigen, also über Versuche alternativer Lebensformen. Ursprünglich sollte ich lediglich einen analytischen Teil übernehmen. Da ich aber einen Sozialdiakon kannte, der eine Gruppe von Punks betreute, übernahm ich den Teil *Punk,* borgte mir einen Recorder und ein Mikrofon und stellte mich, mit einem zuvor entworfenen Fragenkatalog in der Tasche, »ganz unauffällig« erst einmal dazu, wenn sich die Punks an der Pfingstkirche trafen. Es war einigermaßen mühsam, ihr Vertrauen zu gewinnen, denn sie hielten mich – wie sie mir später erzählten – zuerst für einen Stasi-Mann: »normale« Bekleidung, 3-mm-Haarschnitt und dann dieses zunächst in seiner Bedeutung ungeklärte Dabeistehen einschließlich einer gewiß erkennbaren Unsicherheit, denn ich hatte weder Erfahrungen im Interviewen, noch war ich in dieser »Szene« zu Hause.

Nach einigen Wochen der Gewöhnung wagte ich dann die Annäherung, erklärte einigen mein Projekt, dessen Ziel ganz am Anfang noch in einer Buchveröffentlichung bestand, und konnte sie – denn ein wenig traf das wohl auch ihre Eitelkeit – überreden, sich in einer Punk-Wohnung in der Christinenstraße befragen und von einem Freund fotografieren zu lassen. Wir wurden nach und nach vertraut miteinander, soweit das bei ihrem immer verbliebenen Grund-Mißtrauen möglich war, bis sie mich schließlich, nachdem wir uns angefreundet hatten, zum »Punk ehrenhalber«, »Punk h. c.«, erklärten.

Ich befragte drei grundverschiedene Gruppierungen: eine sozusagen »normale« – ohne besondere Kennzeichen, mit einem in ihren Äußerungen besonders radikalen fünfzehnjährigen Mädchen (aus ihr wurde später eine besonders »scharfe« FDJ-Sekretärin); dann eine Punk-Musikgruppe (»planlos«), die auch selber Texte machte: zu ihr fühlte ich mich am stärksten hingezogen, denn ihr »no future« hatte keinen resignativen, sondern einen produktiven Sinn. Ich besuchte sie auch nach den Gesprächsaufzeichnungen in ihrem Probenraum, einem Keller in der Metzer Straße, und versuchte, als sie dort rausflogen, ihnen einen anderen Raum zu beschaffen. Auch jetzt noch habe ich zu ihnen Kontakt. – Die dritte »Gruppe« bestand aus einem ehemaligen Punk-Mädchen, das diese Phase seiner Biografie kritisch, aber immer auch mit Sympathie reflektierte. Ich entwickelte eine besondere »Affinität« zur durchaus produktiven »Aussteigermentalität« der Punks, ihrem radikalen Wahrheitsanspruch, ihrer aggressiven Phantasie.

Aus der Broschüre: *Erinnerung an eine Jugendbewegung – Punk. Interviews mit Punks aus Ostberlin:*
Stichwort: Zukunft (1)
Lieber sterben als genormt sein

B Uns graut eben, wat morgen is. Obwohl du soviel

vorhast, was du doch nich erleben kannst, eben weil: da kommt dir die Scheißarbeit dazwischen. Ick hätte soviel zu erleben, was ick jar nich schaffe.

G Ick kann mir vorstellen, daß man mit der Zeit immer mehr resigniert und immer mehr einsieht und nich mehr so die Energie hat, gegen irgendwelche Zwänge und so, was zu tun, also daß man mit der Zeit wirklich sagt: es hat doch allet scheinbar keen' Zweck, denn jeden Tag erlebt man neue Pleiten, schreibt man da 'ne Eingabe, wird zurückgewiesen; dann geht man dorthin und wird ooch zurückgewiesen, und vielleicht letztendlich, wenn man allet falsch gemacht hat, kommt man noch in'n Knast. Also ick wünsch' mir, daß det bei mir nich so ist, daß ick immer versuche, Energie zu haben, mich zu wehren, aber ick weeß nich, ob't so wird. Kann sein, daß ich schon morgen wirklich keene Lust mehr hab', kann ooch sein... na, morgen möcht' ick nich sagen.

A Lieber sterben als genormt sein. Also icke zumindest. Dann lieber nich mehr da sein.

Es kam aber dann – wie ich mir eigentlich gleich hätte denken müssen – nicht zu einer Veröffentlichung. Als eine Art Test hatte ich das Material über einen Freund dem Zentralinstitut für Jugendforschung angeboten. Die Antwort: Kein Interesse. Die Begründung: Es gibt keinen *Punk* in der DDR.

Nun hatte sich in der »Szene« herumgesprochen, daß da einer umherläuft und Punks interviewt, so daß eines Tages auch ein Westberliner Journalist sein Interesse an den Interviews bekundete. Da aber durch die Veröffentlichung im Westen eine Gefährdung für die Interviewten leicht vorhersehbar war, lehnte ich ab, zumal die Punks ohnehin »sauer« auf einen Journalisten von drüben waren, der sie, wie sie sagten, »in die Pfanne gehauen« hatte. Er hatte für 'n paar Büchsen West-Bier ihre Einwilligung zur Veröffentlichung erlangt, sich dann aber nicht an die verabredete Anonymität gehalten. Ein Blick in die Tageszeitungen hierzulande brachte letzte Klarheit darüber, daß das Projekt *Buch* gestorben war.

Das Material blieb also zwei Jahre lang unbeachtet liegen. Dann fiel es mir wieder ein, da ich keine Kalender-Idee hatte (in den Jahren zuvor hatte ich als Neujahrsgeschenk für Freunde einen Kalender mit eigenen Texten und Fotocollagen sowie mit Grafiken und Vignetten von Freunden in einer Auflage von fünfundzwanzig bis dreißig Stück selbst gefertigt). Ich raffte also die Texte auf einen Umfang von etwa 20 A 4 Seiten – einschließlich Fotos – und ordnete sie nach den Stichworten: Gründe, Zukunft, Liebe, Arbeit, Politik, Musik, Gemeinschaft, Aussehen, Anarchie. Ich tippte alles zu einer Druckvorlage zusammen und ließ es dann in meinem Betrieb unterderhand vervielfältigen und binden. Danach verteilte ich neunzig Exemplare hier im Lande, per Post und zu Fuß, als mein eigner Bote, an Verwandte, Freunde und Bekannte, also nicht beliebig an Fremde.

Aus der Broschüre:
Stichwort: Gründe (1)
Erst mal 'ne Art Protest

F Bei mir gibt's drei hauptsächliche Gründe, ick meine, könnte fast uff jeden zutreffen. Erst mal 'ne Art Protest, Ablehnung gegen den Staat, wie er zur Zeit existiert.

G Det janze bürokratische Prinzip, wat hier so vor-
herrscht, und die janze falsche Ausnutzung der
Macht von einigen, in bestimmten Positionen stehenden Leuten. Da sieht man mal, daß man im
Prinzip doch 'n kleenet Arschloch is, man kann sich
drehn und wenden, wie man will, und wenn man
nich so nach der Pfeife tanzt, dann wird man irgendwie fertiggemacht, dann setzen sie dich um,
und du machst irgendwelche Dreckarbeit, so wat
geht ooch, die können det eben machen, die haben
eben die Macht in dem Punkt, und gegen sowat
wolln wir eben mit in erster Linie ufftreten, das
ganze Prinzip, wie hier die Macht gehandhabt wird
von einigen Leuten.

F Wie sich det überhaupt am Leben hält hier, det is ja
total falsch, und wird immer davon gesprochen,
zum Beispiel an Feiertagen, die Bürger bekunde-
ten wieder das feste Vertrauen oder sowat, aber
daß in uns jemand Vertrauen hat, det sieht man absolut nich. Und ick find' det absoluten Unsinn, daß
wir immer das Vertrauen bekunden, und die bekunden det nich, und det erhält sich allet nur durch
so 'ne Falschheit an der Macht: da werden praktisch die Leute rangezüchtet, die dem Staat absolut ergeben sind.

Überall, wohin's dich führt
Wird dein Ausweis kontrolliert
Sagst du einen falschen Ton
Was dann geschieht: du weißt es schon
Ganz egal, wohin man schaut
Kameras sind aufgebaut
Begleiten dich auf Schritt und Tritt

Die Sicherheit geht mit dir mit

Du sagst deine Meinung vielleicht ganz offen
Was wird passieren? Du kannst nur hoffen
Muß man durch die Blume sprechen
Um sich nicht den Hals zu brechen?
Irgendwann, da muß was geschehn
Denn wer will länger tatenlos stehn
Bist du denn geboren worden
Um dich allem unterzuordnen?

Ist das nicht ein großer Staat
Wo jeder seine Freiheit hat?

Zehn Exemplare des Materials waren für Freunde und
Bekannte in West-Berlin, in der Bundesrepublik und in
Frankreich bestimmt. Eins davon gab ich einem Bekannten mit, der es in West-Berlin an meine ehemalige Ge-
liebte übergab. Die andern sollte meine Mutter auf einer
Reise nach Stuttgart mitnehmen und drüben in den Brief-
kasten stecken. Trotz der Besorgnis, sie könnten auf dem
Postwege abhanden kommen, hab' ich das ganze Projekt
in keiner Weise konspirativ betrieben, sondern öffentlich
beredet und vielen davon erzählt, dem einen mehr, dem
anderen weniger, je nach dem Grad der Vertrautheit.
Und einem hatte ich auch erzählt, daß meine Mutter er-
wog, die Broschüren in ihr Reisesitzkissen einzunähen,
damit sie nicht gefunden werden.

Am 17. Januar 1985 rief mich meine Schwester an und
teilte mir mit, daß meine Mutter an der Grenze festgehalten wird. Mir war sofort klar, warum. Nach einer Nacht
Gewahrsam durfte sie weiterfahren, freilich ohne die
Broschüren. Sie rief mich von drüben an und berichtete

den Vorgang, vor allem die Tatsache, daß die Zollbeamtin zielstrebig auf ihr Sitzkissen zugegangen war und es kontrollieren wollte. (Später las ich im Protokoll die Zeugenaussage von Michael F., dem ich das Sitzkissen-Vorhaben anvertraut hatte: »Als ich von ihm die staatsfeindliche Schrift erhielt, habe ich sofort dem Sicherheitsbeauftragten des Betriebes Mitteilung gemacht.«)

Aus der Broschüre:
Stichwort: Politik
So wie jetzt is sowieso arschlos

B Du kannst ja auch deine Meinung hier nich frei äußern, nur wat…
A Es steht doch in jeder Zeitung dasselbe.
D Allet erfüllt, wir haben's erfüllt, das seh ick ja, wa.
A Also, ich finde, Politik, das ist alles das gleiche.
B Und die Bonzen, die wolln doch ooch bloß Geld machen. Geld regiert die Welt.
C Also wenn du so rum willst: Sozialismus schon, aber nur anders, so, wie wir uns det vorstellen. So wie jetzt is sowieso arschlos. Kommunismus wird garantiert hier nich kommen, weil se den sowieso nich rinschaffen hier.

Smog und Ruß, wohin ich komm
Langeweile, gebaut aus Beton
Nukleare Faszination
Knopfdruck contra Zivilisation
Große pokern um kleine Wesen
Krieg ist in der Zeitung zu lesen
Ein Flugzeug stürzt ab, ein Seemann ersäuft
Im Computer sind Informationen gehäuft

Technik regiert, der Mensch ist nichtig
Ein Fernsehdienst ist lebenswichtig
Auf der Welt herrscht Brandgefahr
Dazu ist die Technik da
Ich will anderes, aber wie
Die nötige Macht, die hab ich nie
Ich mach Selbstmord oder lauf davon
Schreib 'ne Unterschrift gegen's Pentagon
Die Karre rollt, wohin sie will
Der moderne Mann hält die Schnauze und ist still.

C Also das interessiert eigentlich doch jar keenen,
was se hier erzähln mit der NATO und so. Die machen doch ooch ihr Ding. Die habn doch ooch irgendwo in den Wäldern wat stationiert, wat wir jar
nich wissen. Und denn machen se so 'ne Hektik:
die NATO, die NATO. Uns nehmen sie mit auf der
Straße, die jar nich kriminell sind irgendwie, aber
die, die wirklich Kriminellen, die Typen, wo ick jetzt
'n wahnsinnigen Zappen druff habe, die janzen
Oberen und die alle, wie die klaun, die kriegen sie
nich mit, die beklaun im Prinzip det Volk wie sonst
wat, det überwachen die nich, aber uns überwachen se, für uns verschwenden se ihre Zeit, wat
weeß ick, Stasi und so, und wat bringt 'n mehr, ob
se uns kleene Würstchen beschatten oder ob se
mal in den janzen Kombinaten das Wirtschaftsprin-
zip umkrempeln.

Ich versteckte sofort alles Originalmaterial, um die daran
Beteiligten – also den Fotografen, die Druckerin, die beiden Buchbinder und natürlich die Punks – nicht zu ge-
fährden, auf dem Boden eines Hauses, unter Dreck und

Taubenmist, sorgfältig in eine Plastetüte verpackt. Dann ging ich zu einem befreundeten Anwalt (er hatte auch eine Broschüre erhalten), um ihn um Rat zu fragen. Er meinte, wenn die vorgesehenen Empfänger keine Beziehungen zu extrem DDR-feindlichen Organisationen hätten, sei kein Grund zur Besorgnis. Es werde möglicherweise ein Ermittlungsverfahren eingeleitet, vielleicht auch eine Haussuchung veranstaltet – die könne, wie er meinte, schon stattgefunden haben, ohne daß ich es bemerkt habe –, in diesem Falle wolle er mich vertreten. Ich war also einigermaßen beruhigt. Mein Organismus war klüger als ich. Am zweiten oder dritten Tag nach der Beschlagnahme bekam ich aus heiterem Himmel eine Art Grippe ohne jede Form von Erkältung, nur eben hohes Fieber und dermaßen weiche Knie und eine regelrechte Rundumschwäche, daß ich mich ein paar Tage ins Bett legen mußte.

Nachdem ich mich davon erholt hatte, ließ ich einem Freund in West-Berlin auf absolut stasisicheren Umwegen die Adressen der geplanten Empfänger zukommen und bat ihn, das bei meiner ehemaligen Geliebten eingetroffene Exemplar zu kopieren und zu verschicken, was er auch tat. Dann wartete ich, daß die Stasi käme. Aber es verging Woche um Woche und Monat um Monat, ohne daß einer kam. Deshalb dachte ich: Sie haben es also doch nicht so ernst genommen. So holte ich alles Material wieder aus dem Versteck. Dann kam der 27. März 1985.

Aus einem Brief aus der U-Haft, 11. Juni 1985:
Motto:
»Weh mir, wo nehm ich, wenn
Es Winter ist, die Blumen, und wo

Den Sonnenschein,
Und Schatten der Erde?
Die Mauern stehn
Sprachlos und kalt, im Winde
Klirren die Fahnen.«
Hölderlin

Liebe Mutti!
[...] Während ein Tag draußen immer im Fluge ver-
geht, eigentlich viel zu kurz ist angesichts der Fülle
dessen, was unternommen sein will (und kann!), ist
es hier auf eine lähmende Art umgekehrt: die erzwun-
gene Untätigkeit im Verein mit der Ungewißheit des
Kommenden versetzt den Lauf der Stunden in eine
quälend-zähflüssige Zeitlupengrütze, und wenn man
dann auf vergangene Tage oder Wochen zurück-
blickt, dann erstaunt man über die Geschwindigkeit,
in der sie vergangen sind – was Wunder: sie sind ja
völlig leer und hohl, es ist ja nichts geschehen (also
nichts, was sich zu individueller Geschichte wandeln
könnte), es ist höchstens dies und das passiert (im
Sinne von: vorübergegangen, ohne zu berühren).
Und auch was so als Tätigkeitsersatz herhalten muß,
wird auf die Dauer fade: es zeigt deutlich seinen Hilfs-
charakter, ein Knochengerüst ohne Fleisch und Blut
wirklichen Lebens (selbst das Lesen grenzt immer
mehr an Mißbrauch, ja Prostitution: die Zelle als ein li-
terarisches Stundenhotel – und was die Übungen
körperlicher Beweglichkeit angeht, so wird die Dis-
proportion zwischen physischem Einsatz und dazu
erforderlichem Willen zunehmend größer). Und auch
dem – zweifellos guten – Essen fehlt das, was es über
die bloße Ernährung hinaus zu einer Freude machen

könnte: Menschen, mit denen man es zu teilen wünscht, durch die es zu einem eigentlichen menschlichen Vorgang würde, einem Akt freier Gemeinschaftlichkeit. Aber ich will nicht jammern, das ist nicht meine Art, vielleicht fehlt mir auch nur die Post, vielleicht kommt man auch eher über eine gedrückte Stimmung hinweg, indem man sie artikuliert, vielleicht sind es auch nur Luftdruck und Wetterlage, Sonnenprotuberanzen oder der falsche Stern im falschen Haus, oder die fehlenden Quadratmeter haben sich Gehör verschafft...

Wie dem auch sei, fest steht, daß noch gar nichts feststeht: wie sagte doch Heraklit: »Alles fließt...«

So grüße ich oich (Euch) mitten aus dem Fluß, in den ja niemand, wie Heraklit sagt, zweimal steigen kann: erstens ist dann der Fluß und zweitens er selbst nicht mehr derselbe, höchstens der gleiche, aber was sagt schon Gleichheit, es ist doch nicht mehr als Ähnlichkeit...

Herzlich Dein Gilbert

Ich wurde also in der Magdalenenstraße in eine Baracke geführt, wo mir in einem großen Raum mehrere Stasi-Leute gegenübersaßen und die dann folgende Befragung auf Tonband aufnahmen. Ich bestätigte, die Broschüre angefertigt zu haben. Einer, offenbar der Chef, bemerkte stolz, man habe sich unterdessen einen »geistigen Vorlauf« verschafft. Mit anderen Worten – das Ermittlungsverfahren lief schon eine Weile, ohne daß ich davon unterrichtet worden war. Ich verteidigte mein Unternehmen unter Hinweis darauf, daß mir dieser Freiraum zugestanden werden müsse, worauf der Chef sarkastisch lächelnd meinte, offenbar stünden uns interessante Gespräche, zum Beispiel über Freiheit, bevor. Dann bekam ich Mittagessen: Hackbraten mit jungen Erbsen. Ich hatte zwar keinen Appetit, aß aber trotzdem davon, wahrscheinlich, um mir selbst zu beweisen, daß mir das Ganze nicht so viel ausmachte. Als ich den Wunsch äußerte, auf die Toilette zu gehen, begleitete mich der Major, der mich in den kommenden sechs Monaten verhören sollte, und als ich stolperte, meinte er teils ernst, teils wieder mit dem ironischen Ton dessen, der sich seiner Macht gewiß ist: Machen Sie uns bloß keinen Ärger wie der bei der Zollverwaltung Potsdam! Dort war Tage vorher bei einer Vernehmung ein Westdeutscher an einem Herzinfarkt gestorben. – Schließlich wurde ich wieder aus der Baracke geführt. Draußen stand ein Barkas. Davor ein Stasi-Mann in Uniform, der mir Handschellen anlegte und dazu sagte, bei Fluchtgefahr werde von der Schußwaffe Gebrauch gemacht. Vielleicht gerade, weil ich nicht ahnte, wie ernst es noch werden sollte, mußte ich innerlich lächeln und dachte: Direkt wie im Film.

Die Verhöre
Da ich in keiner Weise wußte, worauf sie im Juristischen hinauswollten, schwankte ich zwischen selbstverständlicher Bestätigung der Fakten, um zu zeigen, daß ich mir keiner Schuld bewußt bin und nicht konspirativ gearbeitet habe, und einer Entlastung der an der Herstellung Beteiligten. Ich versuchte eine Zeitlang mit gezinkten Karten zu spielen, gab nur die Hälfte der Empfänger zu und behauptete, alles selbst fotografiert, vervielfältigt und gebunden zu haben. Aber an der Art, wie der Major bestimmte Fragen stellte, war zu erkennen, daß einige der Mitproduzenten aus Furcht oder anderen Beweggründen mehr erzählt hatten, als nötig gewesen wäre.

So mußte ich bald diese Version aufgeben, um nicht meine Lage unnötig zu verschlechtern. Dabei hatte ich aber kein gutes Gewissen, denn ich mußte ja damit rechnen, daß auch Personen, die lediglich technisch beteiligt waren, Schwierigkeiten bekommen würden.

Vorausschauendes Zwischenspiel

Das ist dann auch eingetreten, wenngleich »dosiert«. Im Fall des Fotografen Nick B., so erklärte mir der Major ungeniert, wolle man (er ist der Sohn eines bekannten Schriftstellers) keine »kulturpolitischen Scherben« anrichten. Er wurde aufgefordert, die Negative herauszugeben, was er – nachdem er die Gesichter der Punks unkenntlich gemacht hatte – mit einem kleinen Teil auch tat. Bei der guten Freundin, die eine Hälfte der Auflage gebunden hatte, drohte der Major mir an, die von ihr beantragte Gewerbeerlaubnis werde wohl nicht erteilt werden. Sie hat aber dann den Gewerbeschein doch bekommen, vielleicht, weil sie die Tochter eines Indianerfilmregisseurs ist? Die namenlose Frau aus meinem Betrieb aber, die den Druck besorgt hatte, erhielt ein Disziplinarverfahren und wurde an einen anderen Arbeitsplatz versetzt.

An dieser Stelle muß ich mir natürlich die Frage gefallen lassen, warum ich um die an der Herstellung Beteiligten besorgt war, nicht aber um die Empfänger. Dazu kann ich nur sagen: Ich bin einfach nicht darauf gekommen. Vielleicht aus einer Mischung von Naivität und Trotz: Denen kann doch nichts passieren. Ich glaube, Angst um die Empfänger hätte mir jede Energie für die viele Arbeit, die in dem Projekt gesteckt hat, entzogen. Dann hätte ich es unterlassen müssen. Aber ich bin für dieses Verdrängungskunststück bestraft worden, nämlich mit der Erfahrung, daß eine ganze Reihe guter Freunde, darunter meine erste Frau, allein aufgrund der Tatsache, daß sie die Broschüre erhalten (und mich nicht denunziert) haben, erheblichen Pressionen ausgesetzt gewesen sind. Die meisten von ihnen heimtückischerweise erst nach meiner Entlassung. (Späte Stasi-Rache dafür, daß ich ihr Abschiebe»angebot« in den Westen abgelehnt habe?) Einer aber geriet schon bald nach meiner Verhaftung in die »Mühle«.

Aus: Parteiausschlußverfahren der SED-Grundorganisation der Sektion Wirtschaftswissenschaften der Humboldt-Universität Berlin gegen Dr. Wolfgang Hahn am 23. September 1985 (bestätigt durch SED-Kreisleitung der HUB am 11. Oktober 1985):

Begründung des Ausschlusses: Ausschluß wegen prinzipienlosem Verhalten im ideologischen Kampf, das zu bewußten Feindbegünstigungen auswuchs.
W. Hahn hatte von einem inzwischen wegen Staatsverleumdung vor Gericht gestellten Bürger staatsverleumderisches Material erhalten. [...] H. hat niemanden darüber informiert. Solche Vernachlässigung der revolutionären Wachsamkeit [...] In den zu seinem erneuten Fehlverhalten geführten Auseinandersetzungen offenbarte er parteifremde und zum Teil parteifeindliche Positionen.
Abstimmungsergebnis: 54 anwesend, 51 dafür, 3 Kandidaten ohne Stimmrecht.

(Quelle: Parteiarchiv beim PDS-Kreisvorstand Humboldt-Universität)

Mein Vernehmer – um zu den Verhören zurückzukehren – verdient eine besondere »Würdigung«. Er war von Anfang an mein deutlichster Gegner, versuchte im Laufe der Verhöre permanent, mir durch Formulierungstricks das Eingeständnis staatsfeindlicher Absichten und das Wissen um den staatsgefährdenden Charakter der Broschüre zu entlocken. Ich habe im Gegenzug immer wieder darauf verwiesen, daß selbst die drastischen Äußerungen einiger Punks im Gesamtkontext der Broschüre durch die Einschätzungen des ehemaligen Punk-Mädchens stets relativiert würden.

Aus der Broschüre:
Stichwort: Gemeinschaft

D Also man paßt sich total der Masse an, man hat irgendwie überhaupt nich mehr den Mut zu sagen: Mensch, Leute, wolln wir nich mal in 'ne Ausstellung gehen. Also da halten die einen sofort für 'n Geisteskranken. Und nach und nach baun sich diese Wünsche ab, da hat man überhaupt keine Wünsche mehr, da zielt alles nur noch darauf: wie kann man die anderen beeindrucken. Jeder bemüht sich, faktisch cooler zu sein als der andere, und det ist absolut anstrengend mit der Zeit, weil: da is überhaupt keine Beziehung mehr zwischen den Leuten. – Gut, is 'n Anfang, *Punk,* aber sie bleiben auf ihrem Stand eben stehen, gehn nich weiter. Es gibt zum Beispiel Leute, die kommen zum *Punk* und verlieren ihre ganzen Ansprüche, weil sie so in die Masse ringedrängt werden und sich so anpassen, weil sie, weil man det nich verlieren will: diese Truppe.

Aber das hat nichts genutzt – der Major schwenkte daraufhin auf die »hohe Anzahl« aus dem Kontext gerissener Äußerungen. Die Gegnerschaft des Majors erwies sich aber auch in seinem Bemühen, mich über alle Empfänger auszufragen, ihre Kontakte in den Westen, ihre politische Haltung, ja sogar ihre sexuellen Neigungen (letzteres tat er sowohl aus privater Voyeurssucht als auch, um Möglichkeiten der Erpressung zu finden).

Meine Einwände, dies alles habe ja mit meinem Fall nichts zu tun, wurden mit der Bemerkung beantwortet: »Da wir Sie einmal hier haben, wären wir ja dumm, wenn wir es nicht versuchen würden.« Jede Ablehnung solcher Auskünfte mußte ich mit einer gesonderten »Erklärung« begründen.

In einem einzigen Fall habe ich mich zu einer Person ausführlich geäußert, und auch das erst nach langem Nachdenken und mit vielen Skrupeln. Es handelte sich um eine Frau, die mir sehr nahestand und unter allen Umständen die Ausreise erhalten wollte, um einem Mann nachzureisen, den sie liebte. Ich habe versucht, durch ausführliche Schilderung ihrer Motivation und Haltung diese Absicht zu untermauern, also klarzustellen, daß es keinen Sinn habe, ihr die Ausreise zu verweigern, da sie ohnehin hier keine Zukunft für sich sieht. Ich hatte natürlich bei alledem kein hundertprozentig gutes Gewissen, denn es war unklar, welche Folgen solch eine Erklärung haben würde. (Zwei Wochen nach meiner Entlassung habe ich sie zum Übergang Friedrichstraße begleitet.)

Aber der Major hatte auch eine andere Bedeutung für mich. Ich war froh, wenn ich zu den Verhören geholt wurde, denn dann wurde das lähmende Nichtgeschehen des Zellenalltags durchbrochen.

Nach dem Frühstück erklang der Lärm von »Schloß und Riegel«, die Zellentür wurde aufgerissen und einer der *Schlepper* (das waren die, die einen aus der Zelle über die Flure zu den Verhören und zurück »geleiteten«, an »Kreuzungen« mit »Ampeln« und weißen Strichen auf dem Fußboden entlang, die garantieren sollten, daß kein Häftling einen andern Häftling sah oder andere Stasi-Leute als die, die für ihn bestimmt waren) sagte je nach Temperament barsch, ruhig oder bellend: *Eins, Zwei oder Drei,* je nachdem, auf welcher Pritsche man, von links nach rechts gesehen, lag. Keiner wurde mit Namen angeredet, vielleicht wußten nicht einmal die *Schlepper* selbst unsere Namen. Man durfte auf dem Gang nicht sprechen und mußte sich, während er die Zelle auf- und abschloß, mit dem Gesicht zur Wand stellen.

Der Major also war für mich ein Stück der »Welt draußen«, denn erstens konnte ich, während ich ihm gegenübersaß, durch ein normales Fenster hindurch auf ein Gemisch aus Neubauten und Einfamilienhäusern mit Bäumen und Sträuchern blicken. Zweitens stellte er die Verbindung zur Außenwelt selbst in den Fällen dar, in denen er mich über Freunde auszufragen suchte. Drittens stellte sich, so unglaublich das klingt, in einer Zeit von sechs Monaten mit Verhören eine Art von perverser Vertrautheit her. Er erzählte von seiner Familie, besorgte mir Bücher, die die Haftanstalt nicht bereithielt, erzählte vom Geschehen in Kunst und Kultur (er war, wie sich an seinen Erzählungen über andere Vernommene zeigte, auf Leute aus dieser Branche spezialisiert), soweit es nicht in den Zeitungen, die wir lesen konnten, zu finden war. Und er bestellte für mich telefonisch bei jeder Vernehmung auf meinen Wunsch ein Kännchen Tee mit Zitrone. Es gab sogar Momente, in denen man miteinander gelacht hat. Daß man ihn danach noch mehr haßte als zuvor, ist eine andere Frage.

Meine Mutter hat dieses zwiespältige Verhältnis gleich von Anfang an gespürt. Und sie hat darauf mit einer großartigen Mischung aus Furcht und Trotz und mütterlicher Souveränität reagiert: mit lächelnder Verachtung. Bei ihrem ersten Besuch (ich wurde zu diesen Besuchen stets aus Hohenschönhausen in die Magdalenenstraße gefahren, in einem Barkas mit sechs Einzelzellen, in denen man, wenn man genügend hoch gewachsen oder vielleicht etwas dick war, nur mit Mühe sitzen konnte und in denen ständig die Angst anwesend war, bei einem schweren Verkehrsunfall werde man, die Hände in Handschellen und den Körper in diesen Verschlag eingeklemmt, hilflos verbluten) fragte sie den Major, der sich als mein *Betreuer* vorgestellt hatte: weil man sich ja jetzt öfter sehen würde, wolle sie doch gern seinen Namen wissen. Er antwortete: »Schneider«. – »Ach so«, sagte meine Mutter, »daher wohl das Sprichwort *Nur herein, wenn's kein Schneider ist.*« Trotz meiner Lage mußte ich laut lachen, und auch der Major zeigte ein (wenn auch etwas gequältes) Lächeln.

Aus einem Brief der Mutter, 1. 9. 85:
Mein lieber Gilbert!
Das hatte ich beim Zeitungholen nicht erwartet: einen Brief vom guten Sohn. Und somit ist es ein schöner Wochenbeginn – nach zwei Tagen fast unerträglicher Migräne. Danke für Deine Zeilen, und gleich morgen – heute nachmittag kommt eine alte Freundin – werde ich alle Gewünschten anschreiben. Habe schon eine Liste gemacht.
[...] Mathias und ich waren gestern auf dem Niko-

laifriedhof und haben ausgiebig die alten Grabmäler
bewundert und studiert – natürlich, wie alle Tage,
Deiner gedenkend. Leider gibt es immer noch mut-
willige Zerstörungen, es ist ein Jammer. Ich schließe
meinen Gruß, der ja nur ein schwacher Ausdruck
dessen ist, was mich seit 5 Monaten bewegt, und
wünsche Dir Gesundheit, immer neue Geduld und
Stehvermögen – keine Trauer, nur Zuversicht möge
Dich erfüllen. In Liebe grüßt und küßt Dich Deine
Wanderin zwischen zwei Welten – Mutti.
PS: Kannst Du mir mitteilen, ob es beim Besuchster-
min 24. bleibt? Frage bitte Herrn Schneider…

Übrigens habe ich des Majors wirklichen Namen heraus-
bekommen: Wolfgang M. Der stand auf dem Durch-
schlag eines Verhörprotokolls, das versehentlich unter
meine Mappe mit dem zuletzt erhaltenen Brief geraten
war und in dem es um drei junge Leute ging, denen ein of-
fener Brief an den RIAS vorgeworfen wurde.

Der Tee mit Zitrone war – ebenso wie die medizinische
Betreuung und die vorzügliche Verpflegung –, wie er
selbst zynisch erklärte, nur dazu da, um ihm »optimale
Vernehmungsbedingungen« zu schaffen. Und er hielt sein
Wort. Sofort nach Abschluß des Ermittlungsverfahrens,
also nachdem seine Aufgabe an mir erfüllt war, war ich für
ihn ohne Interesse: kein familiärer Plauderton mehr,
keine besonderen Bücher, kein Vorzeigen kunstvoller
Resultate des Kampfs von Häftlingen gegen die lähmende
Langeweile. (Er hatte mir unter anderem Kartenspiele
aus Zigarettenschachtel-Deckeln, grafisch kunstvoll ge-
staltet, bemalt mit den Kuppen von Streichhölzern, vorgeführt, so stolz, als hätte er sie selbst angefertigt.)

Aber zuvor nutzte er noch einige Gelegenheiten, um

»vertraulich« aus der Schule zu plaudern. Auf meine Bemerkung, die Schließer in der U-Haft seien ja wie Roboter: kein Wort, keine menschliche Regung, je jünger, desto haßerfüllter, meinte er lakonisch, sie wären eben zu »gesundem Haß« erzogen.

Bei den *Vernehmungen zur Person* sammelte der Major vor allem sämtliche »dunklen Punkte« meiner Biografie, von Äußerungen, die ich zwischen 1959 und 1963 in der Jungen Gemeinde Görlitz getan hatte, z. B. den Satz: »Ich hab' eine Radpartie durch die Zone gemacht«, bis zu den Aktivitäten in der betrieblichen Gewerkschaftsorganisation (z. B. meine Stellungnahme gegen die übliche Praxis, die Teilnahme an Demonstrationen zu erzwingen). Darauf angesprochen, meinte der Major, dies sei als »Gehhilfe für das Gericht« gedacht. Letzter Beweis seiner »Anteilnahme« war kurz vor der Urteilsverkündung die Bemerkung: »Ich drücke Ihnen die Daumen, daß das Gericht nicht auf Verbrechen erkennt.« Und das, nachdem er alles in seinen Kräften Stehende getan hatte, um mir eben dieses Verbrechen nachzuweisen. Was Wunder, daß ich ihn letztlich nur noch hassen konnte.

Und sei es nur dafür, daß er, kraft der ihm vom Gesetz zugestandenen Polizeifunktion, also ohne das Gericht zu fragen, solche Bücher wie *Krebsstation* von Alexander Solshenizyn oder ein Nietzsche-Kompendium einfach einziehen konnte. Vor allem aber haßte ich ihn für die von ihm initiierten gerichtlichen Beschlagnahmen, darunter – neben der Schreibmaschine als »Tatwerkzeug« – einen Brief der Frau, die ich damals so geliebt habe, daß ich für sie eine 16jährige Ehe geopfert habe.

Brief aus der Stasi-U-Haft, Berlin-Hohenschönhausen, 8. August 1985: Motto:
»Es ist gleichgültig, ob du das glaubst, was man dich lehrt, erhebe bloß niemals irgendwelche Einwände. – Vergiß nicht, daß es Leute gibt, die deine geringsten Einwände getreulich vermerken. Man wird dir eine kleine Liebschaft verzeihen, niemals aber einen Zweifel.« (Stendhal: Die Kartause von Parma)

Liebe Mutti!
... Meine Stimmung gleicht der eines Studenten im Staatsbürgerkunde-Intensivlehrgang (Kursus für Fortgeschrittene: Thema »Staat und Recht«), der nach den lehrreichen Vorlesungen und gelegentlich kontroversen Seminaren nun in eine Phase des Selbststudiums eintritt, während der er in diesem Internat (einer Mischung aus Kafkaschem Schloß, Tschechowscher Krankenstation Nr. 6 und Grimmschem Hänsel-und-Gretel-Hexenhaus) Material sammelt für seine Belegarbeit zum Thema »Der Argwohn und seine Stellung im System der gesellschaftlichen Produktivkräfte« (Studenten mit Zweitfach Journalismus haben die Wahl zwischen einem populärwissenschaftlichen Artikel: »Vorbeugen ist besser als Nachdenken« für die entsprechende Fachzeitschrift und einer sprachgeschichtlichen Analyse der alten deutschen Bauernregel »Sage mir, wie du heißt, und ich sage dir, wie dick dein Dossier ist«). Solange die Prüfungskommission noch nicht entschieden hat, wie viele Semester Praktikum ich nach der Prüfung noch zu absolvieren habe, kann ich mich noch gesellschaftlich betätigen. So bin ich Mitglied im Zirkel schreibender Insassen, der sich um die Erneuerung

real existierender Märchen bemüht, und beim Vortrag meiner Adaption »Der Wettlauf zwischen dem Voyeur und dem Non-Exhibitionisten« brach die gesamte Jury (mit ihren Mitgliedern Beugerle, Strekkerle, Klärwitz und Dunsthuber sowie dem Vorsitzenden Christoph Willibald Guck – dessen Lieblingslied »Horch, was kommt von draußen rein« zu Beginn gesungen wird) an der Stelle in Tränen aus, wo der Non-Exhibitionist abgehetzt, aber zuversichtlich, das entscheidende Wort wohlverwahrt unter dem Arm, am Ende des Textes ankommt, dort aber erschüttert zusammenbricht, als der Voyeur zwischen den Zeilen auftaucht und ausruft: »Safety first.« Zur Belohnung erhielt ich in einer goldenen Mappe Brief und Siegel mit dem Zirkel-Leitsatz »Wir sind nicht nachtragend, aber wir vergessen auch nichts«. Außerdem bin ich im Kampf um den Titel »Vorbildlicher Altstoffsammler« ein gutes Stück vorangekommen – für meine Leistungen bei der Erfassung leichtentzündlicher Sekundärrohstoffe (Gefahrenklasse 0815: gefährdet Jacke wie Hose) wurde ich mit einem »Blick aus dem Fenster« belobigt…

Einen herzlichen Gruß
Dein Erstgeborener, Gilbert

Die Briefe

Es gab für mich während der Haft zwei Formen des schriftlichen Verbundenseins mit der Außenwelt. Das eine sind die einfachen Mitteilungsbriefe, denn es gab natürlich auch während meiner Haft bestimmte Punkte, an denen ich mit der Wirklichkeit draußen »verzahnt« blieb: von der besetzten Wohnung, die mir auf »Anregung« der Stasi (»Wir hätten doch sonst nur Ihre Sachen auf den

Speicher fahren müssen, und irgendwann werden Sie ja doch entlassen, und dann steht Ihnen eine Wohnung zu.«) offiziell zugesprochen worden war, bis zu Streitigkeiten um den »Gutshof«, eine Wochenend-Sommer-Oase, die wir mit ursprünglich zwei Parteien gekauft hatten, aus denen durch Scheidung und Trennung vier Parteien geworden waren.

Das andere sind die Briefe, in denen ich versuchte, meine wahre Stimmung und das eine oder andere Detail aus den Verhören hinauszuschmuggeln, und damit gleichzeitig das vorenthaltene wirkliche Leben in Form von Schreiben wenigstens ersatzweise zu leben – der Kopf als Stellvertreter des Ganzen. Das war freilich von Hohenschönhausen aus ein unmögliches Unterfangen. Als ich es einmal versuchte – das war unmittelbar nach der Urteilsverkündung, und ich steckte voller ohnmächtiger Wut und wollte davon etwas nach draußen abgeben, damit ich nicht drinnen daran ersticke (die Gespräche mit meinem Zellen»genossen« konnten das nicht leisten, denn er gehörte nicht zur »Welt«) –, gab mir der Major, nachdem ich den Brief vormittags geschrieben hatte, nachmittags zu verstehen, daß er diesen Brief auf gar keinen Fall werde durchgehen lassen. Auf meinen Einwand, ich hätte mich an die Auflage »Nichts zum Delikt, nichts zur Haftanstalt« gehalten, entgegnete er: »Diesem Brief kann jeder entnehmen, daß Sie den Prozeß für eine Farce halten.« Ich durfte, so entschied er »großmütig«, einen neuen Brief schreiben, gleich am Nachmittag.

Aus dem genannten Ersatzbrief, 8. Oktober 1985:
Liebe Mutti!
Wie Du siehst, befinde ich mich immer noch »gleiche Wälle, gleiche Ställe« (wie Friedrich Preßluft), und

das wird auch noch ein Weilchen so bleiben [...] Was
meine seelische Konstitution angeht, also die Frage,
wie ich mich in Wahrheit fühle, angesichts dieser Ver-
urteilung, so lassen wir's bei der Formel »Ich werd's
schon schaffen«, da möglicherweise die Wahrheit
dieses Gefühls mancherorts als gesundheitsschädi-
gend gilt (wie Zigaretten) oder als Luxus (wie Kaffee)
und deshalb nur mit starkem Filter (»Milde Sorte«)
über den Ladentisch geht oder als stark verdünnter
zweiter Aufguß (»coffeinfrei«) über die Theke. [...]
Dein Gilbert

Das, was eigentlich hatte geschrieben werden sollen,
mußte also warten. Ich mußte es im Kopf behalten und
konnte es daher ausfeilen, erweitern, ändern. Die beste
Gelegenheit dazu bot die tägliche *Freistunde* (ein Begriff,
der gleich doppelt lügt: erstens ist es nur eine halbe
Stunde, und zweitens kann von »frei« wahrlich nicht die
Rede sein – auf einem großen Innenhof, vielleicht 12 bis
15 Betonrechtecken von etwa sieben mal drei Metern,
die Mauern bestimmt vier Meter hoch, oben das Ganze
von einem Gitter überspannt, das weniger einer Fluchtabsicht als vielmehr einer Nachrichtenübermittlung in
den nächsten Käfig vorbeugen sollte: deshalb übrigens
durfte auch weder gesungen noch gepfiffen werden) –
hier konnte ich auf meinen Dauerlaufrunden in aller
»Ruhe« über die Briefe nachdenken, in denen sich meine
Wut ungeschminkt austoben sollte, Briefe, die erst in
Rummelsburg geschrieben und abgeschickt werden
konnten, und auch dort erst, nachdem ich dem verantwortlichen Offizier, der sie ablehnen wollte, eine rührse-
lige Geschichte erzählt hatte, wonach meine Mutter
schwer herzkrank und in Sorge über mein Schicksal war,

und die sicherste Form, sie zu beruhigen, der Nachweis, daß ich immer noch meiner Leidenschaft nachgehen könne, skurrile Geschichten zu erfinden.

Brief aus Rummelsburg an die Mutter, 10. November 1985:
Motto: »Lasset die Sonne nicht über eurem Zorn untergehen« (Epheser 4,26)

Liebe Mutti!
Dieser Gruß kommt nicht mehr aus dem bisherigen Schott- und Bleizeit-Zentrum mit stark beschränktem Spott- und Schreizeitpensum. Da aber auch hier Außenschau nicht gestattet ist (nur soviel: das Essen ist ebenso reichlich wie die Menge neuer Eindrücke) und Innenschau in den letzten Briefen zur Genüge gehalten wurde (nur soviel: ich bin guter Dinge und auch gesund), will ich als Stimmungsbarometer und Produktivitätsindiz (siehe Peter Handke: »Die wirklichen Abenteuer finden im Kopf statt«) eine kleine sprachspielerische Erfindung mitteilen, nämlich ein im Rahmen der »Schreib-dich-gesund-Bewegung« entstandenes »Märchen zum Abnehmen« mit dem Titel »Die (schlanke) Linie«:
Im Schlaraffenland, wo der oberste Verfassungsgrundsatz heißt: »Essen ist die erste Bürgerpflicht« (im Volksmund »Selber essen macht fett«, im Kriminellenjargon »Friß, Vogel, oder stirb«), wo die Landeshymne mit der Zeile beginnt: »Wes' Brot ich eß, des' Lied ich sing« (nach der Melodie »Ein feste Burg ist unser Gott«), wo die liberalistische Partei die Losung vertritt »Essen und essen lassen«, während die Neokannibalistische Bewegung auf ihre Fahnen ge-

schrieben hat »Fressen oder gefressen werden«, wo die Formel größter Zuneigung lautet »Ich hab' dich zum Fressen gern«, während höchste Abneigung ausgedrückt wird mit dem Satz »Den hab' ich gefressen«, wo schließlich und endlich unter der Parole »Hunger ist der beste Koch« die verbotene außergastronomische Opposition operiert –, dort lebte einst ein Küchenchef, der wurde eines Tages wegen Sammlung und Aufzeichnung eigener Rezepte (Band 1 »Wie ich vor Wut kochte«, Band 2 »Gerichte zum Kotzen«, Band 3 »Mit vollem Mund (wider)-spricht man nicht« sowie Band 4 »Zwischen Dicketun und Dünnemachen«) in Tateinheit mit öffentlicher Verkostung zu zehn Jahren strenger Diät verurteilt. Die beiden Mitangeklagten, die Mutter des Küchenchefs (sie hatte ihn gesäugt und gefüttert) sowie ein greiser Chefkoch i. R. (er hatte ihn in Saucen-Syntax und Gewürzgrammatik unterrichtet), entgingen nur knapp einer Verurteilung wegen Beihilfe, und zwar indem sie in letzter Minute zur Diabetiker-Liga konvertierten. Im Verlaufe der Verhandlung trat der Vorsitzende des Berufsverbandes der Mitesser als Vertreter der Vertreter der Kalten Küche auf. Er referierte über die Epoche des Übergangs vom Untergewicht zum Übergewicht sowie über den Grundwiderspruch zwischen Abnehmen und Zunehmen, den, wie er erklärte, die Anhänger des Maximismus- Minimismus mit Hilfe der MMM-Initiative (Maßnehmen-Magenauspumpen-Maulstopfen) überwinden wollen. Er wies nach, daß besonders in Zeiten gastrologischen Dauerfrosts die Einhaltung von Einheiz-Geschmack und Einheiz-Gerichten unerläßlich ist.

Nach der Urteilsverkündung fand eine internatio-

nale Pressekonferenz statt, die eingeleitet wurde mit der Vorführung eines Lehrfilms zum Thema »Mehr Licht, mehr Sicht, mehr Sicherheit« (eine Gemeinschaftsproduktion des Goetheinstituts, des Blinden- und Sehschwachen-Verbandes sowie der Akademie für Schädlingsbekämpfung), worin die Anstrengungen zur Senkung der Dunkelziffer bei kulinarischen Fehlleistungen geschildert wurden. Anschließend beantwortete der Küchenchef Fragen. Ausführlich berichtete er über die pränatale und frühkindliche Phase der Tatvorbereitung, wonach die von ihm genossene Muttermilch zwangsläufig zu der vorhandenen Abweichler-Prägung geführt hat. Bei der Frage nach Einzelheiten des Verfahrens verwies er auf die Funktionsweise von Schnellkochtöpfen (hoher Druck, alles in einen Topf, nichts dringt nach draußen), während er auf den Zwischenruf des Korrespondenten vom Sender Jerewan (»Wie war das Mikroklima im Saal?«) die Auskunft verweigerte, weil er sich, wie aus gut unterrichteten Kreisen verlautete, nicht dem dringenden Verdacht aussetzen wollte der Äußerung von Gedanken, die geeignet sind, dem Hormonhaushalt der akkreditierten Journalisten zu schaden bzw. deren Blutdruck oder Zuckerspiegel herabzuwürdigen. Zum Abschluß fand ein Sitzbankett statt, bei dem das beliebte Schnellgericht »Schädling in Aspik« angeboten wurde, dazu Schuldheiß-Dünnbier (naturtrüb, künstlich gefärbt). Im Foyer spielte unterdessen das bekannte »Kammerorchester ohne Delinquenten« zum (Eier-)Tanz. Und wenn er nicht gestorben ist, hält der Küchenchef heute noch Diät. Ende....

Herzlich Dein Gilbert

Ob der Rummelsburger Offizier erkannt hat, was alles für Anspielungen enthalten waren, und es dennoch durchgehen ließ, oder ob er einfach überfordert oder besser: nicht auf diese Art Stasi-Spitzeltum spezialisiert war, ist nicht zu sagen. Jedenfalls gingen die Briefe durch, die ich auf meinen Dauerlauf-Runden (Rekord: 248 Runden in 30 Minuten) im Freistundenkäfig entworfen hatte, während mein Zellengenosse bei jedem Flugzeug, das darüber hinwegflog, leise sang, wenn die oben über den Boxen patrouillierenden Posten gerade außer Sicht- und Hörweite waren: »Über den Wolken, da muß die Freiheit wohl grenzenlos sein.«

Nun sind natürlich diese Geschichten keine Geschichten: sie haben eigentlich keine Fabel, und sie besitzen auch keine Pointe im strengen Sinne. Sie sind ein wenig mageres Tarnfleisch um ein Gerippe von hilflosem Zorn, in Worte gekleidet. In keinem Brief konnte ich schreiben, daß dieses Gericht zum Kotzen ist, daß durch die Art der U-Haft hoher Druck ausgeübt wird, daß (in meiner Biografie) alles in einen Topf geworfen wurde, und daß nichts von alledem nach draußen dringen konnte... Das alles und noch mehr konnte in keinem Brief gesagt werden. Also mußte ich es in einem Wust von Belanglosigkeiten verstecken, in der Hoffnung, die Leser draußen würden das Ganze schon entziffern.

Das Gericht

Bei der Gerichtsverhandlung, die nach einem halben Jahr Verhören stattfand, wurde trotz des mehrfachen Antrages meiner Mutter die Öffentlichkeit ausgeschlossen. Bei diesem »Ritual« wurde zum ersten Male der Marionettencharakter des Gerichts deutlich: Zuerst wurden alle meine Freunde noch in den Gerichtssaal hineingelassen, wenn auch die Richterin unwirsch rief, man solle wenigstens die Tür schließen (es waren so viele, daß die Tür nicht zuging, weil der Raum so klein war). Dann wurde eröffnet, und gleich darauf überreichte der Major der Richterin einen Umschlag, das Gericht zog sich zurück, erschien kurz darauf wieder und verkündete den Ausschluß der Öffentlichkeit. Das schlechte Gewissen von Stasi und Gericht wurde hier institutionalisiert. Warum sonst wollten sie »unter sich« sein (außer dem Major saßen nur zwei weitere Stasi-Leute – junge *Anlernlinge* – im Raum) – Geheimnisse gab es nicht zu verraten, und worum es ging, wußten alle, denn alle hatten eine Broschüre erhalten und waren von der Stasi befragt worden. Die Richterin – Hauptperson der Farce – hat mich nicht nur nach ungerechten Paragraphen verurteilt; sie hat diese auch noch mehrfach gebrochen.

Aber zunächst zur »Wahl« der Paragraphen: Etwa eine Woche vor Prozeßbeginn traf mein Anwalt die Richterin auf dem Flur des Gerichtsgebäudes, und da sagte sie zu ihm: »Der 219 ist ja 'n bißchen dünne, deshalb hab' ich den 220 dazugenommen.« Ein Satz, der einem den Atem verschlägt, aber er leuchtet trotz seiner Verkürzung auf juristischen Umgangsjargon wie eine Röntgenaufnahme bis in das Skelett der politischen Justiz hinein: Offenkundig gab es eine Vorgabe der Staatssicherheit, wonach ich auf jeden Fall zwei Jahre und zwei Monate zu bekommen hätte. Die Richterin, Frau Vogel, sah es offenkundig nicht als ihre Aufgabe an, zu prüfen, ob die Vorwürfe der Staatsanwaltschaft, also letztlich der Stasi, zu Recht bestanden oder nicht. Ihre Aufgabe sah sie darin, die in der Verhaftung zum Ausdruck gekommene Vorverurteilung (die sich übrigens auch in Äußerungen des Personals der U-Haft zeigte: Ihr werdet schon nicht umsonst hier sein;

daß ihr hier seid, wird schon seinen Grund haben) dadurch zu bestätigen, daß sie sich der Strafgesetze als Instrumente bediente. Sie war zwar, wie mein Anwalt meinte, keine »Leuchte«, sie war aber so dumm auch wieder nicht, daß sie gemeint hätte, die Anklage nach § 219 sei ohne weiteres in eine entsprechende Haftstrafe umzumünzen. Anstatt aber daraus nun die Folgerung abzuleiten, die Forderung meines Anwalts auf Freispruch sei begründet, suchte sie »Hilfe« bei einem weiteren »Gummiparagraphen«, dem § 220, der »öffentlichen Herabwürdigung der staatlichen Ordnung«.

Bei alledem war unausgesprochen unterstellt, daß ich inhaltlich mit den Äußerungen der Punks übereinstimme. Ich habe mich zwar nicht ausdrücklich davon distanziert, aber auch keine Identifikation formuliert. Das war nicht der Sinn der Dokumentation. Als ich meinen Anwalt daraufhin ansprach, meinte er, in der geltenden Rechtsprechung mache es keinen Unterschied, ob einer auf dem Alex ruft: »Erich Honecker ist ein Schwein«, oder ob er ruft: »Mein Schwager hat gesagt, Erich Honecker ist ein Schwein.« Vielleicht wußte die Richterin um ihren Status – den einer Marionette, und vielleicht war sie sogar wütend auf die, die sie zu so etwas zwangen. Da aber die Stasi unangreifbar war, richtete sich ihre Aggression gegen den, der angreifbar war, und das war ich.

So versuchte sie unter anderem – der Verhörtendenz des Majors folgend – den Titel der Broschüre, in dem von *Ostberlin* die Rede war, zum Beweis dafür heranzuziehen, daß eigentlich die gesamte Auflage für den Westen bestimmt war, denn *Ostberlin* war ja *Westjargon*. Ich wies auf einen beschlagnahmten Brief hin, in dem ich das Projekt geschildert hatte und in dem ebenfalls von *Ostberlin* die Rede war. Daraufhin bellte sie mich an: »Hier wird nicht über irgendeinen Brief verhandelt, sondern über die Broschüre.« (Hier wie an anderen Stellen wurde ich an den antisowjetischen Witz von den amerikanischen Besuchern in der Moskauer Metro erinnert, die nach zwanzigminütigem vergeblichem Warten darauf hinweisen, die von den Gastgebern versprochene dreiminütige Zugfolge sei nicht eingetroffen, worauf diese entgegnen: Und was macht ihr mit den Negern?)

Um den Straftatbestand des § 219 zu erfüllen, hätten die Broschüren für einen »gewollt unbestimmten Empfängerkreis« bestimmt sein müssen. (Gedacht ist hier an Publikationen in Buchform, in der Zeitung oder anderen Medien.) Die Exemplare aber, die meine Mutter bei sich hatte, waren allesamt mit den Adressen einzelner privater Empfänger versehen, und auch das eine Exemplar, das nach Westberlin gelangt war, hat nur die Person erreicht, für die es bestimmt war. Den Kopien, die ich von dem einen Exemplar habe anfertigen lassen, damit die vorgesehenen Empfänger doch noch zu ihrem Exemplar kommen, hatte ich Zettel beilegen lassen, daß sie ausdrücklich für keine Art von Publikation vorgesehen seien. (Das konnte ich natürlich im Prozeß als Entlastung nicht erwähnen, weil ich damit den Verschicker – einen ehemaligen DDR-Bürger, der ja immer wieder seine Eltern hier besuchen wollte – im Falle seiner Einreise gefährdet hätte.)

Brief aus der Stasi-U-Haft, 23. Oktober 1985:
Liebe Mutti!
…Ein wenig komme ich mir jetzt, nach Eintreten der Rechtskraft des Urteils, in Erwartung des Umzugs in den Strafvollzug vor, wie einer, der auf den Zehnmeterturm geklettert ist, nun aufs Brett hinausgescho-

ben wird und springen soll, alles hinter sich lassen: den Boden unter den Füßen, den steilen Aufstieg ins Verbrechen und das federnde Brett eines Urteils, das einen katapultähnlich abstößt – trotz alledem: sofern es unten Wasser gibt, werde ich nach dem Absturz auch wieder auftauchen und schwimmen, sicher nicht, ohne Wasser zu schlucken, aber eben doch schwimmen (ich habe ja nicht nur das Freischwimmer-, sondern sogar das Fahrtenschwimmer-Zeugnis im Besitz). Ich werde es halten, wie ich es schon an der Schule im Sportunterricht gehalten habe: vor der Übung an Geräten, die gemeinhin Angst einzuflößen pflegten – das war für mich vor allem das Reck –, habe ich mich nicht gedrückt, sondern im Gegenteil: in meiner Freizeit bin ich hingegangen und habe quasi heimlich geübt, oft in Anwesenheit von wesentlich Jüngeren und auch auf die Gefahr hin, mich lächerlich zu machen. So habe ich die Angst überwunden. Ich hoffe, mir in der neuen Lage etwas zu bewahren von dem, was mein Leben vielleicht nicht unwesentlich bestimmt hat: nämlich einer Mischung aus sportlichem Geist, Neugier auf Unbekanntes und Lust am Spiel, einer Mischung, die sicher die Gefahr der Oberflächlichkeit birgt, die Gefahr, Beziehungen zu anderen Menschen einem inflationären Verschleiß auszusetzen, die aber andererseits die Möglichkeit schafft, mit Ungewohntem fertig zu werden, und zwar nicht nur, indem man die Zeit »verwartet«, in einer Art Lähmung »absitzt« oder durch permanenten Groll immer zähflüssiger macht, sondern im Gegenteil, ich hoffe (natürlich mit allem Vorbehalt: ich weiß ja nur sehr nebulös, was mich erwartet), der kommenden Zeit bewußt und energisch das abzugewinnen, was

ihr abzugewinnen geht, nämlich Erfahrung statt Ver-
bitterung, Selbsterkenntnis statt Selbstmitleid, blei-
bende Sehnsucht aufs »Danach« statt kraftloser Re-
signation. Ich bleibe – so hoffe ich –, der ich war: eine
Koalition aus Optimismus und Pessimismus, was hei-
ßen soll: immer das Schlimmste erwarten, aber ihm
zuversichtlich Widerstand leisten, oder skeptisch im
Kopf, aber naiv im Herzen (wiewohl freilich wahre
Naivität – nicht in jenem Nebensinn von Dummheit,
sondern im Sinne von Unverstelltheit, Unverbogen-
heit – nach den Erfahrungen der vergangenen sieben
Monate nie wieder so spontan sich einstellen wird;
sie wird mit Einsatz von Gefühl und Verstand herge-
stellt werden müssen – und doch kann das Ergebnis
letzten Endes dem Zustand des Quergebäudes Hu-
semannstraße 10 ähneln; das Haus ist »rekon-
struiert«, der Schwamm ist geblieben!).
Herzliche Grüße – Dein Gilbert

In keiner Phase des Prozesses wurde irgendeine Form
von Gutachten vorgelegt, das die Staatsfeindlichkeit
oder Staatsschädlichkeit der Broschüre begründet hätte.
Die Staatsfeindlichkeit schien für die Richterin einfach
aufgrund der Tatsache festzustehen, daß Staatssicherheit
und Staatsanwaltschaft dies postuliert hatten. (Beim
Verhör hatte ich den Major gefragt, worin denn nun die
Staatsfeindlichkeit bestände. Seine Antwort: »Sie besteht darin, daß der potentielle Leser im Ausland den
Eindruck erhält, nicht alle Jugendlichen würden vom sozialistischen Bildungssystem erreicht.« Diesen Satz muß
man sich auf der Zunge zergehen lassen. Vorgeworfen
wird mir nicht, die Unwahrheit verbreitet zu haben, sondern die Wahrheit nach außen dringen zu lassen. Was für

ein Staat, der nach außen wie innen auf Täuschung und Selbsttäuschung beruht!)

Die Staatsanwältin, Frau Bahn, von der im übrigen nur zu sagen ist, daß sie nicht auffallend in Erscheinung getreten ist, hatte den Verbrechenscharakter meiner »Tat« damit begründet, daß ein Exemplar nach West-Berlin gelangt sei. Da mein Anwalt das monierte, hatte die Richterin sich in der Urteilsbegründung dann etwas anderes einfallen lassen: Das Verbrecherische bestand nun »in der hohen Anzahl staatsfeindlicher Äußerungen in der Broschüre«. Frau Vogel hat darüber hinaus trotz meines Einspruchs nicht nur die Schreibmaschine als »Tatwerkzeug« beschlagnahmt, sondern auch literarische Texte (politische Text-Collagen), die zehn Jahre zuvor entstanden waren, also keinerlei Zusammenhang mit der Tat haben konnten. Die Begründung ist eine fatale Mischung aus Zynismus, Dummheit und Hilflosigkeit: Die Texte, so hieß es in der Begründung, seien »Ausdruck der Vorbereitung der Straftat«.

Nun will ich die Richterin nicht zur allein Verantwortlichen stempeln. Der Sog der allgemeinen politischen Atmosphäre, die Zwänge der geltenden Rechtsprechung und der Druck der Staatssicherheit sind gewiß nicht klein gewesen – anders kann ich mir das Urteil nicht erklären. Aus der Verantwortung dafür, mich angesichts dieser Interviews und ihrer geplanten bzw. erfolgten Verschickung an Freunde zum Verbrecher zu erklären, kann sie aber nicht entlassen werden. Und es gab ja eine Möglichkeit, sich dem zu entziehen. Ein Bekannter, der viele Jahre Richter war, hat diese Möglichkeit als einzige Chance, sich einer weiteren Mittäterschaft zu entziehen, genutzt. Er hat die Seiten gewechselt und ist Anwalt geworden.

Brief aus der Stasi-U-Haft Berlin-Hohenschönhausen, 26. September 1985:
Liebe Mutti!
... Es war – das richte bitte allen aus, die Du erreichen kannst – für mich ungeheuer wichtig, meine Freunde zu sehen oder ihre schriftlichen oder gegenständlichen Grüße zu erhalten. Die praktischen Fäden zu ihnen sind zwar erst einmal gekappt, aber, woraus sie entstanden sind, wodurch sie am Leben geblieben sind und woraus sie sich immer wieder neu gespeist haben, lebt ja in mir weiter. Und ihre Anteilnahme ist ein Zeichen, daß die Quellen dieser Fäden, nämlich die ganz unterschiedlichen Geschichten, die wir gemeinsam haben, auch in ihnen am Leben sind, so daß letztlich mein Leben unterdessen draußen weitergeht. Und ich lebe – bei allem Stolz und vielleicht sogar Eitelkeit, mit Schwierigkeiten selbst fertig werden zu wollen, auf niemand endgültig angewiesen zu sein – doch wesentlich nicht allein aus mir selbst, sondern aus meinen Beziehungen zu Freunden, und diese Freundschaft – das habe ich beim Anblick der vielen Freunde an den beiden Tagen gespürt – trägt mich, und ich fühle mich auch getragen. Daher bin ich weder verbittert noch entmutigt, sondern gewillt, das Ganze bewußt als neue Erfahrung zu erleben, nicht als Bürde oder Strafe. Deshalb nimm auch meinen Verzicht auf Berufung nicht als kraftlose Resignation, sondern als das Ergebnis nüchternen Abwägens von Aufwand und Nutzen, jedenfalls aber als meine eigene Entscheidung, wenn auch nicht freie Entscheidung, denn die Lage, in der ich mich befinde, ist nun einmal keine freie, sondern eine Zwangslage: ich verfüge kaum über Freiheit im Engelsschen Sinne (»Frei-

heit ist die Fähigkeit, mit Sachkenntnis zu entschei-
den«), geschweige über Freiheit im Luxemburg-
schen Sinne (»Freiheit ist immer die Freiheit des An-
dersdenkenden«). Dennoch bleibe ich im tiefsten
Grunde heiter und auch voller Lust zur Produktivität,
und der Anblick meiner Freunde und das Gefühl ihrer
Solidarität haben mich auch mit der Kraft versorgt,
die Gleichgewicht und innere Ruhe erfordern. Sicher
wird die Balance nicht leicht herzustellen, ge-
schweige zu halten sein zwischen dem inneren
Rückzug auf die verbliebenen Positionen einerseits
und der zu bewahrenden unbändigen Lust auf »Da-
nach«, aber letztlich fühle ich mich auch dem ge-
wachsen...
Herzlich – Dein Gilbert

Auch mein Anwalt, Herr de Maizière, von dem ich mich
im übrigen ausgesprochen gut vertreten gefühlt habe, hat
manches Fragwürdige nicht angefragt, zum Beispiel
diese unausgesprochene Voraussetzung: »Die Broschüre
ist staatsschädigend«. Was immer er für Beweggründe
gehabt haben mag – vielleicht hat er die Antwort im voraus gewußt und deshalb die Anfrage für sinnlos gehalten –, er hat sich auf diese Verfahrensgrundlage eingelassen. Es wäre anmaßend, ihm das zum Vorwurf zu machen, aber ich denke, hier hat er ein Spiel mitgespielt, das
einen rundweg (unterdrückungs-)systemerhaltenden
Charakter hatte. Gewiß war er kein Anwalt wie Vogel
und Starkulla, die – wie mir Häftlinge, die von ihnen vertreten wurden, bestätigten – mit Staatsanwaltschaft und
Gericht eine Art Mafia gebildet haben. Aber er hat am
Netzwerk des Unrechts mitgewoben, um – das will ich
einräumen – da und dort im Einzelfall eine »Masche fal-

lenzulassen«. Und er hat mir (so sehr ich ihn schätze und trotz seiner Integrität muß ich das sagen), was das Strafmaß betrifft, letztlich nicht geholfen. Manchmal hatte ich sogar den Eindruck, daß seine mit wenig Spielraum versehene Rolle im Prozeß auch »Bärendienste« zum Inhalt hatte, weil das Gericht anhand seiner Einwände genau wußte, was es zur Begründung *nicht* heranziehen durfte.

Und daß die Richterin ihn auf diese ungeschützte Weise (der erwähnte Satz: »Der 219 ist ja ein bißchen dünne« usw.) in ihr Vertrauen zog, weist ihn natürlich letztlich als anerkannten »Mitspieler« aus.

Brief des Bruders, 10. 9. 1985:
Lieber Gilbert!
Die mir reservierte Seite journalistisch treu bis zum bitteren Punkt zu füllen, ist mir nicht gegeben. Heiter aus dem Alltagsleben zu schwätzen auch nicht. Bliebe wieder einmal die Grimasse – der du doch immer mißtrauisch gegenüberstehst? – Es wäre vielleicht ein Motiv für Kafkas »Prozeß«: verurteilt zu sein, ein Buch schreiben zu müssen, in dem das Wichtigste ungesagt zu bleiben hat, und das auf genau dreihundert Seiten. Die Strafe träfe diejenigen nicht, denen solche Pflichterfüllung nicht schwerfällt. – Das war nicht so besonders. Auf der Rückseite eines Kollektivbriefes muß es stehenbleiben: (Rubrik »Allegorisch«) Nämlich wie schön der Herrgott noch mal um eines Gerechten willen Sodom verschonte (verschonen sollte, wollte? – keine Ahnung: das Wesentliche vergesse ich immer), so auch z. B. das Kollektiv usw.: nämlich daß einer nicht ausgestoßen wird, solange er sich zur Gruppe bekennt, und triebe er gleich den gröbsten Unfug. Sollte dieses Prinzip in der Natur

vorwalten, fürchte ich das Schlimmste für das Ausse-
hen der Atomkerne. Kraniche im Keil usw. Oder, um
konkret zu sein und nicht immer so heimtückisch
gleichnishaft: wenn das Brot rissig ist, denk' ich ein-
fach: aha, die Bäcker fliegen im Keil! – (Haha.) – Tut
mir leid, mehr ist heute nicht drin. Zuweilen schläft
Homer.
Herzlich Dein Bruder

Die Haft
Als eine Art Sinnbild für die Situation in der Stasi-U-Haft
nur eine Episode.

Es hatte sich eingebürgert, daß ich mit meinem Zellen-
genossen täglich nach dem Abendessen als Zeitvertreib
Mensch ärgere dich nicht spielte. Irgendwann dann wurden wir von einem der Bewacher ohne Schließerlaubnis,
also einem Gucklochgucker (»Das Auge des Gesetzes«),
aufgefordert, beim Würfeln ein Handtuch unterzulegen,
wahrscheinlich, weil es möglich wäre, mit diesem Geräusch Nachrichten auszutauschen (es war z. B. streng
verboten, zu klopfen, also nach dem Muster A = einmal
klopfen, B = zweimal klopfen usw., mit benachbarten
Zellen Nachrichten auszutauschen. Wir lehnten seine
Aufforderung ab und sagten, er möge dann doch, wie an-
gedroht, das Spiel einziehen (wir wußten unterdessen,
daß er allein dazu nicht befugt war). Am Abend zuvor
hatte es in der bisher leerstehenden Nachbarzelle einen
Neuzugang gegeben, und wir hatten durch Klopfen Kontakt aufgenommen. Als Antwort auf die Frage »Warum«
– also: warum bist du hier – kam lediglich zurück
»Schweinehunde«. Am fraglichen Abend hörten wir
dann aus dieser Zelle mehrere ungewöhnliche Geräusche. Zuerst mehrere Schläge gegen die Wand, genau an

der Stelle, an der der Spiegel eingemauert war. Auf unser Klopfen antwortete der Nachbar diesmal nicht mehr. Während der nächsten Zeit erhielten wir vom Posten bei jedem seiner Rundgänge (die Kontrollen erfolgten in Abständen von wenigen Minuten – nachts wurde dabei immer das Licht eingeschaltet) die Aufforderung, ein Handtuch unterzulegen, immer mit der Drohung verbunden, er werde uns das Spiel wegnehmen. Offenbar hatte er sich so stark auf uns konzentriert, daß er die Vorgänge in der Nachbarzelle nicht bemerkt hat. Dann gab es von dort zwei Geräusche gleichzeitig, ein dumpfes: den Fall eines Körpers und ein hartes: vom Umstürzen des Hokkers. Wie wir hinterher rekapituliert haben, hat sich der Nachbar mit den herausgeschlagenen Spiegelscherben die Pulsadern aufgeschnitten, sich dann so weit wie möglich an den Rand des Guckloch-Sichtfeldes gesetzt und den Arm über eine Schüssel gehalten, damit das Blut nicht durch die Zellentür nach draußen lief. Minuten später war die Schwester da – der Posten hatte offenbar an der über den Flur laufenden Reißleine gezogen. Die Schwester ordnete an: »Kochsalz und Elektrolyse.« Es gab dann viel Getrappel, es wurde fotografiert, dann wurde der Nachbar abtransportiert. Was aus ihm geworden ist, weiß ich nicht. Nach Wochen wurden seine Sachen abgeholt und das Blut abgewaschen. Der Geruch des Desinfektionsmittels drang bis in unsere Zelle. Die Posten, die an jenem Abend Dienst hatten, haben wir nicht wiedergesehen.

Nach etwa der Hälfte der Haftzeit – ich war nach Hohenschönhausen kurz in Rummelsburg, zwischen Mördern und kleinen Scheckbetrügern, und dann im eigentlichen Strafvollzug in Cottbus – wurde ich nach Karl-Marx-Stadt, in die sogenannte »Drehscheibe«, verlegt. Dort wurde mir auch noch das letzte private Hab und Gut abgenommen: die Quittung über das in Cottbus erarbeitete »Knastgeld«. Auf meinen Einwand, daß ich diese Quittung aber noch brauche, meinte der Leiter der Haftanstalt nach einem flüchtigen Blick auf das Papier: »Die brauchen Sie nicht mehr, das ist ja einheimisches Geld.« Als ich darauf entgegnete, ich hätte aber nicht die Absicht auszureisen, meinte er nur: »Was Sie für Absichten haben, interessiert uns hier überhaupt nicht.« Danach mußte ich noch bei einem zivilen Stasi-Vernehmer und schließlich vor den Rechtsanwälten Vogel und Starkulla ausdrücklich und vehement auf meinem Dableibe-Wunsch beharren, was in beiden Fällen den Charakter einer Rechtfertigung hatte. Wahrscheinlich mußte Herr Vogel den Schwund bei einer geplanten Lieferung von Freigekauften beim Empfänger begründen. Es dauerte dann noch etwa zehn Tage (die mich im übrigen wegen der Ungewißheit des Kommenden vielleicht mehr Nerven gekostet haben als die ganze übrige Haftzeit), und ich wurde entlassen.

Epilog

Am Tage meiner Entlassung wurde ich von meinem »dienstältesten« Freund am Bahnhof empfangen mit den Worten »Willkommen im großen Knast«. Und die Monate danach hatten wirklich etwas davon. Von einem Vertreter des Generalstaatsanwaltes wurde mir mitgeteilt, die Bewährung könne jederzeit widerrufen werden. Und die Skala der auslösenden Vorkommnisse begann bereits mit »Ordnungswidrigkeiten«. Das hieß ganz konkret, schon wenn man bei Rot die Straße überquerte. Da mir mein Prozeß anschaulich vor Augen geführt hatte, in welcher Grauzone der Rechtsunsicherheit man sich permanent, ganz sicher aber unter »Bewährung«, bewegt, verhielt ich mich danach. Denn nach einer zweiten Auflage Gefängnis war mir beileibe nicht zumute. Bestimmt ein Jahr danach hatte ich noch Tagträume, die von meiner Verhaftung handelten. Es genügte, daß zwei Männer auf der Straße in bestimmter Weise auf mich zukamen – schon dachte ich: Jetzt holen sie dich wieder. Und bei aller Vorsicht hätte ich mich nicht gewundert, denn in einem war ich unvorsichtig: Ich habe ungeniert über meine Erlebnisse erzählt. Ansonsten war ich so brav wie wohl noch nie zuvor in meinem Leben, angefangen vom ordentlichen Bezahlen in der U-Bahn bis hin zum verordneten Wahlgang. Auch im übrigen verhielt ich mich so gut wie apolitisch. Vielleicht hatten sie damit erreicht, was sie erreichen wollten. Die Lektion hatte gesessen.

Erst im September 1989 habe ich wieder begonnen, mich politisch zu betätigen. Ich trat dem *Neuen Forum* bei, zu einer Zeit, da wir bei den Treffs der Basisgruppen im Prenzlauer Berg noch Handzettel herumreichten, auf denen Hinweise für den Fall der Verhaftung zusammengefaßt waren.

Die Stasi hat mich seit meiner Entlassung nicht mehr – jedenfalls nicht spürbar – behelligt. Ich durfte 1986 in die ČSSR fahren, um mich dort mit einer kurz zuvor ausgereisten Frau zu treffen, und ich war mit der Berliner Domkantorei 1988 zum Utrechter Domchorfestival in Holland. Ich habe sogar – wenn auch gewiß als eine Art Stasi-Nachsorgeeinrichtung – wenige Wochen nach der Entlassung Telefon bekommen. Gleichzeitig aber setzte das Kesseltreiben gegen einige Empfänger der Broschüre ein: Meine geschiedene Ehefrau und einer ihrer Lehrerkollegen mußten unter demütigenden Umständen die Schule verlassen und ihren Beruf aufgeben. (Eine wei-

tere Kollegin wurde gemaßregelt, durfte aber bleiben.)
Späte Stasi-Rache für die abgelehnte Ausreise? Oder
»nur« das normale Spiel des vorauseilenden Gehorsams
von Mitläufern? Vielleicht auch die von rot-getünchten
Emporkömmlingen genutzte Gelegenheit, unbequeme
Parteimitglieder loszuwerden?

Aus dem Urteil des Stadtgerichts Berlin, 28. Juni
1990:
[…] für Recht erkannt: 1. Das Urteil des Stadtbezirksgerichts Berlin-Lichtenberg vom 16. 10. 1985 wird aufgehoben.
2. Der Angeklagte wird freigesprochen.
3. Die Einziehung von Gegenständen wird aufgehoben.
Gründe: […] Der Angeklagte wollte in Wahrnahme
seiner verfassungsmäßigen Grundrechte auf Mei-
nungsfreiheit und auf Mitgestaltung die Auffassungen
einer bestimmten Gruppe Jugendlicher erfassen und
anderen zugänglich machen. […] Das Aufmerksam-
machen auf bestimmte Meinungen und Interessen
von Gruppierungen der Bevölkerung ist Ausdruck demokratischer Mitbestimmung und strafrechtlich irrele-
vant. Da das Verhalten des Angeklagten insgesamt
keinen Straftatbestand erfüllt und sich die Anklage als
nicht begründet erwiesen hat, hätte der Angeklagte
freigesprochen werden müssen.

Mein Gott, Bäume, euch geht's genauso beschissen wie mir

Angela Kowalczyk, geb. 1965, vor der Verhaftung
Lehrling im VEB IFA-Vertrieb Berlin, gegenwärtig Wirt-
schaftskaufmann/Verkäufer im KWO Berlin
Anklage: Öffentliche Herabwürdigung (§ 220)
Urteil: 2 Jahre Bewährung/Androhung: 2 Jahre 6 Mo-
nate, in Haft von Januar bis März 1982, Gefängnis:
Untersuchungshaftanstalt Berlin-Pankow

Im Januar 1982 – ich hab' damals noch im Autoersatzteil-
lager gearbeitet, beim IFA-Vertrieb als Verkäuferin –,
da kam eines Tages der Chef nach hinten und sagte: »Na,
haben Sie denn was ausgefressen, da sind zwei Herren
von der Polizei.« Ich hab' mir meinen Teil schon gedacht,
hab' aber natürlich cool getan, bin dann noch mal in den
Waschraum rein, dort traf ich eine Kollegin, und irgendwie hat mir mein Gefühl schon gesagt, was jetzt passiert.
Ich bin ihr also noch mal um den Hals gefallen und hab'
gesagt: »Du, Anke, wir sehen uns nicht wieder, ich geh'
jetzt in den Knast.« Sie sagt: »Du bist ja verrückt, du
spinnst ja.« Ich sag': »Nein, ich weiß, das ist jetzt absolut
mein Abschied hier.« Es kam dann auch so. Ich bin den
beiden ganz ruhig entgegengetreten, hab' mich so richtig
schön gefaßt, die waren auch sehr freundlich, ja, und was
sie mir dann gesagt haben, Klärung eines Sachverhalts,
war ja immer das Typische. Sie haben mich also mitge-

nommen. Ich hab' erst gar nicht gewußt, wohin und alles. Ich mußte dann die Nacht in der Keibelstraße zubringen. Erfahren, daß ich verhaftet bin, hab' ich erst am nächsten Tag. Vorher ... zig Stunden Verhör, und immer noch diese Ungewißheit. Im Verhör sind die immer wieder auf die Namen von irgendwelchen Kumpels zu sprechen gekommen. Und da fiel mir ein, daß wir uns früher immer unterhalten haben: Nach wem haben sie dich denn gefragt? Und wir haben immer so einen Scheiß erzählt wie »Mäuschen« oder »Herzchen«, was es gar nicht gibt, aber das ging natürlich nicht lange gut, da kamen sie wieder auf die Flugblätter zu sprechen. Die hab' ich selber mit der Schreibmaschine geschrieben, so viele Durchschläge man mit der Maschine machen konnte.

Anklage

Wir sind im Unrecht, wo immer wir bleiben,
in diesem Staat dürfen wir uns mit »Arbeit«
die »Freizeit« vertreiben.
Hat jemand wirklich mal kein Glück,
stößt man ihn immer weiter zurück.
Er darf zwar singen, unser Staat, der ist schön,
aber unsere Interessen kann niemand verstehn.
Wir wollen nicht kämpfen, wir wollen nicht siegen,
wir wollen bloß unsere Anerkennung kriegen.
Wir lieben Musik, die brennt wie das Feuer,
aber diese finden die Leute schon wieder ungeheuer.
Wir hassen das Schöne, denn jeder soll sehen
und an unserem Ausdruck die Wahrheit ersehen.
Es gibt sehr viele, die uns nicht können leiden,
aber solche sind auch nicht zu beneiden.
Gibt es mal Krach, weil man uns verleugnet,

aber dieses eben bei anderen für unsere
»Aggressivität« zeuget.
Wir lieben das Leben genauso wie alle,
leben aber in einer gefährlichen Mausefalle.
Wir wollen nicht Gewalt, wir wollen bloß leben,
Verständnis und Einigkeit!
– Aber wer ist dagegen? –

(geschrieben 1980, gewidmet der damaligen Jugend, besonders der Punk-Szene im Osten)*

Ich hab' eigentlich schon immer Texte geschrieben. Wie ich gerade auf das Gedicht gekommen bin – das hab' ich damals im Garten geschrieben, weiß ich noch ganz genau. Das war eigentlich nie dafür bestimmt, daß es andere sehen. Ich hab' schon immer gerne meine Gefühle irgendwo aufgeschrieben, dann fühl' ich mich wohl, aber damit's keiner sieht, dann in den Ofen und verbrennen, oder ich erzähl's meinem Teddybär.

Diesmal war das für mich so: Jetzt schreist du das raus, was du denkst! Ich war ja damals in der Verhandlung gegen die größte Punk-Käthe aus'm Osten, Major, ich hab' nie persönlich mit ihr gesprochen, ich hab' aber gehört, sie soll auch so was gemacht haben. Da war für mich nur ein Gedanke: Du mußt auch so ein Ding machen, irgendwas Gutes, du mußt was machen. Und wie sie dann ihr Auftreten hatte da bei der Verhandlung, als wir alle rausgegangen sind, da hat sie uns alle mit so einem Blick angeguckt: Danke, daß ihr gekommen seid! Nicht so wie heute die meisten: Na, dich kenne ich doch gar nicht. Und da war für mich klar: Wenn du mal so einen Auftritt hast, dann

---

* Alle nachfolgenden Gedichttexte ebenfalls von Angela Kowalczyk

machst du genau das gleiche. Und da fing es bei mir irgendwie an zu dämmern. Und ich fing an, das Gefühl zu haben – du sitzt nicht nur rum und hältst deine Klappe.

Obwohl, wie ich's dann gemacht habe, war mitunter sehr kindisch. Ich hab' die Blätter... Wenn ich sie nur verteilt hab', war's ja noch intelligent, aber ich war ja manchmal so dumm, hab' sie in Tüten gesteckt in den Einkaufsläden, in denen ich gearbeitet habe. So dußlig konnte nur ich sein. Ja, und dann war da noch ein zweites Gedicht, ich hab' den Zettel nicht mehr, das ging so:

Aufruf

Leute, setzt euch zur Wehr!
Verhindert den dritten Weltkrieg!
Laßt Unschuldige existieren,
zum Beispiel die Punk-Szene in Ost-Berlin!
Verschließt nicht eure Augen vor der Wirklichkeit,
zum Beispiel aufkommenden Neonazismus im Osten!
Es gibt auch bei uns eine Drogensucht!

Aber so was wollten sie mir dann natürlich ausreden. Das gibt's bei uns doch gar nicht. Und das Wort *Ost-Berlin*, das war ja, um Gottes willen.

Tote Gefühle

1. Ich stehe allein mit meiner Melancholie,
um mich herum nur Monotonie.
Kein Mensch glaubt mehr an die Gemeinsamkeit,
um uns herrscht nur Einsamkeit.

2. Gehst du in 'ne Kneipe rein,
nur: dort bist du niemals allein.
Der Suff lockert Seelen und auch Zungen,
woanders ist man sehr gezwungen.

3. Verbringst du einsam deine Tage,
bis endlich schmachtest du im Sarge,
und am Grabe endlich dann
erinnert man sich meist daran.

4. Alle denken nur: das arme Schwein,
jetzt ist er noch mehr allein,
daß man sonst dich angeschissen,
davon will plötzlich niemand mehr was wissen!

Refrain:
Gefühle sind verboten,
Gefühle, die sind tot,
und findest du einen Menschen,
ist er meistens total rot.

Für mich war *Punk* eigentlich mehr als eine Modeerscheinung. Für mich war's auf jeden Fall eine Opposition gegen das, was ich schon mit vierzehn gesehen hab'. Ich war mit vierzehn in so einer Clique, da durften wir uns noch nicht mal im Regen unterstellen, schon kamen die Alten: »Gleich rufen wir die Bullen.« Waren wir im Wald: Achtung, die Bullen! Wir durften ja nirgendwo hin. Jugendclub: »Nein, ihr seid zu jung, verpfeift euch mal!« Und diese feinen Leutchen, die ja so schickimicki sind, die haben alles gekriegt, und das hat mich so angewidert, daß ich mir geschworn hab': So wirst du nie werden, dieses Normale, dieses Stinomäßige, nein, um Gottes willen, niemals so. So über Leichen gehen, wie das die meisten

Menschen so gemacht haben. Ich bin ja in der Schule die ganzen Jahre durch immer gehänselt worden. Ich war so richtig ruhig und schüchtern, und so kam ich auch zu den Punks.

Ich kam in eine Gruppierung, wo sie alle so waren, aber keiner hat's zugegeben. Jeder versuchte, der »Coolste« zu sein. Irgendwie wurde man dann durch die Schwierigkeiten, die man jeden Tag hatte: »Euch müßte man an die Wand stellen! Euch müßte man vergasen!« und so, das mußte man sich ja jeden Tag anhören – dadurch mußte man irgendwie cool werden. Ja, man mußte sich richtig verteidigen können, denn man wurde ja offen angefallen auf der Straße. Ich hab' richtiges Selbstvertrauen gekriegt. Ich bin jetzt schon so cool, ich geh' nachts durch den Wald, ich fürcht' mich nicht mal.

Und das hab' ich genau bei den Punks gefunden, diesen Widerspruch: verschärft aussehen – und genau das Gegenteil sein! Normal aussehen und normal sein, das ist so langweilig. Ich hab' sogar schon mit dem Gedanken gespielt auszuwandern, um mal das Gefühl zu kriegen, ob ich mich tatsächlich selber verwirklichen kann. Ich möchte, daß einer mal sagt: »Also, weißt du was, ohne dich hätte ich jetzt nicht sein können. Du, du bist derjenige.« Aber das hab' ich noch nie erlebt. Und irgendwo auf der Welt muß es doch diesen Punkt geben. Mich baut es jetzt schon auf, daß ich das hier mal erzählen kann. Ich hab' damals schon immer gesagt: »Ihr werdet euch noch alle wundern, ich werde diejenige sein, die als letzte lacht.« Und diesen Punkt möchte ich erleben.

Brief aus der U-Haft an die Eltern, 1. 2. 1982:
Liebe Mami, lieber Papi!
Heute möchte ich Euch endlich eine Nachricht zu-

kommen lassen. Macht Euch um mich keine Sorgen,
es geht mir gut. Ich hoffe, auch Ihr habt Euch damit
abgefunden. Seid mir bitte deshalb nicht böse. Wie
geht es jetzt bei Euch zu Hause zu? Ich hoffe, Ihr
macht Euch keine Vorwürfe. Hat sich Bernd mal bei
Euch gemeldet? Wenn nicht, versucht bitte irgendwie
mit ihm in Kontakt zu kommen. Dann bestellt ihm bitte,
daß er mir sehr fehlt, ich fest an ihn glaube und ihn
wahnsinnig lieb habe. Sagt ihm auch, daß ich mich in
vielen Dingen ändern will, und er soll bitte keinen fal-
schen Weg gehen wegen mir. Paßt ein bißchen auf
ihn auf. Mami, auch Ihr fehlt mir sehr, ich freue mich
schon jetzt darauf, wenn Du mich mal besuchst.
Könntest Du dann bitte drei Schachteln Zigaretten,
1 × Tabak und Zigarettenpapier, Obst, Haarwäsche,
Creme und irgendwas anderes, was man gebrau-
chen kann zum Knabbern, mitbringen? Könntest Du
auch etwas Geld für mich hier einzahlen, damit ich
mir wenigstens Zigaretten leisten kann oder Obst. Ich
wäre Dir echt dankbar. Und noch eines: Könnt Ihr mir
einen guten Anwalt besorgen? Die Kosten zahle ich
Euch restlos wieder ab, ich möchte Euch nicht damit
auf der Tasche liegen. Aber nun muß ich meinen Brief
beenden, ich hoffe, Du schreibst bzw. besuchst mich
bald! Es grüßt Euch ganz lieb, Eure Tochter Angela!
PS: Versucht bitte Bernd zu finden und denkt an die
vier Sachen, die Ihr mir mitbringt! Ich hab' Euch lieb!

Es war auch mal mein Traum, eine Punk-Band zu machen. Aber mich hat man nicht für voll genommen. Wird
wohl immer ein Traum bleiben. Aber irgendwann werd'
ich das vielleicht doch mal machen. Und wenn ich dann in
Berlin spielen würde, ich würd' mich so unkenntlich ma-

chen, daß mich keiner erkennt. (Die Mutter: Also, so wie sie verhemmt und verklemmt war, da hat sie sich in der Punk-Zeit wirklich entwickelt. Die war für sie sehr gut. Ich war zwar nicht begeistert, das nicht, aber wissen Sie, es kommt ja auf den Menschen an, nicht, was die anderen in ihm sehen. Ich bin ja immer der Meinung, das Gute im Menschen setzt sich durch, und alles andere ist unwichtig. Das kommt daher, daß ich sowieso immer dazu neige, nur das Gute zu sehen. Da schimpfen ja meine Töchter immer mit mir. Wenn ich denke, wie du voller Hemmungen warst.)

Ich bin's heute noch. Aber *Punk* ist eine gute Therapie. In der Psychologievorlesung, da haben wir auch über Phobien geredet, und das hat sich bewährt, wenn solche Ängste kommen: Ich geh' drauf zu. Wenn ich vor irgendeinem Hund Angst habe, dann renn' ich auf ihn zu und dann schnapp' ich ihn mir. Ganz komisch, aber diese Schocksache, damit bau' ich's am besten ab. Und das, was ich jahrelang versäumt habe, weil ich mir immer gesagt habe, ach, dazu bist du zu blöd, das will ich heute machen. Aber für mich selber, nicht wie damals, unter diesem Druck: Jetzt mußt du. Sondern: Euch werd' ich jetzt zeigen, was in mir steckt. Und das ist auch das, warum ich mich auf Arbeit so unwohl fühle – weil ich noch nie das machen konnte, was ich will. Und dann die andern immer: »Sei froh, daß du die Arbeit hast, denk daran, du bist alleine.« Und dieses blöde Gebrabbel. Ich hasse das. Man wird so richtig untern Scheffel gestellt. Mein Traum ist deswegen, mal irgendwo als Sozialarbeiter zu gehen, in die Drogenszene oder mit Alkoholkranken. Ich möchte mal das Gefühl haben, jemand braucht mich. Mein Gott, das, was ich heute auf dem Schreibtisch liegen hab', das kann auch ein anderer machen, ich fehle doch keinem. Das ist eine ganz beschissene Situation.

Anfangs hat man ja die Leute ganz schön geschliffen, die in die Punk-Szene wollten, und das war auch richtig so, wenn man heute sieht, was da alles rumhopst, kann einem schlecht werden. Man ist zwar die ersten paar Male dermaßen belöffelt und belegt worden, aber ich hab' mir gesagt: Nein, ich zeig' denen kein Gefühl. Ich bin also ins nächste Haus, hab' mich ausgeheult, und dann bin ich wieder raus: Du willst das packen, du schaffst das auch.

Ich wollte endlich auch mal angesehen sein. Und da hab' ich mir gesagt: Jetzt machste wat, du bist nich son kleener Kriecher, für wat se dich halten.

Einsamkeit

1. Ich geh alleine durch die Stadt,
hab das Alleinsein unendlich satt.
Bin auf der Suche nach dem Ende,
denn alles rinnt mir durch die Hände,
daß ich vergaß, das Leben zu sehen,
welche Sau sollte mich verstehen?

2. Jeder denkt an seine profitablen Pläne,
und für uns bleiben nur die Späne,
die uns rinnen durch den Geist,
wir merken nicht, wie ihr uns bescheißt.

Refrain:
Ihr, ihr, nur ihr seid ein Menschentier,
für uns bleibt da nichts mehr hier,
Ihr zwängt uns auf den euren Willen,
um eure Profitgeilheit zu stillen.

Sechs Wochen hab' ich in der U-Haft gesessen in Pankow. Das war eigentlich ganz human. Die Leute haben mich da drin mehr so belächelt – »die kleene Bekloppte« oder so. Aber man hatte da seine Ruhe, im Gegensatz zu den andern beiden, mit denen ich zusammen war, das waren beides Ältere, die wurden wie der letzte Dreck behandelt. Mich haben sie dann mal zum Psychiater gefahren, um rauszukriegen, ob ich denn noch ganz dicht bin. Was für mich am schlimmsten, nicht am schlimmsten, aber am ergreifendsten da drin war, das war mein Geburtstag. Ich hab' meinen 17. Geburtstag da drin verbracht. Die eine bei mir in der Zelle, die hat hinterher zu mir gesagt: »Punky, ick hab' immer überlegt, gratulier' ick dir oder gratulier' ick dir nich.« Wir sind uns beide so um den Hals geflogen und haben beide geheult. Und dann kam ich raus zum Vernehmer. Da hab' ich gedacht: Ausgerechnet heute könnten die mich wenigstens in Ruhe lassen. Na ja, der war eigentlich noch ganz human, der hatte ein Stück Kuchen besorgt und Kaffee, und ein paar Zigaretten hat er mir auf den Tisch gelegt, aber trotzdem war es irgendwie...

Aus einem Brief aus der U-Haft an die Eltern, 9. 2. 1982:
Liebe Mami, lieber Papi!
Heute möchte ich Euch wieder einmal schreiben. Ich hoffe, bald Antwort von Euch zu bekommen. Mir geht es eigentlich ausgezeichnet, nur das »Herumgammeln« fehlt mir. Ist mein anderer Brief bei Euch angekommen? Mami, nun konnten wir am 28. Januar doch nicht zusammen ins Konzert gehen. Ich hatte mich echt darauf gefreut. Hast Du schon was von Bernd rausbekommen? Wenn ja, so sage ihm nochmals,

daß ich ihn lieb hab' und darauf brenne, ihn wieder-
zusehen. Nun kann ich das erste Mal in meinem Le-
ben meinen Geburtstag nicht mit Euch zusammen
verleben. Ich hatte mir alles so schön vorgestellt.
Macht Euch um mich bitte keine Sorgen. Schade, da
bin ich ja bei Dianas Geburtstag auch nicht da. Grüßt
sie ganz lieb von ihrer Tante, und sagt ihr bitte keine
Märchen über mich, sondern die Wahrheit. Sie ist
zwar klein und kann es noch nicht verstehen, aber ich
bin für Klarheit. Tut mir bitte den Gefallen. […] Ich
hoffe, daß Ihr mich trotz allem noch versteht und nicht
ablehnt, wenn ich das hinter mir habe. Aber nun muß
ich den Brief schon beenden. Grüßt bitte alle Bekann-
ten von mir. Versucht bitte unbedingt Verbindung mit
Bernd aufzunehmen. Ich denke jeden Tag an ihn und
träume von einer gemeinsamen Zukunft. Es grüßt
Euch und einen fetten Kuß für Euch und Bernd, Eure
Tochter Angela.
PS: Bitte schreibt mir bald!

Zum Glück ist das Ganze noch vor den Jugendrichter gekommen. Ich bin schon mit einer viehischen Angst hingegangen. Und die hat mich eigentlich bis heute noch nicht
richtig losgelassen, die Angst. Immer wieder sehe ich diesen bösen Zeigefinger vor mir: »Und wenn, dann kommen wir wieder.« Und ich hab' auch immer damit gerechnet: Ach, bestimmt holen sie dich wieder. Aber ich geh'
nicht wieder rein, und ich weiß bestimmt ganz genau,
wäre das gekommen, ich wäre nicht mehr lebend da rausgegangen. Das habe ich mir geschworen, und wenn ich
mir hundertprozentig sage, das machst du, dann mache
ich das auch. Und ich weiß ganz genau, ich hätte das nerv-
lich nicht noch mal durchgestanden.

Wir haben uns damals schon Möglichkeiten angesehen. Die haben zwar auf manche Sachen so geachtet, daß
man nicht mal eine Schere in die Hand bekommt. Aber
zum Beispiel mit dem Wischeimer – die haben ja nie
nachgesehen, wenn wir mit diesem giftigen Zeug gearbeitet haben, das sie da reinkippen, ob du wirklich das Wasser reinlaufen läßt. Man kann's ja auch am Eimer vorbei-
laufen lassen, das gibt das gleiche Geräusch. Das haben
wir mal ausprobiert – so ein Blödsinn, aber ich hab' mir
gesagt: Nee, ick erwarte noch wat. Aber als Alternative
haben wir das beide vor uns gesehen. Ich wollte ja am
Anfang sogar in Hungerstreik treten, als sie mich rein-
brachten. Aber da hat mir eine dann genauestens erzählt,
wie man zwangsernährt wird, und da hab' ich dann gesagt, nein danke, da will ich doch lieber essen.

Die Verhandlung war auch nicht öffentlich, eigenartigerweise. Und die haben mich immer wieder gefragt, ob
hinter mir eine Organisation steht. Ich hab' gesagt, schönen Dank dafür, aber: Nein. Das haben die vermutet,
weil eigenartigerweise die Blätter dort aufgetaucht sind,
wo ich sie gar nicht hingebracht habe. Das fand ich sehr
entscheidend, fand ich sehr gut irgendwie.

Ich hatte eine Anwältin, aber die Welt war sie nicht.
(Die Mutter: Sie hat sich nicht mit Ruhm bekleckert. Wir
waren ja nun drauf aus, eine gute Verteidigung zu krie-
gen, und die hatte man uns empfohlen als eine gute
Kämpferin und so, aber wir haben bei ihr nichts vom
Kampf gemerkt.)

Brief aus der U-Haft an die Eltern:
Hallo, Ihr beiden! Heute kann ich Euch endlich mal
auf Eure lieben Briefe antworten. Ich habe mich ge-
stern sehr über Deinen Besuch gefreut, Mami. Danke

auch für die Sachen, die Du mitgebracht hast. Ich wollte ja eigentlich viel mehr sagen, aber ich habe in der Aufregung alles vergessen. Mami, ich glaube, Du hast gestern selber gemerkt, was Du Bernd noch bestellen sollst, ich war bloß zu feige, es auszusprechen. Kennst mich doch! Ich brauche eigentlich nichts weiter über ihn zu schreiben, ich denke schon, Ihr wißt, was Ihr ihm bestellen sollt. Ich denke jeden Tag an ihn und an Euch natürlich auch alle. Macht Ihr Euch bloß nicht fertig wegen mir. Ich weiß eigentlich gar nicht, was ich schreiben soll. Bestellt doch bitte Bernd, er möchte mal zu meinen Kumpels rumgehen. Es ist echt wichtig für mich. Und macht mir bloß keinen »Popper« aus ihm, sonst mache ich auf der Stelle Schluß. Ich schreibe heute einen Schnee, stimmt's? Bernd soll den Satz eben nicht falsch auffassen, wenn Ihr es ihm sagt, so schnell wird der mich nicht mehr los, den »Gefallen« tue ich ihm nicht. Aber nun macht's erst mal gut. Es grüßt und küßt Euch ganz lieb Eure Tochter Angela.

Nach der Entlassung – es gab ja Bewährung – sollten die im Betrieb ja eigentlich alle nicht wissen, was gewesen ist, aber die haben mich behandelt, die ganzen Bosse: »Wir wollen dich doch, wir haben dich ja aufgenommen, und wir wollen dich auch rehabilitieren, du mußt doch in die Gesellschaft, wir müssen dich doch erziehen.« Ich konnte den ganzen Mist nicht mehr hören, das ganze rote Gefasel, am liebsten hätten sie mir noch einen hingegeben, der wirklich jeden Schritt von mir überwacht. Ich hab' mich so unfrei, so angebunden gefühlt. Ich bin ja auch nach dem Prozeß eine Zeitlang so wie ein Punk rumgelaufen, deshalb hatte ich ja auch ganz schön zu kämp-

fen. »Ja, wie kommst du denn auf Arbeit...« und
»Kannst du nicht vernünftig rumlaufen?« Obwohl mir da
viele gesagt haben: »Das ist nicht ratsam.« Aber ich hab'
mir gesagt: Mir kann keener vorschreiben, wie ick rum-
loofe. Aber ich hab' dann doch bald danach mit *Punk*
aufgehört. Es gab eigentlich mehrere Gründe. Weil man
laufend irgendwelche Angst haben mußte. Wollte man
nicht so, wie die wollten, hieß es gleich: »Dich bring' ich
wieder in den Knast.« Die Stasi hat mich auch fast jede
Woche angerufen. Die wollten mich immer zum Essen
einladen und was nicht noch. Ich konnte einfach nicht
mehr, ich war am Ende.

Das Gefühl mit der Bewährung war total erdrückend,
ich hab' mich mitunter gar nicht mehr rausgetraut. Aber
ich bin trotzdem wieder hin. Ich kenne heute noch einige,
und die sagen auch: »Punk is wie 'ne Droge.« Und die
zieht's genauso noch dahin. Ich weiß nicht, was das ist,
man kann uns nicht einbinden, wir rennen wieder weg.
Das geht nicht. Dieses feeling, das kann man einfach
nicht beschreiben. Und wenn man sich dann so eingeengt
fühlt, denn man müßte sich ja aus allem irgendwie raus-
halten. Ja, ich mußte sogar unterschreiben, daß ich keine
kriminellen Sachen mache und auch mit den Punks keine
Verbindung mehr habe. Mußte jahrelang noch unterschreiben, da war ich schon schwanger, das war das
schärfste, da kam unser ABV noch und wollte mir eine
Auflage erteilen, daß ich am 1. Mai nicht auf die Straße
gehe und randaliere. Ich sage: »Wissense, mit 'm dicken
Bauch mach' ick draußen Randale, det is klar, ick hab'
nischt andres vor, ick hab' schon de Steine jesammelt.«

Die Kontakte zu den anderen Punks hab' ich bis heute
nicht abgebrochen, ich hab' sie ein bißchen einschlafen
lassen, weil ich einfach Angst hatte, ich hab' mich immer

beschissener gefühlt, weil ich dann immer gehört hab':
»Du bist doch anständig geworden!« Ja, die können einen abhaken, aber was ist aus mir geworden? Ich bin auf
der Strecke geblieben. Die »Normalen« haben mich nie
akzeptiert, die Punks aber danach auch nicht mehr. Für
die meisten stand ich dann so da: »Na, wer weiß, vielleicht hast du doch was gesagt.«

Ich

1. Seht euch an, mir wird so zum Kotzen,
alles, was ihr könnt, uns anmotzen.
Auch ich bin eine Frau, die man besaß
und am nächsten Morgen schnell vergaß.
Was wollt ihr mehr, jetzt bin ich mein
und spiel mit euch gehörig Schwein!

2. Männer finde ich zum Kotzen,
die stehn doch bloß auf unsre Fotzen,
drum bleib ich hart, ist es auch schwer,
was Festes gibt's bei mir nicht mehr.

3. Alles, was ihr könnt, ihr könnt mich mal!!!
Ich bin nur deine Stoßmadam,
»einen Stößer braucht schließlich jeder«.

Refrain:
Seid ihr so dumm, daß ihr nichts seht?
Seid ihr so dumm, daß ihr nichts versteht?
Das Leben wird euch zum Malheur,
ihr macht mir das Leben nicht mehr schwer!!!

Und das Mißtrauen ... Bei vielen, die sehen mich heute noch als die große Sheena*, das finde ich irgendwie ganz toll, aber ich weiß nicht, irgendwie ist das alles so zerbröckelt, ich weiß heute nicht mehr, wo ich hingehöre. Ich muß immer anständig sein und sagen: Ja, ja, ich fühl' mich ja so wahnsinnig gut. Ich hab' ja ein Kind, ich fühl' mich blendend. Ich hasse im Grunde genommen dieses Leben, ich hasse es wie die Pest. Ich möchte selber entscheiden können, was ich mache, wie ich leben will, aber das konnte ich ja nie. Ich hab' so zu leben, wie sie mir das vorschreiben. Wenn ich noch dran denke, wie ich mit dem Vater von dem Kleinen zusammen war, das war auch ein Punk, deswegen kam dann der ABV. Das ist das, weshalb ich heute noch Angst hätte, Angst, hinzugehen. Ich weiß, wo die Leute sind, aber wer weiß, was mir dann wieder kommt. Mir ist paarmal die Fürsorge ins Haus gekommen, wie oft war die hier, bestimmt drei- oder viermal. Bei anderen kommen sie einmal. »Wir wollten mal sehen, ob das Kind was zu essen hat.« Haben mir in'n Kühlschrank geguckt und was weiß ich noch alles. »Wenn Sie das Kind loswerden wollen, sagen Sie es gleich«, und alles solche Schoten. Mit einer Frechheit sind die mir ins Haus gekommen. Ich hab' manchmal gedacht: Sie hätten uns damals am besten an die Wand gestellt, vielleicht hätten sie uns damit einen Gefallen getan.

Ich hatte mich damals beworben bei mindestens sieben oder acht Stellen, überall hieß es: »Ja, wir brauchen Sie unbedingt, kommen Sie zu uns!« Ist dann alles eingereicht: »Nein, wir brauchen Sie doch nicht.« Ich dann: »Nun sagen Sie mir doch endlich, was los ist.« Sie: »Nein,

---

* ihr Name bei den Punks

es hat sich jemand anders beworben.« Ich hab' nie erfahren, ich weiß es bis heute nicht, was da in der Akte war.

Einmal hab' ich in so einem Konsum ausgeholfen, und da hat die Chefin gesagt: »Weißt du was, ich werde dafür sorgen, daß du bei uns bleibst.« Und dadurch bin ich auf die Beine gekommen. Die Frau hat sich für mich eingesetzt, und wenn die in der Verwaltung immer gefragt haben: »Na, wie macht sich denn euer Sorgenkind?«, da hat sie mit der Faust auf den Tisch gehauen und gesagt: »Laßt sie endlich in Ruhe!« Ich hab' nie unentschuldigt gefehlt, bin immer arbeiten gegangen. Heute frag' ich mich, warum ich so blöd war.

Ich muß sagen, ich fühl' mich heute total schizophren. In einer Hinsicht bin ich doch die alte Sheena, die Sache, die noch nicht abgeklungen ist. Und wenn ich mich irgendwann noch mal binden soll, dann kann das nur ein Punk sein. Mit 'm normalen Mann bin ich nur reingefallen. Irgendwann sagt er dann zu mir: »Geh doch zu deinen Scheiß-Punks zurück.« Und das lass' ich mir nie wieder sagen. Nein, das muß einer sein, zu dem ich dann sagen kann: »Du bist doch ooch nich besser jewesen.« Ich steh' schon auf diesen ganz anderen Ton, ich fühl' mich in dem andern nicht wohl. Wahrscheinlich bin ich auch deshalb heute noch alleine.

Haßliebe

1. Schlage mir nur in die Fresse,
und gleich so, daß ich nichts vergesse!
Zwinge mich in deine Kissen,
dle Arme blutig und zerbissen.
Reiße mich in deinen Willen,
um die Geilheit ganz zu stillen.

2. Ficke mich, wie eine Sau,
schlage mir die Augen blau,
leck mich bis zur Raserei,
mach mich glücklich, mach mich frei!

3. Fick mich in den Arsch hinein,
nur recht tief, so muß es sein,
lasse mich vor Schmerz vergehen.

Sie sagen, zur Rehabilitierung soll es eine Entschädigung geben. Wenn das Geld wirklich kommen sollte, dann werde ich es dem Tierschutzverein geben oder so, denn das ist dreckiges Geld. Mit Geld kann man mir nicht das Gefühl wiedergeben, was man verboten hat, das kann man mit Geld nicht wieder kaufen. Oder soll's meinetwegen der Kleine haben, mein Sohn, ich bin darauf nicht scharf. Mir geht's um das Prinzip. Für mich ist das sehr wichtig, daß die Leute, die nicht mehr sind, die da unten irgendwo liegen, daß die rehabilitiert, daß die in ihrer Sache wieder hergestellt werden, daß man die nicht mehr anspuckt. Das möchte ich erreichen, wenigstens bei drei Leuten, die ich kenne. Einer von ihnen, auch ein Punk, hat gesagt, er will in diesem Staat keine achtzehn werden – und ist zufällig an seinem 18. Geburtstag verunglückt. Zufällig? Der Typ soll Fahrerflucht gemacht haben, ich hab's nur so gehört, ich weiß nicht, ob's stimmt. Ich weiß nur mein feeling, wie ich dazu stehe. Und mich zieht's einmal im Jahr an dieses Grab. Ich steh' an diesem Grab, und mir wird anders, und da heul' ich mich aus, dann quatsch' ich mit dem, und dann denke ich, vielleicht wär's besser, wenn wir getauscht hätten. Der war damals der einzige bei den Punks, der mich akzeptiert hat. Der gesagt hat: »Schön, daß du da bist.« Und der mußte abtreten. Das war ein ganz merkwürdiges Gefühl zu diesem Menschen, das hab' ich erst gemerkt, als er nicht mehr da war. Und da haben wir uns damals alle gefragt: »Na, wer ist der nächste?« Vielleicht bin ich zu gefühlvoll. Das ist irgendwie auch eine Strafe.

Ich sage mir heute: Vorbestraft bist du eigentlich nicht mehr. Für die Veränderungen hier im Lande hast du auch etwas getan. Das ist ein Funke, der mich ein bißchen glücklich macht. Wie wir das erstemal durch die Mauer gegangen sind, hab' ich zu dir, Mutter, gesagt: »Es war nicht umsonst.« Und deshalb, wenn ich manchmal im Fernsehen so die Typen vom *Neuen Forum* sagen höre: »Ja, wir waren die ersten«, da kommt mir der Kaffee hoch. Und wie können sich die Leute jetzt aufregen, daß am 7. Oktober geprügelt wurde. Vorher standen sie noch neben uns und haben gesagt: »Schlagt sie doch tot.« Das waren dieselben Menschen, und die heulen jetzt, bloß weil sie selbst ein paar auf die Schnauze gekriegt haben. Da ist doch irgendwas faul. Also da ist mir anders geworden. Die Menschen werden es nie begreifen. Die werden die gleiche Scheiße noch mal machen. Und davor hab' ich Angst. Ich hab' noch nicht mal um mich Angst – bloß, weil ich jetzt verwundbar bin, und das ist der Kleine... Wenn's aber besser wird, bin ich bereit, jeden Preis dafür zu bezahlen. Und wenn ich selber dafür auf der Strecke bleiben muß, bin ich auch dazu bereit. Wenn ich weiß, das hat für irgendwas einen Sinn. Und wenn dann auch mal einer sagt: »Okay, Sheena, die war mal da.« Mehr will ich gar nicht, will materiell überhaupt nichts haben. Wäre ich materiell und hätte damals mit der Stasi zusammengearbeitet, hätte ich jetzt wahrscheinlich ein Einfamilienhaus, wovon ich träume.

Rote Katzen

1. Vor Jahren sagte man, es gibt Menschen,
die darf man nie im Dämmerschein besehen.
Wir konnten es damals nicht verstehen,
tun es heute, denn heute sind wir die Bastarde
einer kranken Welt,
wir scheißen auf alles.

2. Heute zeigen wir gekonnt unsere Krallen,
sind doch nicht auf die Köpfe gefallen,
wir kratzen uns niemals wieder ein,
und machen uns nicht selbst zum Schwein.

Refrain:
Überall in euren Tatzen,
befinden sich nur rote Katzen,
sie glauben nicht an Gott und Welt,
tun nur das, was ihn' gefällt.

Was mich auch bißchen traurig macht, daß sich die ganze
Zeit nach meiner Entlassung kein Mensch hat sehen lassen. Ich bin doch damals unter anderem auch abgegangen, weil ich versucht hab', einige Leute noch zu decken.
Ich hab' auch einiges gewußt, und die haben mich zeitweise ganz schön in die Enge getrieben, die von der Stasi.
Und wie damals einige Leute im Knast waren, ich hab'
mich auch gekümmert, hab' auch geschrieben und so. Bei
mir hat es nicht einer für nötig gehalten. Das hat mich
wirklich echt enttäuscht. Daß nicht mal heute einer
kommt und fragt: »Na, Sheena, wie geht's dir denn?«
Nicht ein Mensch hält das mal für nötig. Da frag' ich mich
wirklich, ist das Desinteresse, oder was ist das? Man fühlt

sich so unverstanden. Trotzdem war *Punk* für mich eine Zeit, die war manchmal ganz schön hart, wie man gehaust hat, daß man manchmal ganz unten war, aber ich würde wahrscheinlich alles noch mal so machen. Weil jedes einzelne für irgendwas gut war. Das Ganze von früher ist eigentlich bloß noch 'n Traum geblieben. Aber trotzdem weiß ich, daß ich von dem Eigentlichen irgendwas in mir drin behalte, das werd' ich auch immer vertreten.

Vielleicht ist das utopisch, was ich suche, vielleicht hab' ich wirklich 'n Ding zu loofen, daß das, was ich suche, vielleicht falsch ist. Im Grunde genommen, was hat man denn eigentlich gewollt: bloß seine Ruhe, man wollte einfach leben wie ein Mensch, nicht daß alle sagen: Ach, die... Ein Stück vom Kuchen abkriegen und trotzdem Mensch bleiben dabei. Nicht so raffermäßig werden, sondern andere Werte sehen. Man ist ja heute schon Außenseiter, wenn man nicht seine Prämie einkrallen will, sondern wenn ich sage: Ich bin glücklich, wenn ich im Wald stehe. Für mich ist das Glück, wenn ich allein abends im Wald stehe. Oder aufm Berge. Das ist für mich ein ganz tolles feeling. Vielleicht ist das für mich ein Ausweg. Das ist für mich so wie Freiheit. Ich sage dann: »Mein Gott, Bäume, euch geht's genauso beschissen wie mir.«

Nein oder Ja –
nur nach Deinem Gewissen

Heinz Christof Tannert, geb. 1946, vor der Verhaftung
wiss. Aspirant an der Akademie der Wissenschaften,
gegenwärtig Geschäftsführer bei Greenpeace/Ost
Anklage: Staatsfeindliche Hetze, Sammlung von
Nachrichten u. a., Urteil wurde nicht gesprochen –
Entlassung durch Amnestie, in Haft von November
1971 bis Oktober 1972, Gefängnis: Stasi-U-Haft
Leipzig, Beethovenstraße

Es ist an der Zeit, den gewöhnlichen Stalinismus konkret
zu benennen. Denn der Schoß, aus dem das kroch, ist
fruchtbar. Nicht die Vision des Sozialismus ist desavou-
iert, sondern der stalinistische Ansatz, und der hat seine
Wurzeln, sozialökonomisch und ideologisch. An der
Macht war das Kleinbürgertum mit feudalaristokrati-
schen Ambitionen. Staatsoffizielle *Kultur*denkmäler und
-paläste werden das lange ausweisen, zum Glück wahrscheinlich, angesichts unserer Vergeßlichkeit.

Ich bin der Sohn von Antifaschisten. Christ und Mar-
xist. Ich war im Stasi-Knast und bin hiergeblieben und
bleibe hier. Meine Mutter hat während der Nazi-Zeit Juden geholfen und ist deshalb in Lebensgefahr geraten.
Mein Vater ist jüdischer Abstammung und war ein linker
Intellektueller. Beide haben überlebt, meine Mutter
blieb naive Christin, mein Vater wurde 1946 Mitglied der

SED und ist mit Scheuklappen durch den Stalinismus gegangen. Als offizieller VdN lebt er heute mit einer Großrente, meine Mutter erhält keine 400 Mark Rente* und lebt in einem katholischen Altersheim. Das klingt trivial und gehört doch dazu.

Mitte der 60er Jahre wurde ich politisch aktiv. 1968 war ich fasziniert vom Aufbruch in der Tschechoslowakei. Meine politische Heimat waren informelle linksliberale Gruppen, kirchliche zumal, aber auch andere. Prägendes Erlebnis wurde für mich der von der SED-Führung angeordnete Abriß der Leipziger Universitätskirche und der baulich damit verbundenen großartigen Reste der Leipziger Alten Universität. Dieses Kultur-Großverbrechen geschah gegen den Willen des Volkes und ist bis heute ungesühnt. Wie viele andere habe ich mich dagegen aufgelehnt. Ich habe in einer Gruppe mitgearbeitet, die verhindern wollte, daß sich unsere Generation mit dieser Schande belädt. So geriet ich erstmals ins Visier der Stasi und wurde Jahre später der Mit-Rädelsführerschaft bezichtigt. (Was Quatsch war, denn ich war viel zu wenig aktiv und zu ängstlich in dieser Sache. Ich habe nur verschiedene Politiker, Kirchenleute und Kulturprominente im Auftrag unserer Gruppe besucht, um sie zum Eintritt gegen den Abriß zu bewegen.)

Am 4. 4. 68 habe ich zusammen mit anderen in Leipzig Flugblätter gestempelt und verteilt, auf denen zu lesen stand: *Nein oder Ja – nur nach Deinem Gewissen.* Anlaß war die Volksabstimmung zur 68er Verfassung. In den Stasi-Protokollen könnte dazu folgendes nachzulesen sein (aber ich zweifle, daß es so ad acta ging):

»Ich, C. T., habe diese Flugblattaktion initiiert in der

---

* Stand: Frühjahr 1990

Absicht, dem politisch mündigen Bürger bewußt zu machen, daß diesmal seine verantwortliche Entscheidung real und einzeln gefordert ist. Nicht ein Plebiszit für oder gegen die DDR, sondern eigenverantwortete Entscheidung ist zu leisten. Staatliche Einschüchterung im Vorfeld dieses Volksentscheids ist durch Zivilcourage zu

**Der Staatsanwalt des
Bezirks Leipzig**
(Bezeichnung der Dienststelle)
AZ.: 213-500/71

Datum 15.11.1971

Heidrun Gumtau

1o55 B e r l i n
Metzerstraße 22

Gegen ~~ihre/ihren~~ Tannert, Christof

wurde ein Ermittlungsverfahren eingeleitet, weil er/~~sie~~ der Begehung strafbarer Handlungen dringend verdächtig ist.

Er / Sie wurde in Untersuchungshaft genommen und befindet sich in der Untersuchungshaftanstalt
Leipzig, Beethovenstraße 2
Anfragen in Zusammenhang mit dieser Maßnahme können Sie schriftlich oder dienstags von 9 – 18 Uhr auch mündlich an den Staatsanwalt des Bezirkes Leipzig
701 Leipzig, Beethovenstraße 2   richten.

urzke
Staatsanwalt

kontern, es gilt, Sozialismus und Demokratie auf deutschem Boden endlich miteinander zu verbinden.«

In unserer Gruppe gab es auch andere Meinungen zum Text des Flugblattes. Mit dem Gewicht des »Rädelsführers« habe ich mitverhindert, daß auf den Flugblättern *Sag Nein* stand. (Die das wollten, waren im übrigen auch keine Staatsfeinde, sondern nur der Meinung, man müsse der »Ja«-Einschüchterung adäquat begegnen.) Die Stasi hingegen meinte, unseren so zustande gekommenen Text als »besonders raffinierte Form der staatsfeindlichen Hetze« denunzieren zu müssen.

Mitte November 1971 wurde ich von der Straße weg verhaftet und für elfeinhalb Monate in Stasi-U-Haft (Leipzig, Beethovenstraße) verbracht. Die gegen mich im Ermittlungsverfahren formulierten Anschuldigungen liefen auf die damaligen §§ 106, 107, 100 und 98 hinaus *(Staatsfeindliche Hetze, Gruppenbildung, Verbindungen, Sammlung von Nachrichten)*. Meine Vernehmer »versprachen« mir ein Strafmaß von 4 bis 5 Jahren, abhängig von meiner Geständnisbereitschaft, die als zu niedrig eingeschätzt wurde. Vermutlich deshalb kam ich für fünfeinhalb Monate in Einzelhaft.

Oben genannte »Delikte« waren Gegenstand der »Untersuchung«, zusätzlich wurde der Vorwurf der *ideologischen Subversion* erhoben, womit (vermutlich) gelegentliche Gespräche unter Freunden über die Zukunft des Sozialismus in der DDR gemeint waren, außerdem das Abschreiben und Weitergeben des Sacharow-Memorandums, das Ausborgen von Marcuse, Adorno, Camus, Habermas, Kołłakowski, Schaff... Man ging mit mir ca. 180 Beschlagnahmepositionen durch und befragte mich hochnotpeinlich darüber, wieso ich mich mit 15 Jahren geweigert habe, »freiwillig« eine Vorverpflichtung für

Entlassungsschein

Herr ~~Frau~~ ~~Fräulein~~ Tannert, Christof, Heinz geb. am 4.4.1946

in Wersdorf/Bez. Dresden wurde am 24.10. 1972

aus der Haftenstalt Leipzig

nach 701 Leipzig, Fregestr. 22 entlassen.

Dieser Entlassungsschein gilt bis 27.10.1972 als Legitimation.

Obengenannter befand sich vom 13.11.1971 bis 23.10.1972

~~Strafhaft~~ — in Untersuchungshaft.

Pfändungs- und Überweisungsbeschluß liegt — nicht — vor.

Eigengeld ~~sowie Reisegeld~~ in Höhe von 53,00 M und ~~Fahrkarten erhalten.~~

Personalausweis am _____ en VPKA _____ gesandt.
Ist im Besitz eines gültigen Personalausweises
Folgende orthopädische Hilfsmittel ausgegeben:

_____ ./. _____ am ./.

_____ ./. _____ am ./.

Impfung am ./. Serum ./.

Impfung am ./. Serum ./.

Röntgen- bzw. Schirmbildaufnahme der Brustorgane am ./.

Rat des Stadtbezirkes Mitte
der Stadt Leipzig 14.11.72
Abt. Innere Angelegenheiten beim Rat des Kreises gemeldet am
Abteilung Innere Angelegenheiten
Polizeilich gemeldet am 24.10. 701 Leipzig, Stadthaus Burgplatz

701 Leipzig

(Entlassungsschein sorgfältig aufbewahren, bei Verlust kein Ersatz)

210

die NVA einzugehen, denn das war (wahnsinnigerweise) aktenkundig und für die Stasi wichtig zur Charakterisierung meiner »Täterpersönlichkeit« (an meiner Oberschule hatten sich drei Jungen geweigert, ich war einer davon).

Mitte Oktober 1972 wurden wir amnestiert (Tannert, Jürgen Rudolph, Dieter Möbius) bzw. in die BRD abgeschoben (Ute Ziegfeld, Karl-Heinz Knirsch). Von den Konfiskaten erhielt ich nur einen Teil zurück, ein anderer Teil wurde einbehalten, was der Drohung gleichkam, u. U. doch noch einen Prozeß zu führen.

Obwohl der Staat auf einen Prozeß verzichtet hatte, wir also juristisch als unschuldig zu gelten hatten, wurde ich rückwirkend widerrechtlich aus meiner wissenschaftlichen Aspirantur an der Akademie der Wissenschaften entlassen mit der Begründung, mich »staatsfeindlich verhalten« zu haben. (Die Stipendienzahlung wurde bereits im November 71, also rückwirkend auf den Tag meiner Verhaftung hin, eingestellt.)

Akademie der Wissenschaften der DDR
Beauftragter Leiter des Forschungsbereiches Kernwissenschaften
Datum: 22. 10. 1972
(erl. 30. 10. 72)

An
Herrn Dipl.-Biol. Christoph Tannert
701 Leipzig
Fregestraße 22

Betr.: Auflösung Ihrer Aspirantur
Aufgrund Ihrer Inhaftierung wegen staatsfeindlichen

Verhaltens sowie aufgrund der Tatsache, daß das von Ihnen bearbeitete Forschungsthema nicht mehr der langfristigen Forschungskonzeption des Zentralinstitutes für Isotopen- und Strahlenforschung entspricht, sind wir nicht in der Lage, die am 1. 11. 1969 zwischen Ihnen und dem Forschungsbereich Kernwissenschaften der Akademie der Wissenschaften der DDR abgeschlossene planmäßige Aspirantur aufrechtzuerhalten.

Aus den oben genannten Gründen werden Sie ab 1. 9. 1972 aus dieser Aspirantur entlassen.

Wir bitten Sie, die Urkunde und die in Ihrem Besitz befindlichen Unterlagen unverzüglich an die Kaderabteilung des Zentralinstitutes für Isotopen- und Strahlenforschung zu senden.

i. V. – *Prof. Dr. J. Mühlenpfordt* –

Anschließend habe ich mich 84mal um eine offene Stelle in meinem Beruf erfolglos beworben und wurde fast immer aus politischen Gründen abgelehnt, obwohl ich zuvor Beststudent der KMU Leipzig gewesen war und mein Diplom »Mit Auszeichnung« verteidigt hatte. Freilich wollte mir kein staatlicher Leiter schriftlich geben, daß er mich aus politischen Gründen nicht einstellen konnte oder wollte, nur in wenigen Fällen gab es vage Umschreibungen dafür.

Prof. S. M. Rapoport hat mich dann an das Institut für Physiologische und Biologische Chemie der HU Berlin als Laborant genommen (Monatseinkommen ca. 460 M). Aber ich durfte als Wissenschaftler arbeiten, und da mir eine Entdeckung auf cytogerontologischem Gebiet gelang, die auch international Beachtung fand, wurde ich wissenschaftlicher Assistent und durfte mich

1979 promovieren. Für meine Studie zum Zellaltern erhielt ich die Anerkennung »Herausragende Wissenschaftliche Leistung«, meine Dissertation und Verteidigung wurde »summa cum laude« bewertet. Ein leistungsgerechtes Fortkommen blieb mir dennoch versagt. Personengebundene Einladungen zu Vorträgen ins Ausland mußten unbeantwortet bleiben oder wurden durch andere, inkompetente Wissenschaftler wahrgenommen. Stellenangebote wurden zurückgezogen, wenn meine Kaderakte einging. Das war noch 1981 der Fall.

Ich habe dann einen Aufhebungsvertrag beantragt (dem vermutlich gern stattgegeben wurde), weil ich müde geworden war. Meine Abschlußbeurteilung ist dennoch »glänzend« ausgefallen. 1974 haben meine Frau und ich beschlossen, aktiv in der DDR zu bleiben. Gemeinsam haben wir eine Buchhandlung und eine kleine Kunstgalerie aufgebaut und versucht, einer oft zu frühen Resignation entgegenzuwirken und autonome Kultur auch unter den gegebenen Bedingungen zu demonstrieren. Viele Bildende Künstler und andere Menschen haben das erkannt und anerkannt. Über 80 Ausstellungen, Performances, Lesungen etc. haben wir gemacht und uns dabei diversen staatlichen Einschüchterungsversuchen widersetzt.

Aus: Bildende Kunst, 7/89:
[…] Als [die Tannerts] vor zehn Jahren in Berlin-Karlshorst ihre Buchhandlung eröffneten, war es wohl die drohende Vision eines kulturellen Totenschiffs und damit verbundener Entzugserscheinungen, was [sie] bewog, einen Nebenraum [ihres] Geschäfts vor den, mit staubig schlummerndem Sekundärrohstoff beladenen Bücherregalen, zu bewahren. [Sie zogen] es

vor, selbigen fortan mit monatlich wechselnden Werken zeitgenössischer bildender Kunst auszugestalten, um so auch den Karlshorster Einkaufsbummlern die Bildungsreise in ihrem Geschäft durch die Konfrontation mit dem gern Übersehenen zu erweitern. [...]

Die Stasi hat uns über die Jahre treulich begleitet und daraus gelegentlich kein Hehl gemacht. Unter den vielen Beispielen ragen dabei heraus: ein »Warnbesuch« zur Biermann-Affäre, Drohgebärden zur Brüsewitz-Kampagne, ungetarnte Postkontrollen, zuletzt 1988 bei einem Brief von Dr. Hans-Jürgen Fischbeck an mich. Seit 1965 und verstärkt in den letzten Jahren habe ich mich mit Wissenschaftsethik und Ökologie befaßt. Der von mir gegründete Arbeitskreis an der hiesigen ev. Kirchgemeinde wurde selbstverständlich mit staatlichem Argwohn beobachtet. Selbst die CDU-Ortsgruppe war da eifrig, und ihr damaliges Mitglied, Dr. Heinrich Toeplitz, soll sich dabei mit Blick auf meine Person besonders hervorgetan haben. Im September 1989 wurde ich Mitglied vom *Neuen Forum,* im Oktober 1989 habe ich zusammen mit anderen Wissenschaftlern die Initiative zur Gründung eines Unabhängigen Instituts für Umweltfragen in der DDR ausgelöst, aber das gehört schon nicht mehr zum eingangs ausgesagten Anspruch dieser Zeilen.

Dazu aber gehören folgende konkrete Forderungen meinerseits an den Staat DDR:

1. Wiederaufbau der Leipziger Universitätskirche und der Alten Universität nach erfolgter Stadtsanierung und ökonomischer Stabilisierung der DDR. Das Warschauer Schloß wurde auch wiedererrichtet und hat seine wichtige Symbolwirkung.

2. Meine volle Rehabilitierung einschließlich materieller Entschädigung. (Ich brauche kein Geld – aber Genugtuung.) Trotzdem hier eine Minimalschätzung meiner Einkommensverluste. Sie ergibt folgende Summen: Stipendium/Aspirantur – 5880 M, Gehaltsanteile 11/72 bis 8/79 – 34585 M = 40465 M. Ich fordere die Tilgung aller politisch diskriminierenden Eintragungen in meiner Kaderakte, in Stasi-Berichten und was es sonst da noch geben mag.

3. Einsichtnahme in meine Kaderakte, speziell Auskunft darüber, woher der damalige Direktor des ZfAM, Prof. Häublein, 1981 wissen konnte, daß ich ein Stasi-Ermittlungsverfahren hatte.

4. Einsichtnahme in »mein« Stasi-Dossier, und zwar auch in das, was nach 1972 geführt wurde.

Abschließend möchte ich sagen: Der *gewöhnliche Stalinismus* muß mit Stumpf und Stiel beseitigt werden, denn er ist der Nährboden für die »Strukturen« und die Perversionen Einzelner, die Verkommenheit der Ideologie ins Kleinbürgerliche. Deshalb habe ich das aufgeschrieben.

DER GENERALSTAATSANWALT
der Deutschen Demokratischen Republik

1040 Berlin
Hermann-Matern-Str. 33/34
30. 08. 90

Herrn
Dr. Christof Tannert
Weseler Str. 16
Berlin 1157

Werter Herr Tannert!
Ihr Ersuchen auf Rehabilitierung wird nach dem Erlaß
des Rehabilitierungsgesetzes durch den speziell da-
für zu bildenden Senat des Bezirksgerichtes Leipzig
geprüft. Es wurde daher an den Präsidenten des Be-
zirksgerichtes weitergeleitet.
Weitergehende Forderungen können erst nach einer
Entscheidung des Rehabilitierungssenates entschie-
den werden.
Im Auftrag
Richter
Staatsanwältin

> BEZIRKSGERICHT LEIPZIG
> Abt. Inspektion
> 7010 Leipzig
> 27. 09. 1990

Herrn Dr. Christof Tannert
Weselerstr. 16
Berlin
1157

Werter Herr Dr. Tannert!
Die Generalstaatsanwaltschaft hat uns Ihr Schreiben
vom 7. 8. 1990 zur weiteren Bearbeitung übermittelt.
Wir haben dieses als Rehabilitierungsantrag registriert. Die Bearbeitung wird entsprechend den zu er-
wartenden gesetzlichen Regelungen zur Rehabilitierung erfolgen. Das von der Volkskammer verabschie-
dete Rehabilitierungsgesetz liegt gegenwärtig noch
nicht vor.
Vorbereitend werden wir die Akte des Verfahrens bei-

ziehen. Aus dem uns übergebenen Vorgang ist nicht zu ersehen, ob Ihnen die Generalstaatsanwaltschaft bereits geantwortet hat. Für die Prüfung von Anzeigen bzw. die Einleitung von Ermittlungsverfahren ist nach wie vor die Staatsanwaltschaft zuständig. Die Zuständigkeit des Gerichts wird sich lediglich auf eine mögliche Rehabilitierung erstrecken können.

Hochachtungsvoll

Liebecke

Richter

Und das ist auch der beabsichtigte Effekt: die Anstiftung zum Verrat

Martin Bernhardt, geb. 1961, vor der Verhaftung Student/Medizin, gegenwärtig Stationsarzt/Nervenklinik Ueckermünde.
Anklage: Öffentliche Herabwürdigung (§ 220), Urteil: 5 Monate, in Haft von April 1985 bis September 1985, Gefängnisse: Stasi-U-Haft Rostock, Strafvollzug Stralsund

Aus einem Brief an seine Frau, Rostock, 11. 4. 1985:
Liebe Heike!
Ich befinde mich jetzt in der Untersuchungshaftanstalt des MfS Rostock. [...] Um meine Verteidigung habe ich Herrn Rechtsanwalt Schnur, 2337 Binz, Granitzhof, gebeten.
Heike, es wird noch lange dauern, habe viel Kraft, auch ohne mich den Frühling zu erleben, zeige unserer Anne all die wiederkehrenden Zugvögel, die jetzt, umgeben vom sprossenden Grün, ihre Nester bauen und ihre Jungen großziehen. Du weißt, wie ich das alles geliebt habe. [...] Es ist sehr viel Kraft in der Natur, nimm Dir davon. Es wird auch in diesem Jahr der Gartenrotschwanz und der Trauerfliegenschnäpper auf unseren Hof kommen. Über Tausende Kilometer, nur um bei uns zu brüten. Friederike wird ihnen zuhören, wenn sie in ihrem Wagen in der Sonne steht und sich

*Stück für Stück ihr die Welt eröffnet. Erzähle beiden
Kindern von mir, sag ihnen, daß die Möwen, die Ihr
füttert, auch eines Tages über das Dach fliegen werden, unter dem ich jetzt bin.
In Liebe, Martin*

Am 9. April 1985 wurde ich, damals Student der Human-
medizin an der Ernst-Moritz-Arndt-Universität, von Angehörigen des MfS verhaftet und in die Untersuchungshaftanstalt gebracht. Zur gleichen Zeit wurden auch weitere Kommilitonen und Freunde zugeführt.

Als ich am Morgen dieses Tages, aufgeschreckt durch
ein Klingeln, aus dem Fenster schaute, wußte ich sehr
wohl, daß diese zivilen Männer draußen vor der Tür
Staatssicherheitsbeamte waren, aber ich war völlig un-
vorbereitet, trotz all der drohenden Zeichen und Sorgen,
die wir seinerzeit hatten bei unserer Tätigkeit, als Druk-
ker, als Schreiber. Wir wußten, daß in diesem Land die
Vervielfältigung von Texten oder Grafik nicht erwünscht
ist. Aber es war doch eigentlich eine rein künstlerische
Arbeit, und damit verdrängten wir immer wieder die drohende Gefahr, mit der man auch nicht leben konnte,
denn wenn man vor hatte zu arbeiten, konnte man sich
nicht die Allmacht eines Überwachungsapparates ständig vor Augen halten. Man mußte es verdrängen, um
überhaupt Möglichkeiten, um überhaupt Kraft zu finden, eine geistige Tätigkeit voranzuführen.

Gedanklich hatten wir die drohenden Folgen oft
durchgespielt, überlegt, was wir veranlassen würden,
wenn einer von uns fehlt. Aber das zu einer realen Situation zu konstruieren hätte bedeutet, wir hätten Schluß
machen müssen mit unserer Tätigkeit, wir hätten uns ein-
graben müssen. Und damit auch so viel Inneres verlieren,

so daß eben ein Verdrängungsprozeß stattfand. Wir haben nichts versteckt, nicht mal die Schreibtische aufgeräumt, »belastendes Material« entfernt oder so. Die Angst, die man dann im Gefängnis erlebt hat, war eigentlich die Angst wegen der Dinge, die dann, dank der vorsorgenden Tätigkeit meiner Freunde, meiner Frau, kurz nach meiner Verhaftung, doch nicht gefunden wurden. Aber davon wußte ich damals nichts, ich hatte im Gefängnis fünf Monate damit leben müssen, daß sie alles über mich wissen, alles haben, alles irgendwo speichern, und daß sie aus ihren Schubfächern in entsprechenden Situationen dann diese angeblichen Beweise ziehen, und dieser Druck war schwer zu tragen, viel schwerer als die reale Situation des Ungewissen, denn wir wußten ja nicht, was in ihrer Hand ist, was sie haben, was sie machen können... Annehmen mußte man immer das Schlimmste.

Aus einem Brief seiner Frau:
Greifswald, Sonntag, den 14. April 1985:

Mein lieber, lieber Martin!
Er fällt mir schwer, der Brief [...], und schon der Gedanke, daß Du ihn vielleicht nicht alleine liest, lähmt mich. [...] Und immer wieder diese Hoffnung und auch Sicherheit, daß alles nur ein Spuk ist, ein Irrtum, daß wir bald wieder ein großes Fest feiern werden. Weißt Du, ich habe die beiden Kinder, die geben so viel Kraft und Freude, daß Du Dich um uns nicht zu sorgen brauchst. Anne hat mir heute morgen erzählt, daß Du mit dem Segelboot unterwegs bist und im Konsum Kondensmilch für sie kaufen willst. Außerdem treibt sie jetzt »Ringsport«, dazu muß man sich

*ausziehen und wie wild im Zimmer hin und her toben.
[...] Zwei Seiten darf ich Dir im Monat schreiben, das
klingt, als ob alles ewig dauern soll. Ich schicke Dir
auch noch 200 Mark, weiß eigentlich nicht, wozu, und
ein Paket mit Wäsche. Liebe Grüße von ganz vielen,
ich bin augenblicklich fast nie allein, und es ist auch
gut so. [...] Ich möchte Dir ein wenig Traurigkeit abnehmen können. Ich glaube so fest an Dich! Auch
daran, daß Deine Träume groß genug sind, anderes
klein werden zu lassen. Ich liebe Dich, ich brauch'
Dich so, komm bitte, bitte bald wieder. Warum das alles nur, warum, warum, warum? Martin, sei tapfer, ich
bitte Dich, sei tapfer. Ich will es auch sein, ganz bestimmt. Wo sind wir wirklich verwundbar... Wir umar-
men, küssen und lieben Dich – Dein Heikchen und
Deine Kinder Anne, Friederike und das Schöppchen.*

Die Hausdurchsuchung, die kurz nach meiner Verhaftung stattfand, dauerte über sechs Stunden, bei einer
Eineinhalb-Zimmer-Wohnung. Die Kinderbetten wurden auseinandergenommen, selbst dem Einspruch meiner hinzukommenden Mutter wurde kein Gehör ge-
schenkt.

Ich wurde beschuldigt, seit längerem staatsfeindliche
Äußerungen zu tätigen, Schriften desselben Inhalts zu
verfassen und zu verbreiten, unerlaubt Vervielfältigung
zu betreiben. Weiterhin wurde mir vorgeworfen, am
18. Januar 1985, also vier Monate zuvor, einer öffentlichen Fahnenverbrennung auf dem Dachboden eines
Hauses in der W.-Rathenow-Str. Greifswald zu mitter-
nächtlicher Stunde beigewohnt zu haben.

Bei dem von der Staatssicherheit zu einer »öffentlichen
Fahnenverbrennung« hochgespielten Ereignis handelte

es sich in Wirklichkeit um die Vernichtung eines Putzlappens, mit dem vorher ausgelaufene Druckfarbe aufgewischt wurde, aus Fahnenstoff. Von einer Öffentlichkeit konnte zur damaligen Zeit auch nicht die Rede sein. Hinzu kommt, daß ich persönlich weder mit dem Putzlappen noch mit der Vernichtung desselben irgend etwas zu tun hatte.

Wie mir nach Abschluß der »Ermittlungen« durch das »Untersuchungsorgan« und auch durch meinen Rechtsanwalt bekannt wurde, hatte es nie eine Zeugenaussage, die eine Beteiligung daran bekundete, gegeben. Dennoch verlangte man in dem fünfzehnstündigen Verhör immer eindringlicher, ich solle endlich ein Schuldbekenntnis ablegen. (Wie die Verhöre im April/Mai 1985 ergaben, war die Beschuldigung der »Staatssymbolentweihung« auch nur der Vorwand für eine Verhaftung, um danach umfangreichere Hausdurchsuchungen durchführen zu können.)

Als ich nach Darlegung der wirklichen Ereignisse keine weiteren Ausführungen machen konnte, wurden mir Beschuldigungen angeblicher Zeugenaussagen vorgelesen, die beinhalteten, ich hätte den Fahnenstoff selbst angezündet. Vier bis fünf »Zeugen« wurden zitiert.

Als ich diese Aussagen als absurd abwies, wurde ich längere Zeit unter Bewachung im Vernehmungsraum belassen, bis dann ein gewisser »Hauptmann«, den ich von vorangegangenen Verhören aus dem Jahre 1982 kannte, die Vernehmung fortsetzte. Er eröffnete mir unumwunden, daß, falls ich mich weiterhin weigere, die vorgehaltenen Anschuldigungen zu unterschreiben, die damalig »festgestellte Straftat« wieder zur Verhandlung komme und ich dann mit einer wesentlich höheren Strafe zu rechnen hätte.

Aus einem Brief an seine Frau, Rostock, 22. 4. 1985:
Liebe Heike!
Es war für mich sehr wichtig und schön, Deinen Brief
mit dem Veilchen und Annes Schildkröte zu erhalten.
Indessen habe ich auch den Anwaltsvertrag mit
Herrn Wolfgang Schnur unterschrieben. Ach Heike,
ich habe furchtbare Sehnsucht nach Euch, es gibt
eben viele Dinge, die man zum Leben braucht, und
dann ohne das auszukommen, ist sehr schwer. Aber
ich danke Dir für alles, was Du für mich getan hast,
gerade jetzt, für die Kraft, die Du mir gibst, und für die
Blumen. Heike, lies noch einmal die Briefe, die ich Dir
im Sommer aus Gingst schrieb. Es gibt so viel Schö-
nes, was wir noch zusammen erleben wollten. [...]
Die Zeichnung einer unerwarteten Einsamkeit zu er-
fahren, ist doch schmerzlich, und auch Tagträume
sind an eine hoffnungtragende Umgebung gebun-
den. Dadurch ist dann Inneres einer ungewollten Er-
starrung preisgegeben, und das, was mich hält, ist
nicht bei mir. Ich liebe Dich, Heike, und ich liebe auch
unsere beiden kleinen Mädchen, und ich spüre, wie
sehr ich Euch brauche. In Dankbarkeit, Martin.

Rückblende: Im Mai 1982 wurde ich zur »Berichtigung
der Wehrunterlagen« in das Wehrpolitische Kabinett
Greifswald, Arndtstraße, vorgeladen, wo ich dann einer
Untersuchungskommission des MfS gegenüberstand, die
die Klärung eines Sachverhalts vorgab.

Ich hatte 1979 im Rahmen meiner Tätigkeit als Ver-
trauensstudent der ev. Studentengemeinde Greifswald
bei einem Treffen mit unserer Partnergemeinde Utrecht/
Holland einen Vortrag über das Bildungswesen in der
DDR gehalten, in dem ich unter anderem die damalige

Einführung des Wehrkundeunterrichtes kritisierte. Die Utrechter Studenten gaben in Holland nach diesem Treffen eine Broschüre heraus, in der sie über dessen Verlauf, so auch über meinen Vortrag, berichteten. Nach nun über zwei Jahren wurde von den Mitarbeitern des MfS behauptet, dieser Vortrag wäre eine »staatsfeindliche Aktion« gewesen, und mir wurde deshalb der Verstoß gegen die §§ des StGB 214, 219, 220 vorgeworfen.

Nach mehrstündigem Verhör, nicht nur zu dem genannten Sachverhalt, ließ man mich nur unter der Bedingung nach Hause, eine Verpflichtungserklärung (»jedermann gegenüber Stillschweigen zu bewahren«) zu unterschreiben. Mir wurde gedroht, wenn ich diese Verpflichtung bräche, sofort in Untersuchungshaft genommen zu werden. Ich folgte noch einer weiteren Vorladung, wandte mich dann aber an das Konsistorium der Evangelischen Landeskirche Greifswald und den Rechtsanwalt, Herrn Wolfgang Schnur, mit der Bitte um Hilfe und teilte meinen Entschluß dem MfS telefonisch mit. Daraufhin wurde ich drei Wochen nicht belästigt, Ende Mai aber an einem Morgen um 7.00 Uhr vor meiner Wohnung von Zivilisten verhaftet, unter Gewaltanwendung in ein Auto gezerrt und in das Bezirksquartier des MfS Rostock verbracht. Dort fand ein weiteres fünfzehnstündiges Verhör statt. Dank paralleler Bemühungen der Greifswalder Evangelischen Landeskirche wurde ich dann gegen Mitternacht freigelassen mit der Erklärung, man würde zwar den Verstoß gegen die genannten Paragraphen als erwiesen ansehen, aber, um das derzeit ohnehin sehr gespannte Verhältnis zwischen Staat und Kirche nicht weiter zu belasten, von einer strafrechtlichen Verfolgung absehen. Man könne aber jederzeit darauf zurückkommen.

Auf die Belastung, die meine damals hochschwangere

Frau aushalten mußte, auf die Schwierigkeiten einer Vorbereitung auf das Physikum des 2. Studienjahres der Medizin unter dieser ständigen Angst und Unsicherheit, möchte ich hier nicht weiter eingehen. Soviel also zu den Vorgängen im Frühjahr 1982, die mir am 9. April 1985 erneut zur Last gelegt wurden.

Aus einem Brief an seine Frau:
Rostock, den 25. 4. 85
Liebe Heike!
»Das Vergangene ist nicht tot, aber wir trennen es von uns ab, stellen uns fremd. Doch aus unserer Vergangenheit drängt sich die Gegenwart hervor, der heutige Tag ist der letzte Tag der Vergangenheit.« (Christa Wolf)
Die vielen Stunden hier lassen eine Flut von Erinnerung wach werden, zielend auf die Frage, wieviel Gemeinsames eigentlich da war, wieviel Verbindendes. [...]
Ich merke dann oft, wie wenig ich über Dein inneres Leben weiß, das Dich geprägt hat, Deine Vergangenheit und die großen Monologe, die ich gehalten habe, erscheinen mir sinnlos. Da sie ja auch die Kunst des Zuhörens bei mir verdrängt haben. Nun bin ich hier mit all diesen Fragen allein. In schlaflosen Nächten habe ich dann das Gefühl, daß ich Dich liebe, aber Du noch nie meine Frau gewesen bist. Und ich möchte mich dann ganz den Träumen an eine gemeinsame Zukunft hingeben, an all das, was vor uns liegt. Nur fällt das unsagbar schwer, sind doch Träume so sehr an Verwirklichung gebunden? Ich möchte so gern bei Dir sein. Nur bei Dir kann ich Sinn und Erklärung finden. Die Selbstverständlichkeit des-

sen, was mich sonst umgab, wird hier zum Wunder,
Du, unsere Kinder, die Entscheidung, was ich tue,
der Frühling. Oh, Herr im Himmel, mach, daß es dich
gibt. Wie gegen animalisches Verlangen – Essen,
Trinken, Schlafen, Leere – ankämpfen?
Ich liebe Dich, Heike,
Dein Martin

Man erfährt sehr bald, daß mit dem Augenblick des An-
legens der Handschellen die Existenz als Mensch ein für
allemal vorbei ist, daß man mit der Nummer, die man bekommt, und mit den Beschuldigungen, die einem vorgelegt werden, leben muß, denn es gibt da nur eine allum-
fassende Wahrheit, das ist *ihre* Wahrheit, und dagegen
gibt, gab es keine Argumente. Da halfen kein Sich-ver-
teidigen-Wollen oder keine erklärenden Worte, keine
Beschreibung der wirklichen Situation und kein Um-
Verständnis-Bitten. Es war der Stempel: das Zum-Feind-
gestempelt-Sein. Und diese Rolle hatte man einzuneh-
men, diese Rolle hatte man in den Verhören zu spielen,
jegliche Erklärung war da sinnlos.

Jegliche Äußerungen, die diesem Feindbild nicht ent-
sprachen, waren in ihren Augen Lügen, für die man sich
zu rechtfertigen hatte. Und es trifft einen schon schwer,
wenn man ganz böswillige Aussagen von guten Freunden
vorgelegt bekommt, als absolute Wahrheit, auch wenn
man weiß, von wem sie vorgelegt werden, und wenn man
eigentlich weiß, wem man vertrauen könnte. Aber das in
Einsicht umzusetzen in diesem Augenblick, das ist etwas
ganz, ganz Schweres, und das ist auch der beabsichtigte
Effekt: die Anstiftung zum Verrat.

Aus einem Brief seiner Frau:
Greifswald, am 26. April 1985
Mein lieber Martin!
Danke für Deine beiden Briefe, sie machen uns Mut, es ist so, als ob Du ein wenig bei uns wärst. Anfangs dachte ich, ich könnte es nicht, Dir dorthin schreiben, nun ist es eine Erlösung für mich. [...] Ich erlebe auch vieles dadurch, daß Du nicht bei uns bist, intensiver, den Frühling, die Kinder, die Sonne mit den vielen Anemonen, vielleicht kann ich das alles für Dich miterleben, vielleicht ist das Herz groß genug. Und ich spüre, daß das viele Leid uns noch mehr verbindet, ich habe eine ganz große Hoffnung für uns beide. [...] Anne fragt jetzt nach Dir, meist schimpfen wir dann zusammen, daß Du endlich wiederkommen sollst, das erleichtert ein bißchen und hilft Anne augenblicklich wohl am meisten.

Martin, hoffentlich konnte Herr Schnur inzwischen schon bei Dir sein, er ist ein Mensch, der unendlich viel Trost spenden kann, es würde Dir bestimmt genauso guttun, wie es auch mir gut getan hat. Nachts kuscheln Anne und ich uns aneinander, dann wird es ganz warm, und die Angst ist weg. Weißt Du noch das Lied, das ich dir zur Trauung in Ralswiek sang?

All mein Gedanken, die ich hab', die sind bei Dir,
Du auserwählter einz'ger Trost bleib stet bei mir,
Dein, Dein, Dein will ich ewig bleiben,
Du gibst mir Kraft und hohen Mut,
kannst all mein Leid verheilen. [...]
Martin, Du schriebst, es gibt so viel Schönes, was wir noch zusammen erleben wollten, wir wollen es noch zusammen erleben!
Heike

Ich war zu der damaligen Zeit neben dem Medizinstudium noch mit dem Schreiben von Erzählungen, Gedichten und Essays beschäftigt, machte Lesungen und hielt Vorträge; wir organisierten Ausstellungen und Veranstaltungen im kirchlichen, aber auch staatlichen Rahmen. Wir waren auch mit der Herausgabe originalgrafischer Mappen beschäftigt, zur Zeit der Verhaftung war eine Mappe mit Texten von mir und Originalgrafiken von Herrn D. Buhrow, Lutz Wohlrab und dem bekannten Usedomer Maler Oskar Manigk fertiggestellt, ein rein künstlerisches Anliegen.

Die Verhöre waren auf diese, unsere Tätigkeit ausgerichtet, ich habe wochenlang Stellung nehmen müssen zu Texten, die ich verfaßt hatte, ich habe mir monatelang Vorhaltungen über Lesungen, Veröffentlichungsanträge, selbst über nur mir bekannte Texte anhören müssen, immer mit dem Vorwurf staatsfeindlicher Tätigkeit, so absurd das auch sein mochte.

Ich unterschrieb also unter dem Druck weiterer Beschuldigungen, aus Angst um meine Familie und mich die Erklärung, ein Streichholz entzündet zu haben, an dem dann der Fahnenstoff entzündet worden war.

Aus einem Brief an seine Frau:
Rostock, 3. 5. 85
Liebe Heike!
Heute kam nun Dein Brief. Es ist doch das einzige, was ich hier habe. [...]
Hoffnung, was ist das? Sommer, den es nicht gibt, Mauern, Erstarrung. Es ist nicht nur: das da draußen alles nicht mehr haben zu dürfen, es ist etwas ganz anderes. Der Unterschied zwischen einer vorübergehenden Verzweiflung und der Unmöglichkeit, leben

zu können, wird erschreckend klar. Glück macht nicht neidisch, aber bitter. Und doch kann ich wieder von Dir träumen, Heike, ist dieses unstillbare Verlangen da, bei Dir zu sein, kommt eine ganz große Hoffnung auf ein Zusammensein in mir auf, Träume von all den Dingen, die wir zusammen erleben werden, wir werden uns und unseren Kindern ganz viel Zeit widmen. Aber die Träume sind eingesperrt, und zu einer Hoffnung besteht kein Anlaß. Ach Heike, das tut alles so sehr weh.

Gestern hatte ich die Möglichkeit, kurz mit Herrn Schnur zu sprechen. Weißt Du, Trost ist schwer, darum geht es hier nicht. Hier stehst Du vor einer Wirklichkeit, die Dich trifft wie ein Granatsplitter. Vokabeln wie Leid, Angst, Verzweiflung gibt es nicht mehr, es hätte zu sehr mit menschlicher Regung zu tun, es ist Erstarrung. Und der Versuch, etwas zu retten über eine Zeit hin, von der du nichts weißt. Man kann sich nicht abfinden, auch Gewöhnung findet nicht statt – es ist eine Art Automatismus. Und gerade das darf es nicht werden. Immer wieder hinhören, ob das Geräusch nicht das Zwitschern eines Vogels war, oder doch nur das Knarren eines Schlosses, immer wieder auf den Wetterbericht achten, nachlesen, ob draußen eine Sonne scheint, immer wieder die Augen schließen und in das Dunkel schauen, wie sahst Du, wie sahen meine Kinder aus. Was ist eine Blume, ein Sternchen. Ich liebe Dich, Heike, es ist dieselbe unstillbare Sehnsucht, wie damals, als ich Dich kennenlernte. Und ich möchte bei meinen Kindern sein.
Dein Martin

Über drei Monate bin ich dann in diesem Gefängnis des MfS Rostock festgehalten worden, ständigen Entwürdigungen ausgesetzt. Meinen Rechtsanwalt, Herrn Dr. Wolfgang Schnur, konnte ich in dieser Zeit nur zweimal sprechen.

Gelegentlich wurden in den Gefängnismauern interne Hausdurchsuchungen durchgeführt, indem man in eine andere Zelle verlegt wurde, drei Etagen unter der Erde, zwei Meter lang, einen Meter breit, völlig ohne die sonst üblichen Glasbausteine, wo ja noch das Tageslicht hindurchdringt, nur mit einem in die Ecke eingelassenen Sitzbrett, als einzige Einrichtung, als einziger Einrichtungsgegenstand, auf den man sich kauern konnte und der flackernden Glühbirne ins Gesicht sehen konnte. Wenn man dann nach Stunden zurückkam in die Zelle, in der man vorher gelegen hatte, war alles völlig durcheinandergebracht, und bevor man wieder in die Zelle kam, wurde man in der Dusche völlig entkleidet, durchsucht, ob man irgend etwas Individuelles bei sich hätte. Überhaupt war das Verlegen innerhalb des Gefängnisses der Staatssicherheit eine gern geübte Praxis. Man wurde aus einer Zelle zum Verhör geholt, lange Gänge entlang, in denen rote Lampen blitzten, während ein Gefangener die Gänge entlanggeführt wurde, damit indessen keine andere Zelle aufgeschlossen wird, damit man niemanden sieht. Man kam dann nach diesen Verhören zurück, durch andere Gänge, andere rote Lampen leuchteten auf, andere Zellen blieben verschlossen, und man betrat eine andere, kalte, feuchte Zelle, mit noch mehr Einsamkeit und noch mehr Unpersönlichkeit ausgestattet, in die dann das Bündel mit Bettwäsche nachgereicht wurde. Das Essen war reichlich, die Schlafenszeit konnte auch nach nächtelangen Verhören nachgeholt werden, und wenn morgens der elektrische Rasierapparat durch die geöffnete Luke in die Zelle gereicht wurde, durfte kein Wasser im Waschbecken sein, daß man nicht ihn und gleichzeitig die Hände hineintauchen konnte. Gegenstände in den Zellen besaß man nicht, es sei denn, daß, wie durch ein Wunder, doch ein Nagel, eine rostige Rasierklinge oder sonst irgend etwas da hineingelangt war. Vielleicht nur der Kern eines Apfels, den man mit etwas Staub in einer Seifenschale zum Aufbrechen bringen wollte.

Aus einem Brief seiner Frau:
Greifswald, am 7. Mai 85
Lieber Martin, ich habe so große Sorge um Dich, können meine Briefe Dir überhaupt helfen? Ich versuche mir vorzustellen, wie es Dir geht. Aber diese Vorstellung läßt mich frieren und macht mich hoffnungslos. Wie kann ich einen Sonnenstrahl zu Dir bringen, wo sie zum Glück nicht einzufangen sind, wie Dir Angst abnehmen? Gnade… Fürbitte, ob Du es merkst, wie viele bei Dir sind und versuchen, etwas von der großen Last mitzutragen? – Ob ich Deine Frau bin? Ich weiß nicht, woran wir es messen wollen, hatten wir ein falsches Maß? Weißt Du, ich bin allein, unheimlich allein, seit Du nicht mehr da bist. Es ist leer und kalt. Ich sitze an Deinem Schreibtisch, versuche Dich aus den Erinnerungen zu verstehen, gestern habe ich viele Fotos angeschaut. Manchmal ist es so, als wärst Du dann da. Ich weiß nicht, ob ich's schreiben soll: Anne hat vor ein paar Tagen so eindrücklich beim Frühstück nach Dir gefragt, daß ich ihr ein Foto von Dir hingestellt habe. Da hat sie gesagt: »Papsi, komm doch raus aus dem Bild.« *[…]*

*Martin, Herr Schnur war gestern hier, bei Dietrichs
Mutter und mir. Er kam zu uns nach Hause, gerade
als ich beide Kinder badete. Er hat noch ein Weilchen
auf sie aufgepaßt, bis ich Lutz holte, vielleicht erzählt
er Dir auch von Anne und Friederike, wenn er nächste
Woche noch einmal kommt. Für mich ist Herr Schnur
eine große Sicherheit und ein mittleres Wunder! Ich
hoffe, er kann auch Dich stärken. Lieber Martin,
meine Hoffnung und meine Trauer, meine Liebe sind
bei Dir. Deine Heike.*

Als sie kamen und sagten, sie hätten meine Frau auch
verhaftet und die Kinder in ein Heim gesperrt und das
wäre schon seit mehreren Wochen so, und das Verhör
dann mit diesen Bemerkungen beendeten und man wieder Tage und Wochen allein in einer winzigen Zelle ver-
bringt, wo es keine, überhaupt keine Ablenkung und
auch keine Möglichkeit der geistigen Tätigkeit gibt, außer der Aufarbeitung der erfahrenen Informationen und
erlebten Dinge, und wenn man diesen ganzen Umgang,
diese ganze Praxis in diesem System kennengelernt hat,
dann zweifelt man an der Wahrheit so einer Behauptung
keinen Augenblick mehr und muß damit dann leben.

Selbst die höhnische Bemerkung, die nach diesen Wochen dann die ausgesprochene Behauptung zurücknahm,
erschien völlig unglaubhaft, ich hatte noch tagelang damit zubringen müssen, darüber nachzudenken, was sie
indessen mit meiner Frau und meinen Kindern gemacht
haben. Und zu erfahren, daß sie sie gar nicht eingesperrt
hatten, half da wenig. Dafür, daß man das alles in seiner
Grausamkeit bis zu Ende ausleben durfte, wurde ge-
sorgt.

Aus einem Brief aus der Strafvollzugseinrichtung Stralsund, 24. 6. 85:
Liebe Heike!
»Aber der Verstand ist ein Messer in uns, zu schneiden durch tausend Dornen einen Weg.«
[...] Wenn Du an mich glaubst, darfst Du ihnen doch nicht glauben, solche Dinge. Aber den eigentlich durchschaubarsten Sachen unterliegt man immer wieder, auch mir ging es so. So ein Unsinn. Das Schlechtmachen soll Wut auf den anderen erzeugen, leider gelingt es so leicht. Man überlegt nicht, wer es gesagt hat. Aber genug davon, es ist ja gar nicht wichtig. Wichtig ist, daß ich Dich sehen durfte, Deine Stimme hören und neue Hoffnung von Dir bekam. [...] Und doch habe ich seit Sonntag ein bedrückendes Gefühl in mir, irgend etwas war, was Du mir nicht sagtest, was Dich bedrückt. Es wäre so schön, wenn Du mir immer sagen könntest, was in Dir vorgeht. Bitte, Heike, wer soll ehrlich zu mir sein, wenn nicht Du? Weißt Du, es ist auch noch etwas anderes, Heike, um auch ehrlich zu sein... weil Du nicht alleine wohnst. Heike, bitte nicht. Meine Hand zittert beim Schreiben, entschuldige. Es war in einem Deiner Briefe die Einschränkung »jedenfalls nicht für immer«. Es ist irgend etwas in mir, das mich vielleicht nicht mehr rational denken läßt. Es ist Unsinn, aber es tut schrecklich weh... Vielleicht ist auch bloß die Sehnsucht so groß und daß ich es nicht haben kann. Es sind furchtbare Träume, Dich verlieren zu können. [...]
Dein Martin

Daß sie nicht alles wissen, hätte man schon aus ihren Tätigkeiten ableiten können, daß sie auf die böswilligste Art und Weise Freunde gegeneinander ausspielen, mit primitiven, aber doch immer für Schwachstellen sensiblen Mitteln über Jahre gewachsenes Vertrauen zerstören, um neue sogenannte Informationen über angebliche staatsfeindliche Tätigkeit zu erreichen. Und dabei habe ich natürlich auch verloren: Freunde, die ihren primitiven Anschuldigungen über angebliche Konflikte, die es in den Zeiten unseres damaligen Zusammenlebens gegeben hätte, nicht gewachsen waren und daraufhin im Frust über die möglichen vorgespiegelten Tatsachen nicht mehr zu uns hielten. Aber wer will es verdenken. Das Phantom Staatssicherheit, was sich hier aufgebaut hat über vierzig Jahre, und diese in jedem verwurzelte Angst, damit Berührung zu haben; und sie hatten ja auch die Möglichkeit, jede berufliche und menschliche Karriere, jegliche individuelle Beziehung zu zerstören. Dazu waren sie ja da, und dazu waren sie auch in der Lage, dazu sind sie ja gemacht worden, das war ja das Prinzip, daß es nichts geben sollte, was dem Machtapparat nicht kontrollierbar war. Schlimm war auch dieses ohnmächtige Gefühl der Rechtlosigkeit, diese vollkommene Ungewißheit einer Zukunft, wenn man ohne jegliche Erklärung von zu Hause weggeholt wurde, in Handschellen, und von Hunden bewacht, unter vorgehaltener Pistole in eine Zelle geführt wird, darin eingesperrt bleibt, über mehrere Stunden und dann Verhören unterworfen wird, in denen am Anfang nicht einmal eine Angabe über den Grund der Verhaftung gemacht wird, sondern in denen man ausgefragt wird über im Augenblick doch recht nebensächlich erscheinende Dinge, über Freunde, Bekannte, über Tätigkeiten, über Gespräche, so daß man nie weiß, woran man ist.

Die Lügen, die sie vorlegten, konnte man zwar rational

als Lügen erkennen, aber nie sofort emotional umsetzen, so daß das Leid, das diese Aussagen erzeugten, nicht zu tilgen war. Es ist zum Beispiel einfach nicht möglich, sich gegen ihre Lügen zu wehren, wenn man nach mehreren Tagen völlig allein in einer Zelle ohne Fenster und ohne ausreichende Belüftung gesessen hat, in der man pro Tag vierundzwanzig Stunden so wach war, daß man auch jede Minute Angst so doll aufgenommen hat, daß man so sensibilisiert gewesen ist gegenüber schlechten Nachrichten, so daß es eigentlich keine Möglichkeit der Wehr gab, wenn sie kamen, und eine Möglichkeit der Differenzierung schon lange nicht gegeben war. Man wußte nicht, warum etwas geschieht, und was danach wird, und was überhaupt aus einem werden soll, und setzte sich auf den Schemel, um zu warten. Um immer wieder abzuwarten, auf irgendein Zeichen.

Aus einem Brief seiner Frau, 6. Juli 1985:
Lieber, lieber Martin, Mißverständnis über Mißverständnis, was sollen wir tun, wenn wir einander nicht sehen können und auch keine richtige Korrespondenz möglich ist? Hab' doch Vertrauen, glaube doch bitte auch an mich. [...] Ich richte doch nicht über Dich, ich weiß nicht mal, was Du durchgemacht hast. Und ich weiß auch nicht, wie stark ich wäre. Du denkst, mich hätte bei dem Besuch etwas bedrückt, ich sei nicht ganz ehrlich gewesen ... Ich war nicht bedrückt, Martin, ich habe mich unheimlich gefreut, Dich zu sehen, und war eher ausgelassen. Darüber habe ich mich im nachhinein etwas gewundert, aber ich hatte ganz wenig geschlafen, und manchmal kommt dann so eine Überreaktion. Weißt Du, Martin, daß Du eifersüchtig bist, tut mir eigentlich ganz gut.

Ich dachte, ich wäre unheimlich alt und häßlich in den letzten Wochen geworden. Ich fühl' mich so, und oft sehe ich das auch im Spiegel. – Und da fängst Du an, um mich zu kämpfen, das ist schön und reizvoll. Adam hat nicht bei uns gewohnt, er hat im Vorderzimmer gelernt und geschlafen, ich habe ihm manchmal einen Tee gekocht und ihm vorgebracht, so wie ich es auch bei unseren sonstigen Gästen mache. Ich denke, es ist in Deinem Sinn, wenn ich so weiterlebe, als wärest Du da. Und leben möchte ich, es sind auch Monate von meinem Leben, ich möchte jetzt nicht nur Tage verwarten. – Nun schreib' ich Dir so einen Blödsinn, und ich hatte gedacht, es wäre schön gewesen zwischen uns.

Komm bald wieder – Heike.

Zeichen wurden gesetzt, wenn ziemlich unregelmäßig zu bestimmter Tageszeit die Zelle aufgemacht wurde und man, nach der Hausordnung mit dem Rücken zur Wand, an der der Tür gegenüberliegenden Zellenwand stand, die Hände hinten auf dem Rücken, und man den Befehl bekam, herauszutreten und dann über Treppen und Gänge in eine nach oben offene Zelle von drei mal drei Metern, mit vier bis sechs Meter hohen Betonwänden geführt wurde, die oben vergittert war. Und auf der ein Wachtposten mit der Maschinenpistole stand. Aus dieser Zelle wurde man dann nach zehn Minuten, die aber angesichts dieses Gewehrlaufes viel länger erschienen, wieder herausgeholt und in die Schlafzelle verbracht. Das nannte sich Freistunde. Ziel all dieser Maßnahmen war eigentlich nur, daß man die vorgegebene Entmenschlichung annimmt, daß man sein Dasein als Mensch aufgibt und die Nummer wird, mit der man sich beim Aufschließen der Zelle zu melden hatte, daß nichts, aber auch keine persönliche Regung bleiben durfte. Und so ein willfähriges Objekt läßt sich dann zu jeder fiktiven Aussage gebrauchen. Nahmen sie an.

Eine staatsfeindliche Haltung zu beziehen, war unabdingbar vorgegeben, und wenn man nicht bekennen wollte, wurde man nur schärfer behandelt, denn nur in der Existenz einer großen Zahl staats- und gesellschaftsfeindlicher Elemente konnte das MfS die Rechtfertigung für seinen aufgeblähten Apparat finden. Es war als »volkseigener Betrieb« für die Produktion seiner Produkte verantwortlich, gegen die es dann zu kämpfen hatte.

Im Juli 1985 wurde ich dann einer Richterin der Rostocker Strafkammer vorgeführt, die einen Strafbefehl verlas, der besagte, daß ich wegen Verstoßes gegen den Paragraphen 220 eine fünfmonatige Freiheitsstrafe zu verbüßen habe. Eine Möglichkeit zur Verteidigung hatte ich nicht.

Danach wurde ich in die Strafvollzugseinrichtung Franzenshöhe überführt, von wo ich dann am 9. September 1985 entlassen wurde.

Was bleibt nach einem Bericht, der immer noch unter der Angst geschrieben wurde, die wahrscheinlich auch nicht weggeht, trotz der Auflösung dieses Ministeriums, der Angst vor neuen, ähnlichen Gewaltapparaten? Was bleibt noch zu sagen?

Mich wundert, wie es vielen hierzulande so schnell gelingt, die Allmacht eines allumfassenden Überwachungsapparates so schnell wegzuwischen. Es sei denn, man hatte keinen Kontakt damit, oder man machte mit. Aktiv oder passiv. Aber die, die es betraf, können sich nicht so schnell umstellen auf einen Zustand der Annullation, als hätte es das nie gegeben, als hätten wir nicht Jahre unter Ängsten gelebt, ohne daß dafür ein anderes adäquates Gefühl, wirklich aktiven Widerstand geleistet zu haben, stehen kann.

Diskriminierungen und Benachteiligungen waren mit der Entlassung für mich noch lange nicht zu Ende.

In Greifswald fand während meiner Inhaftierung eine Gemeinschaftsveranstaltung des Ministeriums für Staatssicherheit und der Universität in der Mensa statt. Zu dieser Veranstaltung waren Mitarbeiter und Studenten der Universität geladen, und es wurde über mich, meine Freunde, unsere Lebensweise und kulturelle Tätigkeit informiert. Auf weitere, mir ebenso unverständliche Behauptungen oder Gerüchte möchte ich hier nicht eingehen. Diese Vorgänge haben mich verwirrt und befremdet, und eine Wiederaufnahme des Studiums in Greifswald nach einer solchen, als Rufmord zu bezeichnenden Diffamierung war unmöglich. Wäre meine Frau zu dieser Veranstaltung geladen worden, vielleicht hätten wir dann nicht so unter den Gerüchten gelitten. Leider erhielt ich nach Rückfrage bei der Universität zu diesen Vorgängen nur eine unbefriedigende Antwort.

In einem Schreiben vom 10. 9. 85 teilte mir die Universität mit, daß ich vom Studium beurlaubt sei und gegen mich ein Disziplinarverfahren eingeleitet werden würde. Dieses fand Ende Oktober statt. In dem Verfahren wurde festgelegt, daß ich für die gleiche Straftat, für die ich bereits zur Freiheitsstrafe verurteilt worden war, von der Universität exmatrikuliert werde. Das Studienverbot wurde für drei Jahre erlassen. Eine Bewerbung am Medizinischen Zentrum in Greifswald wurde von der Universität abgelehnt. Ich bewarb mich dann im Pflegeheim Griebenow, das dem Kreiskrankenhaus Grimmen,

Straße der Solidarität 9, untersteht. Vom 9. 9. 85 bis 30.
12. 85 war ich ohne Arbeit und hatte keine Verdienst-
möglichkeit für meine Familie.

Die Tätigkeit in Griebenow war für mich sehr unbe-
friedigend, da mein theoretisches Wissen nicht gefordert
wurde. Trotz weiterer theoretischer Beschäftigung mit
der Medizin ging mir durch die fehlende Praxis viel verloren. Zum anderen erfüllte ich die gleichen Aufgaben wie
eine Vollschwester, bekam aber nur einen Mindestlohn
von 500 Mark monatlich.

Mit der Frage eines externen Fachschulabschlusses
wandte ich mich schließlich an die Abteilung Gesund-
heits- und Sozialwesen des Rates des Bezirkes Rostock.
Ich wurde zu einem persönlichen Gespräch geladen, in
dem ich einer Befragung nach meinen politischen An-
sichten, meiner kulturellen Tätigkeit, insbesondere dem
Schreiben von Gedichten und Erzählungen, und meinem
derzeitigen Kontakt zu Bekannten und Freunden unter-
zogen wurde, die für mich in keinem Zusammenhang mit
meinem Wunsch nach Berufsausbildung stand. Ich empfand diese Befragung als entwürdigend.

Meinen Bitten an die Universität Greifswald um vorzeitige Löschung des Studienverbots (vom 15. 10. 86,
1. 5. 87 und 5. 8. 87) wurde nicht entsprochen.

Ich wandte mich dann an das Konsistorium der Greifswalder Landeskirche, an Herrn Oberkonsistorialrat Har-
der, mit der Bitte, mein Anliegen zu unterstützen. Von
dieser Seite habe ich dann auch umfangreiche Hilfe erhalten, so daß die Universität, obwohl sie bei mir »einen
Gesinnungswandel nicht feststellen konnten« (der ehemalige Rektor, Prof. Dr. Bethke), das Studienverbot
zum 19. 10. 87 aufheben mußte. Ein vom damaligen Rektor gefordertes Schreiben, in dem ich tiefe Reue über

mein Verhalten zum Ausdruck bringen sollte, hatte ich nicht entworfen, ich bin mir nach wie vor keiner Schuld bewußt.

Ich gab dann meine Arbeitsstelle auf, um mich auf die noch ausstehenden Staatsexamensprüfungen vorzubereiten. Eine finanzielle Unterstützung in Form eines Stipendiums wurde mir nicht gewährt. Eine Reimmatrikulation wurde erst zum Tag der ersten Prüfung im Fach Radiologie am 1. 3. 88 von der Universität Greifswald ermöglicht, das heißt, ich war wieder fast fünf Monate ohne Einkommen. Es gelang mir, das Staatsexamen überwiegend mit der Note »1« abzuschließen. Im Herbst 1988 zog ich dann mit meiner Familie nach Ueckermünde um, wo ich am 1. Okt. 88 das Pflichtassistentenjahr begann. Seit dem 1. 9. 89 arbeite ich als Arzt und Ausbildungsassistent für Neurologie und Psychiatrie an der Bezirksnervenklinik Ueckermünde.

Brief an seine Frau aus der U-Haft:
Rostock, den 24. 5. 85
Liebe Heike!
[…] Es ist eigenartig, draußen war jede Minute wichtig, und hier freut man sich, wenn es Abend wird. Dann kommt die schlaflose Nacht, die Gedanken sind nur schwer zu steuern und auf etwas Schönes zu bringen. Und im Morgengrauen dann das klägliche Piepsen eines kleinen Vogels, der, irgendwo draußen zwischen den fingerdürren Ästchen eines schmalen Bäumchens umherirrend, ängstlich flatternd den gewohnten Zweig sucht. Der aber hängt abgerissen und zerbrochen nur noch an einem kleinen dünnen Rest Rinde, gewärtig, beim nächsten Windhauch zur Erde zu fallen. Aber ich weiß, daß ich

in Euren Gedanken lebe, und das gibt mir Kraft, diese Zeit zu überstehen. [...] Einen lieben Gruß, auch an Anne und Friederike. Ich denke mir ganz schöne Märchen aus, die erzähle ich ihnen dann abends vor dem Einschlafen, wenn ich wieder bei Euch bin. In ganz starker Liebe, Dein Martin.

Ebenso wird bestraft, wer etwas tut, was wir vergessen haben zu verbieten

Manfred Bartz, geb. 1934, vor der Verhaftung Montierer bei der PGH Berlin-Mitte/Schriftsteller, gegenwärtig Schriftsteller, Invalidenrentner
Anklage: Staatsfeindliche Hetze, Hetze gegen befreundete Staaten, Herabwürdigung führender Repräsentanten, Urteil: 6 Jahre, in Haft von November 1979 bis August 1982, Gefängnisse: Stasi-U-Haft Berlin-Hohenschönhausen, Strafvollzug Brandenburg

Die Verhaftung
Am Morgen des 3. November 1979 klopfte es an meiner Tür.

»Wer ist denn da?« – »Havariedienst.« – Nanu, dachte ich, was soll denn bei mir kaputt sein? Als ich die Tür öffnete, half mir ein Zwei-Meter-zwei-Zentner-Bulle gleich beim Aufmachen. »Staatssicherheit.«

Auf so was Schönes hatte die arme frustrierte Stasi lange warten müssen, auf einen Schriftsteller, den sie verhaften konnte. Von Biermann hatte sich die SED zähneknirschend die größten Frechheiten gefallen lassen müssen. Nachdem Biermann auf Kongressen und im *ND* lange und scharf attackiert worden war, wartete ganz Deutschland: Verhaftung oder nicht. Da konnte man ihn nicht mehr verhaften. Mit Rainer Kunze durchlitt die SED das gleiche Dilemma. Mielke sprach in einer Geheimrede von Schriftstellern, die leider zur Zeit nicht angreifbar wären, und rechnete selbst Böll zu denen, die er gern würde, wenn er könnte.

Endlich, endlich hatten sie einen in der Mangel. Ein Stasist sagte gleich zu Anfang aller Prozeduren in schöner Offenheit zu mir: »Wir haben uns lange überlegt, ob wir es wagen können, Sie zu verhaften. Wir haben Sie ein halbes Jahr lang auf Schritt und Tritt beobachtet. Sie haben ja so wenig Bekannte, daß wir denken, wir können es riskieren.« Als ich meinte, mein Verschwinden würde doch auffallen und das Ansehen der DDR schädigen, sagte er: »Wir lassen Sie hier weiterschreiben. Dann merkt es keiner.«

Im Plädoyer sagte Staatsanwalt Heyer später ausdrücklich, daß meine Inhaftierung dazu dienen solle, »andere abzuschrecken«. Ich war ein sehr geeignetes Abschreckungsgespenst.

Zur Zeit der Verhaftung war ich nicht gut im Geschäft und im Hauptberuf Arbeiter. Obwohl sehr viele etwas von mir gelesen oder gesehen hatten, kannte mich keiner. Den Namen unter einer Geschichte in der Zeitung merkt sich der Durchschnittsmensch nicht. Der Autor einer abendfüllenden Fernsehunterhaltungssendung kommt, im Gegensatz zum Beleuchtungsassistenten, meist nicht in den Abspann. Aber die Kollegen der Satire- und Unterhaltungsszene kannten mich alle gut. Sie sollten abgeschreckt werden, ohne daß DDR-Volk und BRD-Medien etwas erfuhren. Als ich in Brandenburg saß, witzelte die *Pfeffermühle,* die mich auch bestens kannte: »Die neechste Strophe wer'n wir ma lieber etwas leiser singen. Sonst müssen mer in Zugunft ooch die Brandenburgischen Gonzerte sing'.«

Kinderlied

Wenn unser Staat Geburtstag hat,
dann freut sich jedes Kind,
weil auf dem bunten Notenblatt
so hübsche Reimchen sind.

Die Tante singt das Liedchen vor.
Wir plappern alles nach.
Wer denkt denn schon im Kinderchor
nach, ob er Unsinn sprach?

Kind, piepse mit, so laut du
kannst, und laufe nicht davon!
Und wer nich ausse Reihe tanzt,
der kriegt auch 'nen Bonbon.

Und, wer auf dem Verbrecherpfad
den Staat durch Flucht bedroht,
den schießt ein lieber Grenzsoldat
mit lieben Kugeln tot.

(Gedicht von Manfred Barte, erschienen in: *DDR –
heute,* 1989)

Meine Verbrechen

Neben meinen legalen Werken hatte ich auch illegale,
staatsfeindliche geschrieben und diese auf Mikrofilm an-
onym in den Westen verschickt. Der Inhalt verstieß klar
gegen die Unrechts-Gesetze der DDR.

In einem Fernsehspiel, *100%*, hatte ich mich über die
Wahlen lustig gemacht. U. a. ließ ich einen Wahlleiter
sagen: »Der Winkel zwischen Verlängerung Hinterkante

Wahlkabine und Verlängerung Hinterkante Wahlleiter-
tisch ist so zu wählen, daß der Wahlleiter eine Einsicht
hat, wenn er sich auf seinem Stuhl zurücklegt, und der
Wähler dadurch die Einsicht bekommt, daß er keine andere Wahl hat und es für seinen Frieden das Beste ist, im
stillen Winkel nichts durchzustreichen.«

Ich hatte Vorarbeiten zu einem satirischen Fernsehspiel über die Umweltvernichtung in der DDR geleistet.
Das Fernsehspiel war in der Zukunft angesiedelt. In einer völlig katastrophalen Umweltsituation hebt ein Kind
vom Müll ein Papier auf und liest etwas vor. Was es vor-
liest, habe ich wörtlich aus einem der zahl- und wortrei-
chen SED-Dokumente abgeschrieben: leere Verspre-
chungen über Umweltschutz. Die Mutter schlägt dem
Kind das Papier aus der Hand mit: »Du sollst nicht immer
allen Dreck anfassen!« In U-Haft und vor Gericht bin ich
ausgiebig scharf zur Rede gestellt worden: »Wollen Sie
das Wort der Partei als Dreck bezeichnen?« Vom Stadtgericht Berlin bis zur schwarzen stinkenden Spree sind es
nicht zehn Minuten zu Fuß.

Mein staatsfeindliches »Hauptwerk« (ich betrachte das
heute genau so ironisch wie die Stasi) war ein politisches
Sachbuch: *Ausbeutung durch Funktionäre*. Obwohl das
Buch mit der heißen Nadel gestrickt und nicht zur Veröffentlichung geeignet war, enthielt es doch Erkenntnisse,
die zu erkennen es keines Scharfsinns bedurfte.

Ich schrieb, daß der DDR-Staat eine Diktatur der
Funktionäre ist und daß die Funktionäre eine Klasse, und
zwar eine Ausbeuterklasse, seien. Nach meiner Meinung
spiegelt die marxistische Klassendefinition, derzufolge
sich die Klassen hinsichtlich ihrer Stellung zu den Produktionsmitteln unterscheiden, die sozialistischen Verhältnisse nicht wieder und ist historisch überholt. Ich

schrieb: *Klassen unterscheiden sich hinsichtlich ihrer Stellung zur Macht.* Da Macht auch, aber nicht nur, auf Besitz an Produktionsmitteln und Kapital beruhen kann, ist die Definition von Marx zwar eingeschlossen, aber erweitert oder modernisiert. Da die Funktionäre alle Macht besitzen und die unterdrückte Volksklasse gar keine, sind nach dieser Definition die Funktionäre sehr wohl eine Klasse. Wenn man mit Marx Ausbeutung nur als Aneignung produzierten Mehrwertes auffaßt, läßt sich sozialistische Ausbeutung damit nicht erfassen. Ich schrieb: *Ausbeutung ist jede Form der Abgabe von Energie der Ausgebeuteten für die Interessen der Ausbeuter.*

Beim zwangsweisen Spalierstehen für eine sowjetische Regierungsdelegation wird keinerlei Wert geschaffen, daher auch kein Mehrwert, und keiner angeeignet. Wer dann aber in der Hitze vom langen Stehen ohnmächtig wird, ist aber doch ausgebeutet worden, denn er mußte Energie für die Machtinteressen der Funktionäre abgeben. Ich schilderte viele einzelne Formen der speziellen Ausbeutung durch Funktionäre, wie z. B. Zwangsteilnahme an Schulungen, Sitzungen, Demonstrationen, Versammlungen, Zwang zu »gesellschaftlicher Arbeit« ...

Aus dem Urteil des Stadtgerichts Berlin, 13. 11. 1980: [...] diskriminierte er das Wahlsystem der DDR als System von Scheinwahlen [...], stellte die Behauptung auf, die Wahl sei Selbstzweck, es bestünde Zwang, das Wahlgeheimnis würde verletzt [...], es würden an der Staatsgrenze Menschen ermordet [...], er diskriminierte die Partei- und Staatsführung der DDR als »herrschaftsbesessen«, das Programm der SED als »Dreck«, die Informationspolitik als Instrument der

Manipulierung und bezichtigte die Angehörigen des Ministeriums für Staatssicherheit der Folterung von Inhaftierten sowie der Betreibung von psychiatrischen Sondereinrichtungen [...] Er bezeichnete die Staats- und Gesellschaftsordnung als »roten Faschismus«, in der perfekter Terror herrsche [...] Der Sozialismus habe eine »Flut von Lügen, Denunziantentum, Angst, Heuchelei, Gewalt [...], Vertragsbrüchigkeit und Geschichtsfälschung hervorgebracht [...], und behauptete, die proletarische Revolution führe zu perverser Diktatur. Er diskriminierte die ökonomischen Verhältnisse der DDR, sie seien dazu verurteilt, dem Kapitalismus stets hinterherzuhinken.

Die Justiz- und Sicherheitsorgane bezichtigte er der Verhaftung Unschuldiger [...] und entstellte die Verhältnisse der DDR als System der Bespitzelung. [...] behauptete, Partei und Staatsführung der DDR seien ein vom Volk gehaßtes SED-Regime. [...]

Und das Gericht? Die Schöffin und *Finanzwirtschaftlerin* Ulrich hatte ein Hinterherhinken der Wirtschaft, in der sie tätig war, nicht bemerkt. Der Schöffe und *Diplom-Gesellschaftswissenschaftler* Zabell kannte die Gesellschaft nicht, in der er lebte. Die *Oberrichterin* Klabuhn hat von ihrer eigenen Terrorjustiz nichts gewußt.

Pannen bei der Abwertung zur Unperson
Ich sagte am ersten Tag zu meinem Vernehmer: »Mein Vater erfährt heute von meiner Verhaftung. Mielke wird ihn anrufen und sagen: ›Du, Erwin, wir haben deinen Sohn verhaftet.‹«

Den Zahn mußte mir der Vernehmer gleich ziehen: »Ach, der Minister erfährt das gar nicht.«

Mielke mußte meinen Vater u. a. deshalb ganz gut kennen, weil sein ehemaliger Chef, Zaisser, 1951 ein Parteiverfahren bekommen hatte, weil er zusammen mit meinem Vater, Chefinspekteur Erwin Bartz, in Westberlin persönlich eine Entführung mit Schußwaffengebrauch durchgeführt hatte (zehn angeschossene Bodyguards vom CIA, davon mindestens zwei tot).

Vier Stunden sollte ich zu der Aussage bewegt werden, an Löwenthal geschrieben zu haben.

Vernehmer: »Haben Sie denn nun auch an Löwenthal geschrieben?«

Ich: »Nein.«

Vernehmer: »Und warum haben Sie denn nun nicht an Löwenthal geschrieben?«

Ich: »Der Brief wäre gar nicht angekommen. Und außerdem, mir ist unsympathisch, daß er einseitig gegen die SPD und für die CDU ist.« (So sah ich das damals.)

Vernehmer: »Aber deshalb hätten Sie doch trotzdem an ihn schreiben können.«

Ich: »Hab' ich aber nicht.«

Vernehmer: »Na, warum denn nicht? Sie hätten doch trotzdem an ihn schreiben müssen.«

Als man sich zur Verhaftung entschloß, glaubte man, ich bliebe Unperson. Doch es gab Pannen.

Nach einigen Monaten U-Haft wurde mir ein Brief des Geraer Kabaretts »Fettnäpfchen« vorgelegt, der an mich geschickt worden war.

Das »Fettnäpfchen« spielte bereits eine Szene von mir und schickte mir den Vertrag. Ich sprach den Vernehmer darauf an, daß er mehrmals betont hatte, daß bei der Stasi alles streng gesetzlich zuginge, was er nochmals bestätigte. Ich argumentierte, daß ich, da die Szene gespielt wird, nach dem Urheberrecht auch das Honorar kriegen müsse, daß die Konzert- und Gastspieldirektion es aber nur anweist, nachdem sie von mir den unterschriebenen Vertrag bekommen hat. Dem gesetzestreuen Vernehmer war daraufhin sichtlich unwohl in seiner Haut, und er sagte, dies müsse der Staatsanwalt entscheiden. Staatsanwalt Heyer mußte ein ganzes halbes Jahr überlegen und entschied sich dann für die sozialistische Gesetzlichkeit. Nach zehn Monaten U-Haft durfte ich den Vertrag unterschreiben. Das Geld wurde ausgezahlt.

Als ich schon zweieinhalb Jahre saß, erschien ein Gedicht von mir in der *Märkischen Volksstimme*. Sicher hatte der Redakteur dieses Gedicht aus der Reservemappe geholt oder aus der *BZ* nachgedruckt. Um die Stasi zu verunsichern, bat ich die Zeitung, mir ein Belegexemplar in den Knast zu schicken. Von Potsdam nach Brandenburg war es ja nicht weit: Da solche Briefe nur mit Genehmigung verfaßt werden durften, legte ich dem Brief einen Antrag auf Genehmigung dieses Briefes bei. Daraufhin geschah – nichts.

Genauigkeit und Ungenauigkeit
Stolz sagte einer meiner Vernehmer mir den Stasi-internen Spruch auf: »Mielkes Mühlen mahlen langsam, aber unheimlich gründlich.« Die Gründlichkeit war aber sehr einseitig und parteilich. Als ich bei der Vernehmung über mein Fernsehspiel *100%* zu einem meiner Vernehmer sagte: »Daß diese Wahlen Scheinwahlen sind, weiß ja jeder«, antwortete er mir in einem nachsichtigen Ton, als spräche er zu einem hoffnungslos Irren: »Na, ich weiß das nicht.«

Daß ich Fälle von Wahlmanipulation selbst erlebt hatte und anführen konnte, interessierte ihn gar nicht. Er wollte dafür genauestens wissen, wann ich das Fernsehspiel wo mit welcher Schreibmaschine geschrieben hatte, wie ich es mit welcher Technik wann und wo auf Mikrofilm gebracht hatte, wieviel Mikrofilme wo, wann versteckt waren und wo ich Briefe wohin und an wen, wann in welche Briefkästen eingeworfen hatte. Mit solchen Kinkerlitzchen vergingen Quartale, wurde monatelang Gründlichkeit gespielt. Im Prozeß diktierte die Oberrichterin der Gerichtsschreiberin mehrere Seiten lang, welche Notizzettel von mir zu beschlagnahmen seien.

Meine »neurotisch fehlentwickelten Staatsverleumdungen« in dem Buch *Ausbeutung durch Funktionäre* hatte ich mit statistischen Angaben belegt. Ich hatte u. a. angeführt, daß die Zahl der Erkrankungen an Streßkrankheiten in der DDR 132% von denen in der BRD betrug, oder auch, daß der DDR-Bürger damals fünfmal mehr DDT im Unterhautfettgewebe hatte als der Bundesbürger... In einem Jahr U-Haft und drei Tagen Prozeß ist über keine einzige der von mir angeführten Zahlen ein Ton verloren worden. Aber erwähnt wurde natürlich, daß ich illegal das Statistischc Jahrbuch der BRD gelesen hatte. (Als Nachtwächter in der Berliner Stadtbibliothek war mir das möglich gewesen.)

Wegen einer ironischen Bemerkung über Wilhelm Pieck in meinem Buch *Der Himmel für Fanatiker,* welche leider nicht ganz stimmte, an der aber viel Wahres dran war, wurde ich wegen »Herabwürdigung führender Repräsentanten des Sozialismus« angeklagt. Als ich mich vor Gericht darauf berief, diese Sache im *Spiegel* gelesen zu haben, wischte Oberrichterin Klabuhn dies mit einer ärgerlichen Handbewegung fort. Zehn Jahre lebte ich in dem Glauben, wegen dieses Paragraphen verurteilt worden zu sein. Als ich nach zehn Jahren das Urteil las, fehlte der Paragraph. Freigesprochen hatte man mich nicht und auch die Anklage nicht fallengelassen. (Es gab aber für zwei Paragraphen genausoviel wie für drei.) Anscheinend ist zwischen Urteilsverkündung und Urteilsniederschrift doch jemand von der Stasi ins Archiv gegangen.

Rechtsbrüche und Unkorrektheiten
In den ersten Ulbricht-Jahren war »formaljuristisches Herangehen« schon fast ein Verstoß gegen die Parteidisziplin. Dann wurde das Unrecht in Paragraphen gegossen und um diese ein Kult getrieben. Aber die, die die Gesetze gemacht hatten, umgingen sie auch, wenn ihre Machtpolitik ihnen das als angeraten erscheinen ließ.

In meinem Buch *Ausbeutung durch Funktionäre* hatte ich zum passiven Widerstand aufgerufen. Dies gab der Haftrichter auch als einen Grund für meine Verhaftung an. Da ich ja das System lange genug kannte, war ich darauf bedacht gewesen, nur zu solchen Formen des passiven Widerstandes aufzurufen, die keine Handhabe für Bestrafung boten. U. a. forderte ich auf: an Versammlungen nicht teilzunehmen, und wenn dies nicht geht, dort nichts zu sagen und sich an keiner Abstimmung zu beteiligen, zur Stellungnahme aufgefordert, zu schweigen usw.

Dr. Gysi sagte im Prozeß: »Und das ist ja nun alles nicht verboten.« Staatsanwalt Heyer sah das anders, und zwar weniger formaljuristisch. Er meinte, es wäre zwar nicht verboten, man könne das aber trotzdem nicht dulden, »denn dann würde ja das gesamte gesellschaftliche Leben zusammenbrechen«. Ich wurde für einen Paragraphen verknackt, den es gar nicht gab. Er hätte etwa lauten müssen: »Wer etwas nicht tut, wovon wir vergessen haben zu verbieten es nicht zu tun, wird entsprechend der Schwere unseres Versäumnisses härter bestraft.«

In jedem zivilisierten demokratischen Staat hat ein Beschuldigter die Möglichkeit, die Aussage zu verweigern. Ostspione werden sogar darauf trainiert, es zu tun, und kommen, wenn sie gefaßt werden, glänzend damit zurecht. Ich versuchte das bei der Stasi auch. Nachdem ich zwei Tage geschwiegen hatte, sagte der Vernehmer, man würde mich jetzt vollkommen fertigmachen. Ich glaubte das, und ich war nicht so heldenhaft wie die Kommunisten bei der Gestapo und sagte doch lieber aus.

Nur psychisch Kranke sind gegen den Sozialismus
Weil ich meinem Buch *Ausbeutung durch Funktionäre* »einen wissenschaftlichen Neuwert andichtete« (Urteil), weil ich Karl Marx als Fachidioten bezeichnet und die Gotteslästerung begangen hatte, ihn korrigieren zu wollen, war die Stasi schon vor meiner Verhaftung überzeugt, es mit einem Größenwahnsinnigen und Irren zu tun zu haben.

In der Stasi-U-Haft in Hohenschönhausen, dem »Lager X«, wurde ich von Prof. Ochernal, Humboldt-Universität/Sektion Kriminalistik/Arbeitsgruppe forensische Psychiatrie, auf meinen Geisteszustand untersucht. Prof. Ochernal meinte zwar sinngemäß, daß ein normaler Mensch nicht solchen Blödsinn schreibe, hielt mich aber für voll bestrafungswürdig. Mein Verteidiger, Dr. Gysi, hielt mich für nicht voll zurechnungsfähig und baute hauptsächlich darauf seine Verteidigungsstrategie auf. Nicht ohne psychiatrische Kenntnisse, hatte er ein Schreiben verfaßt, das er mir vorlas, um zu fragen, ob ich damit einverstanden wäre.

Nach Dr. Gysi hatten frühkindliche schädliche Milieueinflüsse (mein Vater war, weil Kommunist, im Zuchthaus Brandenburg gewesen; meine Mutter wurde, weil

Jüdin, im KZ vergast; ich kam durch eine Urkundenfälschung mit dem Leben davon und hatte viele verschiedene Adoptiveltern) zu einer psychischen Fehlentwicklung geführt. Ich hatte mir einen krankhaften Haß auf alles und jedes zugezogen und haßte nun sogar den schönen Sozialismus. Er meinte, ich wäre eingeschränkt verantwortlich, aber doch nicht so verrückt, daß ich in einer Irrenanstalt untergebracht werden müßte, und er forderte ein Zweitgutachten eines anderen Psychiaters.

Ich äußerte sofort Bedenken, daß man dann so einen gefährlichen Hasser lebenslänglich im Irrenhaus internieren wird. Dr. Gysi zerstreute die Bedenken. Seine Argumentation würde nur zur Anerkennung einer eingeschränkten Verantwortlichkeit, zu einer geringeren Strafe führen, aber zu keiner lebenslänglichen Zwangseinweisung; und falls wider Erwarten doch, käme ich aus dem Irrenhaus bald wieder raus.

Richtig ist, daß man keine bissigen Satiren schreibt und keine schreiben kann, wenn man ein völlig unaggressiver Mensch ist. Für einen unzurechnungsfähigen Rundumhasser hielt ich mich nicht. Aber was Verteidiger vor Gericht sagen, muß ja nicht stimmen. Für den Angeklagten ist die Hauptsache, es gibt ein Jahr weniger. Ich erklärte mich also mit dem Schreiben und der Taktik einverstanden und spielte die mir zugedachte Rolle des Alleshassers vor Gericht mit. (Im übrigen: Der Haß meiner Oberrichterin auf Staatsfeinde war nicht geringer als mein Haß auf den Staat.)

Nachdem Dr. Gysi das erwähnte Schreiben zu Beginn des Prozesses verlesen und ein psychiatrisches Zweitgutachten beantragt hatte, zog sich das Gericht zur Beratung zurück. Zu meinem Schreck hörte ich durch die geschlossene Tür Oberrichterin Klabuhn gegenüber den Schöffen die Frage der Zwangseinweisung in eine Irrenanstalt aufwerfen. Hätte man das getan, so wäre ich in der psychiatrischen Sonderklinik Waldheim gelandet, von der einer meiner Vernehmer behauptet hatte, es gäbe sie nicht; ich würde nur verleumderisch behaupten, daß es sie gibt. Und ich wäre in der DDR ins Irrenhaus gesteckt worden, weil ich behauptet hatte, daß man in der Sowjetunion politische Gegner ins Irrenhaus steckt. In meiner gerichtsnotorischen Aggressivität bedaure ich fast, daß es nicht so gekommen ist.

Das Gericht gab Dr. Gysis Antrag statt. Es beauftragte mit dem Zweitgutachten aber keinen anderen Psychiater, sondern wieder denselben. Prof. Ochernal war sichtlich tief gekränkt, weil jemand das Gutachten einer so bedeutenden Kapazität angezweifelt hatte und weil das Gericht ihn nacharbeiten ließ. Als er mich fragte, ob ich mich als Opfer finsterer Machenschaften fühle, antwortete ich: »Nein, es geht alles seinen Gang.«

»Seinen *sozialistischen* Gang«, präzisierte Prof. Ochernal, stolz, zur sozialistischen Maschinerie dazuzugehören.

Der dreitägige Geheimprozeß nahm dann längere Zeit den Charakter eines wissenschaftlichen Kongresses an. Dr. Gysi, Prof. Ochernal und ein als Zeuge geladener befreundeter Psychiater versuchten, das knifflige Problem aufzuhellen, ob ich primär oder sekundär neurotisch oder psychopathisch oder psychotisch wäre. Oberrichterin Klabuhn stellte aufmerksam zweckdienliche Fragen. Schließlich hatte sie die Wahl zwischen 6 Jahren Zuchthaus und lebenslänglich Irrenhaus.

Meine Meinung über mich war nicht gefragt.

Irrer Staatsfeind oder irrer Staat?

Es wäre absurd gewesen, hätte ich den Sozialismus gehaßt, weil die Nazis meine Mutter im KZ vergast haben.
Ich haßte die Funktionärokratie, weil Stalin mehr Menschen umgebracht hat als Hitler.

Wieviel Zeit hatte ich auf Sitzungen und Schulungen
qualvoll versessen, wieviel Kraft mit »gesellschaftlicher
Arbeit« vergeudet, wieviel Menschen hatte ich als FDJ-
Sekretär selber unterdrückt und wie hatte ich im Dienste
der Propaganda selber gelogen! Es stimmt, der Haß, mit
dem ich alles mit zu wenig Selbstkontrolle zu schnell in
die Schreibmaschine gehauen habe, sprang den Leser
förmlich an. Ich fühle mich auch schuldig, die Sorgfaltspflicht verletzt zu haben. Wie konnte man aber sorgfältig
sein, wenn es in Bibliotheken der DDR 15 (!!!) Geheim-
haltungsstufen gab und notwendige Bücher gar nicht erst
angeschafft wurden, wenn jeder Angst hatte, etwas zu erzählen, wenn der Besitz von Westzeitungen eine Straftat
war...

Genau das gleiche, was ich damals schrieb, sagt heute
das ganze Volk laut und offen. Ist nun wohl das ganze
Volk verrückt geworden? Hat man versäumt, die ganze
DDR rechtzeitig zur psychiatrischen Sonderklinik zu erklären?

Übrigens: Dr. Gysi wäre nicht wenig ins Zweifeln geraten, wenn er seinen Mandanten im Zuchthaus Brandenburg hätte erleben können. Da war ich unter den Politischen der Vernünftigste. Wenn ich mir bei Diskussionen im Kreise gescheiterter Flüchtlinge die Bemerkung
erlaubte, daß die U-Bahnfahrt in Westberlin 2 DM ko-
stet, wurde ich angeschrien: »Denn zieh doch deinen
Antrach zurück, du rote Socke! Du arbeitest ja für die
Stasi!«

Der Psychiater Prof. Müller-Hegemann entdeckte in der DDR bei seinen Patienten die »Mauerkrankheit«, mauerbedingte Depressionen. Es hätte sicher auch ein Professor ein Hyperaggressivitäts-Syndrom entdecken können, als Antwort der Psyche auf übermächtige Unterdrückung. Aber nicht die Opfer gehören eingesperrt, sondern die Täter.

Aus: Rheinischer Merkur, 1. 2. 1980:

Die Eule hinter Gittern
Nach Afghanistan: Ost-Berlins Kulturpolitik, von Dieter Borkowski

Am S-Bahnhof Berlin-Mahlsdorf standen während klirrenden Frosts mehrere Frauen und schrubbten mit nassen Besen an der Kachelwand neben der Fahrkarten-Ausgabe die Wände ab. Die Bezirksverwaltung Berlin des Staatssicherheitsministeriums war mittags von einem wachsamen Genossen alarmiert worden. Im Bahnhof, den morgens Tausende Berliner passieren, wenn sie zur Arbeit fahren, klebte eine große Eule. Vermutlich ein Werbedruck des Eulenspiegel Verlages. Und darunter war in großen Buchstaben die Losung geschmiert: »Freiheit für Manfred Bartz, Eulen gedeihen nicht hinter Gittern«.

Der satirische Schriftsteller Manfred Bartz (43), dessen Texte allwöchentlich in den Kabaretts »Distel« in Ost-Berlin und »Herkuleskeulchen« in Dresden, aber auch in Zeitungen, Zeitschriften und manchmal sogar über den Rundfunk viele »Werktätige« zum »befreienden Gelächter« verführten, wie es die Staatspartei von den amtlich zugelassenen Satirikern verlangt, wurde zur Jahreswende in Mahlsdorf, einem östlichen Vorort Berlins, verhaftet.

Im Klubhaus der Intelligenz, wo er öfter zu Lesungen seiner freundlichen Späße zu Gast war, fragte man die Kulturbund-Funktionäre nach seinem Verbleib. Anfangs leugneten sie die Inhaftierung. Dann bequemten sich flugs Mitarbeiter des Klubs zu der frappierenden Mitteilung: »Bartz hat seit langer Zeit feindliche Hetze betrieben. Spott und Hohn gegen die Arbeiter-und-Bauern-Macht lassen wir auch heute nicht zu.« [...]

Im kleinen intimen Café Praha an der Friedrichstraße in Ost-Berlins City sitzen die Kollegen von Bartz, vom Eulenspiegel Verlag, vom Verlag Volk und Welt und anderen Unternehmen dieser Branche. Dazu Journalisten, Schriftsteller und Künstler. Man spricht leise, ist gedrückt – die Verhaftung des beliebten Kollegen sitzt allen in den Knochen. »Er hat die Partei vielleicht doch zu stark verhöhnt«, meint Lektor P. abwägend. Dieser hat einige Titel von Bartz über Jahre hinweg betreut. »Warum mußte er gerade in dieser angespannten Situation die Parole verbreiten: ›Die DDR hält ihre Abgas-Fahnen auch in den achtziger Jahren weiter hoch.‹ «

Persönlichkeitszerstörungsversuche

Den krankhaften Haß billigte mir nicht nur der Verteidiger, sondern auch die Oberrichterin zu, aber natürlich nicht als normale Reaktion auf ein bei *allen* verhaßtes System. Ich hatte eine Macke. Der Beweis war ein Selbstmordversuch bei der Marine. Originalton Oberrichterin Klabuhn: »Da hatten Sie so eine schöne Aufgabe, unsere Arbeiter-und-Bauern-Macht zu verteidigen. Und da wollten Sie Selbstmord machen?! Schämen Sie sich nicht?!«

Da sie die Macht hatte, mir beliebig viel aufzubrummen, wollte ich darauf nichts erwidern, wobei übrigens schwierig war, gegen sie überhaupt zu Wort zu kommen. Dies empfand ich als eine der blödesten Ungerechtigkeiten.

Selbstmord will man machen, wenn man aus einer schlimmen Lage keinen Ausweg weiß, und nicht, um einer armen Oberrichterin später unnötige Arbeit aufzubürden. Ich hatte mich als junger naiver Genosse nach dem Abitur von der Schulgruppe der SED, die auch auf höhere Weisung handelte, auf eine Offiziersschule der KVP schicken lassen, völlig gegen meine Neigung und Fähigkeit. Als ich den faschistischen Drill und die ungeheure Idiotie und Öde in der Arbeiter-und-Bauern-Streitmacht nicht mehr aushielt, war Selbstmord für mich der einzige Ausweg. (Der Vorsitzende der Parteikontrollkommission zu mir: »Ein Genosse hat nicht das Recht, sich zu suizidieren. Sein Leben gehört der Partei.«)

Hätte ich durchgehalten und es zum Korvettenkapitän gebracht und drei Jahrzehnte mit meinem Schnellboot auf der Ostsee auf Flüchtlinge gelauert, einige davon abgeknallt und den Rest einer tobenden Richterin zur strengen Bestrafung übergeben – ja, dann wäre nach Meinung sozialistischer Spießer aus mir »etwas Anständiges« geworden.

In ihrer furienhaften Art brachte Oberrichterin Klabuhn zum Ausdruck, daß so einer wie ich, der sich Schriftsteller nennt, für sie schlimmer ist als Landstreicher, Chlochard, Zigeuner oder Assi.

Aus dem Urteil:
Der Angeklagte hatte in der DDR alle *Möglichkeiten,*
sich entsprechend seinen tatsächlichen Fähigkeiten
zu entfalten. [...] Mit der Aufgabe seines Arbeits-
rechtsverhältnisses traf er eine Entscheidung mit weit-
reichender Auswirkung auf sein Leben, anstatt sich
ernsthaft und tiefgründig mit der Theorie des Marxismus-Leninismus zu beschäftigen. [...]

Wenn einer die »Arbeiter-und-Bauern-Macht« als eine
Diktatur der Funktionäre hinstellte, durfte das nicht
daran liegen, daß die angebliche Arbeiter-und-Bauern-
Macht tatsächlich eine Diktatur der Funktionäre war.
Nein, wer so etwas »Neurotisches« behauptete, konnte
nur auf Grund einer »Fehlentwicklung« auf so eine ab-
surde Idee gekommen sein. Wie konnte er nur das feste
Arbeitsrechtsverhältnis aufgeben und sich fahrlässig aus
dem Bereich des alleinseligmachenden Parteischuljahrs
der Anweisungen, Aufpasser und Demonstrationspflicht
entfernen?

Ich hatte vielen Menschen Spaß und Freude gebracht.
Meine Satiren, die auf den Sand im Getriebe des Sozialismus hinwiesen, waren *nützliche* Kritiken.

Aber kleine Rädchen im Machtapparat, die nur *schäd-*
lich waren und die außer ihren Opfern keiner kannte,
verpaßten mir Gänsefüßchen und wollten mir beibrin-
gen, »meine Fähigkeiten real einzuschätzen«. (Wie wunderbar, daß das Volk, in dessen Namen sie Schrecken
verbreiteten, sie nun gezwungen hat, sich selber real einzuschätzen.)

In der Hitze des Gefechts und in der Einsamkeit waren
mir auch Irrtümer unterlaufen. Da ich viel geschrieben
hatte, kamen auch einige Dutzend davon zusammen. In

U-Haft und im Prozeß interessierte der wahre Kern wenig. Man hielt mir nur, in der U-Haft wochenlang und im Prozeß stundenlang, meine Irrtümer vor. Ein Jahr Gehirnwäsche führte tatsächlich dazu, daß ich das Gefühl bekam, überwiegend Blödsinn geschrieben zu haben. Erst zehn Jahre später, als ich das Urteil im Stadtgericht einsehen konnte, stellte ich erstaunt fest, daß ich doch zu 99,98% für die Wahrheit verurteilt worden war.

Gedicht von Manfred Bartz,
aus: DDR-heute, 1988:

Die Bessermacher

Wie schlecht ist doch das Leben auf der Erden.
Es wäre gut, könnt' es verbessert werden.
Der Mensch ist schlecht, und dies ist gar nicht gut,
weil er es besser weiß und schlechter tut.
Die besten Schlechtigkeitenswidersacher
betätigten sich drum als Bessermacher.
Sie wollten Eintracht, Brot für alle Esser
und sprachen: »Besser wär's, wir machen's besser.«

Fix fängt der herzensgute Arbeitsmann
mal gleich das schöne Weltverbessern an.
Er brüllt, schlägt, streikt, schießt, bessert wild drauflos –
und macht nur Hitler und auch Stalin groß.
Das beßre Fatum war fatal und hager.
Die Lagertoten hat's millionenfach auf Lager.
Doch Mißerfolge trüben keine Wässer.
Die Bessermacher machen alles besser.

»Wir neuen Linken achten alle Rechte.
Jaaa! Ehrenwort! Wir hassen auch das Schlechte.
Der Sozialismus selbst ist ja nicht schlecht.
Bloß der reale ist nicht echt und recht.
Wir wolln ihn ohne Schießbefehl und Mauern.
Nun gebt uns schon die Chance, auf die wir lauern!
Wir bessern selbst die Diebe und Erpresser,
wir machen ja das Bessermachen besser.«

Die Besserwissenschaft war niemals gut.
Das bessert nicht die Weltverbessrungswut.
»Jetzt pauken wir im Bessermachverein
uns viel, viel bessres Besserwissen ein,
verbessern die Verbessrungstheorie
und bessern alles, uns und es und Sie.
Und Mißerfolge machen uns nur kesser.
Wir wissen stets das Besserwissen besser.«

Die Verteidigung
Über viele Monate lehnte ich einen Verteidiger ab. Ich
wußte, daß wichtige Urteile sowieso von der zuständigen
SED-Bezirksleitung festgesetzt werden, und daß das Gericht nur Theater spielt und dann das Urteil ausspricht.
(So war das z. B. beim Prozeß gegen das Leipziger Kaba-
rett *Rat der Spötter*.) Auf Drängen meiner geschiedenen
Frau und meiner Tochter fiel ich um, auch weil in der Isolation der U-Haft das legale Theater der Stasi bei mir einen Gehirnwascheffekt verursacht hatte. Meine Tochter
besorgte mir den in Insider-Kreisen renommierten
Dr. Gysi. Ich kannte ihn bis dahin nicht. Die Übernahme
der Kosten durch das Ministerium für innerdeutsche Beziehungen der BRD lehnte ich ab.

Obwohl Dr. Gysi mutiger und selbständiger auftrat,

als ich vermutet hatte, daß ein DDR-Rechtsanwalt und Genosse das darf, entsprach das Urteil natürlich auf die Sekunde genau dem Antrag des Staatsanwalts (und vermutlich dem Parteiauftrag der SED-Bezirksleitung Berlin). Eine rechtsstaatliche Verteidigung hätte aber nicht auf mildernde Umstände wegen eingeschränkter Zurechnungsfähigkeit plädieren, sondern beweisen müssen, daß ich in allen wesentlichen Punkten recht habe. Es hätte Beweismaterial für meine Behauptungen beigebracht und zugelassen werden müssen. Gute Beurteilungen meiner Betriebe dienten nur dem legalen Theater und waren der Objektivität zu wenig. Nicht-SED-gesteuerte Sachverständige hätten gehört werden müssen, z. B. um zu klären, ob der DDR-Staat eine Diktatur der Funktionäre ist oder nicht usw. Das psychiatrische Gutachten wäre dann überflüssig gewesen. Doch der Unrechtsstaat ließ solche Beweismittel und solche Sachverständigen nicht zu. Bei sachgemäßer Verteidigung hätten mich mein Verteidiger und die Sachverständigen gleich ins Zuchthaus begleiten können.

Die Machtwächter der »antifaschistisch-demokratischen Ordnung« wußten, daß ich Halbjude bin. Trotzdem sperrten sie mich ins Zuchthaus Brandenburg, in dem Naziverbrecher konzentriert waren. (Einer hatte zweihundert Juden erschossen.) Ich kam mit keinem zusammen. Sie waren in einem anderen Haus. Aber ihr Einfluß auf die Kriminellen war gegenwärtig und stark. Die in Brandenburg vorwiegend einsitzenden Mörder und Schwerverbrecher waren sämtlich fanatische Neonazis. Sie feierten Führers Geburtstag mit selbstgemachtem Wein und machten Witze wie: »Juden raustreten zum Probehängen!« Ich mußte meine »Rassenschande« konsequent geheimhalten.

Die Haft

Der Persönlichkeitszerstörung diente auch die Mauer der Isolation für alle Gefangenen. Man darf von zwei Verwandten ersten Grades Post und Besuch empfangen. Über Delikt, Haftbedingungen (!), Ausreiseantrag durfte nicht kommuniziert werden. Bei Besuchen Mikrofone auf dem Tisch. Briefe mußten offen abgegeben werden. Man händigte mir keine Solidaritätsbriefe aus. Nur zweimal wurde die dichte Mauer des Schweigens durchbrochen, und zwar von Dr. Gysi. Nach dem Prozeß sagte er zu mir: »So unbekannt sind Sie gar nicht. Nach der Urteilsverkündung hat bei mir den ganzen Tag das Telefon geklingelt, und man hat sich bei mir nach dem Ergebnis erkundigt.« Beim nächsten Mal sagte er: »Es hat aber drüben was gegeben«, womit Zeitungsartikel im Westen und eine Nachricht im RIAS gemeint waren. Dies sagte er zu mir in einem Zimmer im Ministerium für Staatssicherheit, von dem man nicht wußte, ob da keine Wanzen waren.

Im Zuchthaus Brandenburg war auch ein hochbezahlter Kulturoffizier untätig. Dem ließ ich ausrichten, daß ich bereit wäre, etwas für das geistig-kulturelle Leben im Knast zu tun und für meine gelangweilten Mitgefangenen eine Lesung mit meinen legalen, in der DDR-Presse veröffentlichten Werken zu machen. Keine Antwort.

Wenn ich etwas, auch Unpolitisches im Knast schrieb, so war das sowieso verboten, und man kriegt keinen Fetzen Papier mit raus. Ich habe alles aus dem Gedächtnis draußen wieder aufgeschrieben.

Für meinen Prozeß hatte ich damals ein schönes Schlußwort des Angeklagten ausgearbeitet. Sinngemäß lautete es so:

»Ich bekenne mich schuldig, mich in einigen Punkten

geirrt und die Sorgfaltspflicht verletzt zu haben. Ich verstehe, daß Sie mich gern verurteilen möchten. Damit würden Sie aber nur der DDR schaden. Im Westen wird man verbreiten, ich sei wegen zu scharfer Kabarettexte eingesperrt worden. Da die Justiz den Interessen des Staates zu dienen hat, ist es das Klügste, den Prozeß ohne Urteil zu beenden und mich sofort in den Westen zu entlassen.«

Als ich dies Dr. Gysi zu lesen gab, war er entsetzt. »Das wissen die doch selber ganz genau! Aber wenn *Sie* das sagen, provozieren Sie die Leute nur und kriegen ein paar Jahre mehr.«

Ich vertraute seiner Erfahrung und sagte dies nicht.

Heute wünschte ich, ich hätte es diesen Figuren doch gesagt.

Nicht nur immer da die Gewalt und da die Angst

S. W., geb. 1968, vor der Verhaftung Bauzeichner-
Lehrling, gegenwärtig Bauzeichnerin
Anklage: Brandstiftung/Öffentliche Herabwürdigung,
Urteile: 4 Jahre/1 Jahr, in Haft 9 Monate/13 Monate
(zuletzt von Oktober 88 bis November 89), Gefängnis:
Berlin, Grünauer Straße

Ich hab' zweimal gesessen, einmal wegen Brandstiftung
und einmal wegen Herabwürdigung. Das hing aber beides zusammen. 1986, da war ich gerade 18, da hab' ich in
meiner Lehrlingsklasse einen Kumpel gehabt, der ist
kirchlich gewesen. Der hat da so eine Literatentruppe gehabt, die hat sich sehr viel mit Anarchie und der Auseinandersetzung damit beschäftigt. Und ich bin dadurch zu
der Meinung gekommen, daß Anarchie nicht, wie hier in
diesem Staat abgestempelt, nur Chaos und Gewalt ist,
sondern ich hab' das so gesehen, daß es eine Gesell-
schaftsform ist, die nicht kommunistisch, auch nicht das
Paradies auf Erden ist, aber das Leben für die Menschen
wirklich irgendwie verbessert, so ähnlich wie Kommunismus, bloß eben, daß es auch Fehler gibt, weil ja die Menschen Fehler haben. Und da ich gewußt habe, daß die
Staatsorgane da absolut kritisch sind und so etwas nicht
hören wollen, hab' ich mal versucht, mich mit denen aus-
einanderzusetzen. Die Polizei hab' ich mir ausgesucht,

weil sie das Machtmittel des Staates ist. Auch kannte ich ja diese Art von Instrument und wußte, daß sie bisher immer jedes Gespräch abgelehnt hatten, bis hin zur Bestrafung oder Bedrohung der fragenden Personen.

Ich hab' zuerst ein paarmal angerufen, da wollten sie gleich wissen, wo ich wohne. Dann bin ich auch mal auf ein Revier gegangen. Die haben mich zuerst abgewimmelt. Dann haben sie gefragt: Name, Adresse? Ich wollte mit denen diskutieren, aber das hat überhaupt nicht geklappt. Die haben da gleich angefangen, Vernehmung zu spielen. Und da hab' ich dann einen Alleingang gemacht: Ich hab' an Reviere *Anarchie* angeschrieben. Und bin dann auch irgendwann gefaßt worden. Da war großes Theater. Die haben gesagt: Ja, das ist das Schlimmste. Und: Total gegen den Staat. Und sie haben überlegt, ob sie mich dabehalten. Aber sie haben mich laufenlassen. Das hat mich aber nun nicht befriedigt, obwohl ich frei sein durfte, denn ich hatte ja keine Antwort gekriegt. Da bin ich immer wütender geworden, und da hab' ich eben die Brandstiftung gemacht. Beim Wachkommando Missionsschutz, da hab' ich das Kulturgebäude angezündet, eigentlich nur einen Vorhang, aber gebrannt hat dann ein bißchen mehr, also sehr viel mehr, als ich wollte. Ich hatte halt ursten Frust gehabt. Noch nicht mal, weil sie mich so menschenunwürdig behandelt haben, sondern überhaupt das Ganze: wie der Staat sich so zu Menschen verhält, das hat mich so deprimiert. Ich wollte halt einfach... mir wäre es sogar egal gewesen, wenn ich dabei mit hops gegangen wäre.

Nachdem sie so wußten, wie ich über Anarchie denke, haben sie versucht, diese Brandstiftung zuerst als Terrorismus auszulegen. Da aber mein Vernehmer mitgekriegt hat, wie ich dazu stehe, weil ich auch eindeutig meine

Meinung gesagt hab', ist er davon abgegangen. Wenn ein ganz Gemeiner da gesessen hätte, der hätte mir das vielleicht so ausgelegt. Da hab' ich Glück gehabt.

Aus einem undatierten Brief (1989) aus der U-Haft an eine Arbeitskollegin:
[...] Du bist einer der wenigen Menschen, die ich kenne und hochachten gelernt habe, die eine kommunistische Weltanschauung besitzen und ehrlich und kritisch sich selbst gegenüber danach leben! Ich hatte gedacht, solche aufrichtigen Kommunisten wie Du, und auch Christen mit selbstkritischer Haltung als auch andere am Wohlergehen des Menschen Interessierte, könnten mit ein wenig Entgegenkommen, Aufbringen von Verständnis und Willen miteinander das Zusammenleben mit jedermanns Fehlern lernen und verwirklichen. Ich hatte gedacht, mit ein wenig gutem Willen sich näherzukommen, um sich kennenzulernen und eventuell den anderen Menschen dadurch zu verstehen, kann nur gut für alle sein. Ich habe mir die Mühe gemacht und dachte, ich würde diesen guten Charakter von Menschen wie Dir in einigen anderen, sogenannten Vorbildern, wiederfinden. Dies war ein Fehler von mir, denn ich bin sehr enttäuscht und wie vor den Kopf gestoßen worden. Nun werde ich wohl keinem mehr von Deinen Anschauungsvertretenden glauben können, da sich bisher von diesen sogenannten Vorbildern keiner wirklich die Mühe machen wollte, andere zu verstehen. Ich habe sehr wohl Lehren daraus ziehen müssen. Und ehrlich gesagt, schmerzliche Lehren, da ich mich nicht nur rein äußerlich und sprechenderweise mit dem Begreifen Eurer Denk- und Verhaltensweisen

beschäftigt habe, obwohl ich gerade erst sehr deut-
lich Widersprüche solcher Menschen am eigenen
Leib erfahren mußte. Es gibt niemandem das Recht,
Menschen wegen ihrer Fehler zu verachten. [...]

Noch vor meiner Verurteilung habe ich erfahren, daß Menschen, die sich zum Anarchismus bekennen, zum Nationalfeiertag der ČSSR wirklich Gewalt angewandt haben, körperliche Gewalt wie Steine gegen andere Bürger, die aber nicht unbedingt dem damaligen Staatsregime angehörten. (Mehr konnte ich in der U-Haft nicht in Erfahrung bringen.) Und das hat mich urst deprimiert, also das fand ich echt nicht in Ordnung. Und da hab' ich dann auch, wie soll ich sagen, Abstand genommen vom Anarchismus. Die brauchten mich nicht zu belehren, nicht zu bekehren. Ich hatte nun auch nicht eine andere Meinung darüber, weil ich Angst hatte, so nach dem Motto: zur Urteilsverkündung ist Reue immer gut, sondern weil ich echt der Meinung war, daß das doch vielleicht ein falscher Weg ist. Jedenfalls mit der Gewalt. Ich hab' sie ja zwar selber betrieben in der Brandstiftung. Aber ich möchte eigentlich keine Gewalt.

Genau an dem Tag, wo ich Verhandlung hatte, hab' ich erfahren, daß am Abend vorher die Amnestie verkündet worden war. Die Urteilsverkündung lief dann trotzdem, weil ja die Leute mich erst mal richtig schön verknacken wollten. Vier Jahre hab' ich bekommen. In Haft war ich ein dreiviertel Jahr. Dann wurde ich entlassen.

Wider den Richtgeist, Gebet zum 1. Sonntag nach der Geburt Christi, Lukas 6,36–41 (mit Genehmigung der Anstaltsleiterin abgeschrieben am 27. 12. 88 in der Haft):

Seid barmherzig, wie auch euer Vater barmherzig ist. Und richtet nicht, so werdet ihr auch nicht gerichtet. Verdammt nicht, so werdet ihr nicht verdammt. Vergebet, so wird euch vergeben. Gebet, so wird euch gegeben. Ein voll, gedrückt, gerüttelt und überfließend Maß wird man in euren Schoß geben; denn eben mit dem Maß, mit dem ihr messet, wird man euch wieder messen. – Was siehest du aber den Splitter in deines Bruders Auge, und des Balkens in deinem Auge wirst du nicht gewahr? Wie kannst du sagen zu deinem Bruder: halt still, Bruder, ich will den Splitter aus deinem Auge ziehen, und du siehest selbst nicht den Balken in deinem Auge? Du Heuchler, zieh zuvor den Balken aus deinem Auge und siehe dann zu, daß du den Splitter aus deines Bruders Auge ziehest!

Mit meinem Vater war nie ein politisches Gespräch möglich. Alle Ansätze wurden in der Familie abgeschnitten. Seine Auffassung galt als grundsätzlich richtig und zu akzeptieren. Daraus ergab sich, daß wir fast nie darüber sprachen, es war ja zwecklos. Für mich ergab sich dadurch und durch seine ständigen ideologischen Widersprüche auch rein familiär kaum eine Beziehung. Aus Verzweiflung bin ich dann zur Erlösergemeinde gegangen, weil ich mal Menschen brauchte. Ich war sonst immer allein gewesen, denn ich wollte absolut nichts mit Menschen zu tun haben. Und da dachte ich, bei Erlöser sind vielleicht ein paar andere Menschen. Vielleicht findest du da ein paar Leute, die dich verstehen. Hab' mit denen auch ganz gut leben können. Aber auf solche Fragen hab' ich von denen auch keine Antwort gekriegt. Bin dann solchen Fragen aus dem Wege gegangen, weil ich gemerkt hab', die wollen damit nichts zu tun haben. Ich hatte aber unterdessen dann schon eine ganz andere Einstellung, hatte wenigstens wieder einen Lebenswillen. Irgendwann war's dann wieder soweit, daß ich Mut gefaßt hatte, mit Leuten über diese Fragen in Kontakt zu treten. Ohne Angst davor, daß ich eventuell wieder Nachteile davon haben könnte, also wieder festgenommen werde. Weil ich eigentlich der Meinung war, daß es wichtig ist für die Menschen, solche Dinge zu klären. Damit das Zwischenmenschliche auch funktioniert, nicht nur immer da die Gewalt und da die Angst. Dadurch entsteht wieder Gegengewalt.

Da hab' ich dann wieder *Anarchie* rangeschrieben. Auch wieder an Reviere, damit die gleich wußten... damit ich mit denen wieder in Kontakt treten konnte. Prompt kamen sie natürlich auch: Na, kommen Sie mal mit, wir wollen Sie mal was fragen. Und da konnte ich versuchen, mit denen zu reden. Die sind aber immer ausgewichen. Da ist auch wieder nichts geschehen. Bin dann wieder nach Hause und hab' denen dann auch mal ein Buch gegeben, was nicht bei uns verfaßt war, das von Menschen handelt, die gewalttätig aussehen, aber eigentlich ganz friedliche Menschen sind. Weil ich dachte, mal sehen, wie sie reagieren, vielleicht kann mir mal einer irgendwie... er sollte mir ja gar nicht sagen, daß er das ablehnt oder daß er sich bekehrt, sondern nur mal seine Meinung sagen. Hat er gar nicht erst gemacht. Hat mir das Buch wiedergegeben und gesagt: Na ja, irgendwann, da werd' ich Sie mal holen und dann sprechen wir mal drüber. Und das hat sich ewig hingezogen, das hat mir dann irgendwann gereicht, und da hab' ich wieder *Anarchie* rangeschrieben, und das diesmal zum Nationalfeiertag der DDR.

Aus einem Brief aus der Haft an die Arbeitskollegin,
6. Juli 1989:
[…] Ich will damit nicht sagen, daß der Kommunis-
mus für meine Auffassung etwas Unsinniges ist. Im
Gegenteil. Vieles davon begrüße ich, da die Theorie
eindeutig humanitär ist. Doch ich kann nicht an eine
Praxis glauben. Gerade jetzt wieder in letzter Zeit
kann ich so vieles an Euch nicht begreifen. Und auch
etwas nicht akzeptieren. […] Selbst bei Menschen,
die eine für den Menschen gewählte Auffassung be-
sitzen, gibt es leider noch viel zu viele, die doch
längst nicht immer eine gute Haltung besitzen. (Dazu
muß ich mich auch rechnen.) Erst einmal normal, daß
– um bei Kommunisten und Christen zu bleiben – sie
nicht immer und in jeder Lage fehllos sind und sein
können. Aber es gibt auch Christen und Kommuni-
sten, die ein humanitäres Ziel verfolgen als Großes,
im Kleinen aber manchmal sehr egoistische Ziele an-
streben, die sich aber dann ins Große ausdehnen
und deshalb keineswegs immer positiv sind. […]

Jedenfalls bin ich dann in den Strafvollzug gekommen.
Ein Jahr hatte ich gekriegt, aber die Reststrafe vom er-
stenmal kam ja mit dazu, also waren es dann wieder vier
Jahre und drei Monate. Ich hatte es mir zwar schon so gedacht, aber ich hab' immer noch gehofft: Es kann ja nicht
sein! Die hatten mir auch immer gesagt, das muß nicht
sein, das kann sein, je nachdem, wie das Gericht ent-
scheidet. Das Gericht hat natürlich doch so entschieden,
daß sie mich ein bißchen von der Bildfläche weghaben.

Ich hab' eine Freundin. Das ist die einzige, bei der ich
akzeptiere, daß sie in der SED ist. Und bei der ich gedacht hab', die versucht auch wenigstens gegen ihre ei-

gene Partei was zu sagen und was zu unternehmen und wirklich für Menschen, die mit ihr zusammenleben oder -arbeiten, sich einzusetzen, ohne davon groß was zu haben. Und das fand ich ganz toll. Vor allem konnte ich mit ihr urst diskutieren und auch Fragen stellen. Die hat mir auch gesagt, daß sie nicht alles versteht, daß sie auch nicht alles in Ordnung findet. Und das hab' ich ihr auch in den Briefen aus dem Strafvollzug alles so geschrieben. Außerdem hab' ich mit der Zeit gemerkt, daß mein Erzieher versucht hat, den Menschen dort im Strafvollzug nicht nur die »sozialistische Wiedereingliederung« nahezubringen, sondern deren Probleme zu lösen, soweit das eben ging.

Aus einem Brief aus der Haft an die Arbeitskollegin, 3. Juni 1989:

[…] Nehme mir auch, wenn ich noch genügend Gedanken beisammen habe, das Kommunistische Manifest vor. Aber bitte frage mich jetzt noch nicht, was ich darüber denke! Sicherlich werde ich eine ganze Weile noch vorurteilige Gedanken haben, auch wenn dies, mehrere Enttäuschungen, nicht unbedingt aus dieser Weltanschauung resultieren muß. Gerade beim Schreiben überlege ich wieder, was mich eigentlich noch bewegt, mich trotz hiesiger Belehrungen dafür zu interessieren. Ein Fünkchen Hoffnung von dem, was ich noch vor meiner Inhaftierung besaß, ist wohl noch in mir. Aber leider zweifle ich in letzter Zeit oft an dieser Hoffnung oder diesem Glauben, dem ich damals anheimgefallen bin. […]

Dann kam die Amnestie für die 213er, die politischen Häftlinge. Ich hatte nichts gegen die, aber ich fand es ungerecht, daß Menschen, die absolut nichts mit dem Staat mehr zu tun haben wollen, daß die entlassen werden. Und Menschen, die eigentlich für den Staat sind und versucht haben, Probleme zu lösen, die für die Menschen hier sich absolut negativ ausgewirkt haben – der Absolutismus hier und so –, daß die nicht entlassen werden. Weil ich dachte, wenn die 220er entlassen werden, weil sie demonstriert haben ... In gewisser Weise hab' ich ja auch demonstriert, hab' ja damals auch meine Haltung demonstriert.

Bei der Eingabe an den Staatsanwalt, die ich dann geschrieben habe, hat sich auch die stellvertretende Anstaltsleiterin eingeschaltet, denn die wußte ja inzwischen ganz genau, was ich für ein Mensch bin, weil ich mich für Arbeitsprobleme bzw. so für Menschen eingesetzt hatte, weil ich nicht alles so hinnehmen wollte. Bin halt kein Duckmäuser, hab' mich immer gegen bestimmte Dinge gewehrt. Sowohl für mich wie für die andern. Durch diese Eingabe und durch die Psychologin, die dann auch noch geschrieben hat, daß ich eigentlich ein ganz anderer Mensch bin, als es aus den kurzen gerichtlichen Unterlagen zu ersehen ist, hat sich der Generalstaatsanwalt dann überlegt, daß er mich entläßt.

Und meine jetzige Haltung zu Gewalt und Anarchie ... Was man in letzter Zeit so gesehen hat, so die Linksradikalen ... links ist ja wunderbar, aber radikal, total links mit Gewalt, das akzeptier' ich genausowenig wie rechts. Das ist dann genauso schlimm wie rechts. Wenn da zum Beispiel ein Linksradikaler schreibt *Skinheads raus* und *Ab in die Gaskammer,* das ist für mich genauso, als wenn es ein Faschist sagt. Dann nehmen sich beide nichts, und deshalb sage ich in der Hinsicht: Anarchie niemals, weil Anarchie mit Gewalt und mit eindeutigem Chaos, das wirklich ein Chaos ist, das darf genauso-wenig sein. Und ich hab' unterdessen auch gelernt, daß meine Haltung zur SED insofern auch falsch ist, wenn ich sage, ich akzeptiere nur den einen. Ich hab' da im Strafvollzug noch ein paar Menschen kennengelernt, die in ihrer Art und Weise versucht haben, gerade dort den Menschen, so gut es in diesem Staat DDR geht, zu helfen. Die Psychologin heißt Strohschneider, und die stellvertretende Anstaltsleiterin heißt Franke. Und das sind Menschen, die versucht haben, den in diesem Staat minderbewerteten Menschen zu helfen. Und die müssen jetzt echt Angst haben, daß sie entlassen werden. Solche Menschen kann der Polizeistaat, der jetzige Polizeistaat, der es ja wieder wird, nicht brauchen. Die könnten ja zu human sein.

Chronologie weiterer Fälle

Hans-Günter Brieger, geb. 1916, vor der Verhaftung
Eisenbahner, gegenwärtig Rentner
Anklage: Boykotthetze (Artikel 6 der Verfassung von
1949), Urteil: 15 Jahre, in Haft von 1955 bis 1964
(9 Jahre), dann freigekauft durch die BRD
Gefängnisse: Stasi-U-Haft Berlin und Halle, Strafvollzug: Torgau, Naumburg und Brandenburg

Mein Leidensweg: zuerst Magdalenenstraße, dann mo-
natelang »U-Boot« Hohenschönhausen, eine Zeitlang im
»Roten Ochsen« Halle. Tage- und nächtelang ohne
Schlaf, um Geständnisse und Vernehmungsprotokoll-
Unterschriften zu erzwingen. Was da alles erlogen und
erstunken wurde, ist sagenhaft.

Wenn ich an die vielen bitteren Jahre denke, könnte
ich Tag und Nacht heulen. Meine Frau, mein Goldstück,
ist seit ein paar Jahren fast blind. Leber-, Gallen- und
Augenleiden – alles Folgeerscheinungen für Angehörige
ehemals Inhaftierter.

Fast jeder, der in die Fänge des MfS geraten und in
Haft gelandet ist, wurde mehr oder weniger ausgeraubt.
Auch meine Wohnung wurde auf den Kopf gestellt. Bela-
stungsmaterial wurde nicht gefunden, aber man hat einiges mitgehen lassen, darunter eine Briefmarkensamm-
lung und Fachbücher. In U-Haft und Vollzug wurde mit

Zellenspitzeln gearbeitet. Bei mir war nichts zu gewinnen, ich hatte die Bande durchschaut.

Die Lumpen vom MfS haben bei uns wohl immer noch Narrenfreiheit. Wir werden auch jetzt und in Zukunft die Pest nicht los. »Die Räuber sind unter uns.« Was uns hier in unserem Pleitestaat noch alles blüht, wissen wir nicht. Unsere Arbeit im Untergrund war leider für die Katz'. Wir konnten den Ausverkauf auch nicht aufhalten.

Otto Rudeck, geb. 1910, vor der Verhaftung Bauingenieur im Zentralen Konstruktionsbüro der metallurgischen Industrie in Berlin

Aus dem Bericht des Sohnes:
Am Freitag, dem 19. Juni 1953, wurde mein Vater am Bahnhof Friedrichstraße, wo sich eine Panzerabsperrung befand, festgenommen. Er war am Morgen, bevor er zur Arbeit ging, noch einmal umgekehrt, um seine Frau zu fragen, ob er nicht eine andere Hose anziehen solle – er trug eine kurze HJ-Hose. Da aber keine andere verfügbar war, behielt er sie an. Seine Festnahme wurde von seinen Kollegen Schmergall, Fuß und Günther beobachtet. Er war am 17. Juni in keiner Weise aktiv gewesen.

Am Samstag, dem 20. Juni 1953, fragte meine Mutter persönlich in seinem Betrieb nach. Man konnte ihr nichts Näheres mitteilen. Bei ihrer Rückkehr nach Hause, mittags gegen zwölf Uhr, wurde meine Mutter zu Hause von einem Polizisten mit der Nachricht erwartet, daß ihr Mann tot ist. Angeblich Selbstmord durch Erhängen. Sie sollte sich daraufhin in der Keibelstraße, Zimmer 4202, bei einem Herrn Henkel melden, wo sie von zwei Personen verhört wurde. Danach wurde sie ins Polizeikrankenhaus gefahren, um die Leiche zu identifizieren. Außer einem roten Streifen am Hals konnte sie keine auffälligen Merkmale feststellen. Seine Sachen sollten ursprünglich nach der Reinigung von der Keibelstraße zu uns nach Hause geschickt werden. Nach 14 Tagen fuhr meine Mutter selbst hin und holte die Sachen ab. An Schuhen und Aktentasche war Blut, das Glas der Armbanduhr war zerschlagen. Die Wahrheit über seinen Tod wissen wir bis heute nicht.

Manfred Smolka, geb. 1930, vor der Verhaftung Offizier der NVA, Anklage: Spionage, Urteil: Todesstrafe (vollstreckt am 12. Juli 1960)

Aus dem Gnadengesuch der Mutter an den Präsidenten Wilhelm Pieck:
Mein ältester Sohn war ständig unser Ernährer, da mein Mann im letzten Krieg geblieben ist. Im noch nicht vollendigten 18. Lebensjahr ging er freiwillig zur damaligen Volkspolizei. In seiner zehnjährigen Dienstzeit hat er sich bis zum Oberleutnant emporgearbeitet, und sein Bestreben war es immer, es noch weiter zu bringen. Leider sind seine Pläne gescheitert, da man ihn nach falschen Aussagen von Schmarotzern entlassen und noch bis zum Feldwebel abgesetzt hat. Da er nun nach seiner Entlassung im Schieferbruch arbeiten sollte und man ihm jede andere Arbeit verweigerte, ist er republikflüchtig geworden. Bald nach seiner Flucht hat er seinen Fehler eingesehen und bat wiederholt seine Ehefrau, sich doch von der Polizei eine Bescheinigung geben zu lassen, daß man ihm nichts tut, wenn er zurückkommt. Leider hat man diese Bestätigung seiner Frau verweigert. In der Zwischenzeit hat sich der Grenzpolizist Fritz Renn mit der Frau meines Sohnes in nähere Beziehungen eingelassen. Außerdem

überredete dieser Grenzpolizist die Frau meines Sohnes zur Flucht nach der Bundesrepublik und bewerkstelligte alles zur Flucht, ja sogar Sachen mitzunehmen, welche jetzt meinem Sohn zur Last gelegt werden.

Am 22. 8. 59 brachte Renn mit seinem Auto meine Schwiegertochter und mein zehnjähriges Enkelkind an die Grenze, wo sie beim Überschreiten der Grenze verhaftet wurden. Außerdem hat Renn meinen Sohn über die Grenze gelockt, um angeblich seiner Ehefrau und seinem Kind behilflich zu sein, wobei mein Sohn auch verhaftet wurde. [...]

Am 5. 5. 60 nachmittags um drei Uhr wurde die Todesstrafe verkündet. Als Mutter könnte ich so eine harte und ungerechte Strafe nicht ertragen und würde an dem seelischen Leid dahinsiechen und mein jüngster Sohn, welcher noch in der Lehre ist, seine Mutter verlieren. Ich bitte daher nochmals gütigst für meinen Sohn um ein milderes Urteil.

Dr. Karl Steiner/Ilse Steiner, geb. 1899/1902, vor der Verhaftung: Leiter der Abteilung Sondervermögen im Ministerium der Finanzen/Hausfrau, er ist 1983 verstorben; sie lebt in einem Feierabendheim Anklage: Wirtschaftsverbrechen, Neofaschismus, Verbrechen nach KD 38, Urteil: 6 Jahre 6 Monate/ 4 Jahre, in Haft von April 1954 bis April 1956 (Begnadigung), Gefängnisse: Rummelsburg/Berlin, Barnimstraße

Aus einem Brief der Tochter, Frau Dr. Rose Grützke: Meine Eltern waren Mitglieder der SPD seit 1929 bzw. 1930. 1933 traten sie in die illegale KPD ein. In unserem Haus in Berlin-Hermsdorf arbeitete damals das illegale

ZK der KPD mit Walter Ulbricht, bis zu seiner Emigration in die Sowjetunion. Danach gehörten meine Eltern der Widerstandsgruppe *Hörnle* an, wurden 1936 verraten, verhaftet und zu jeweils 2 Jahren Zuchthaus verurteilt wegen »Vorbereitung zum Hochverrat«. (Die Anklageschrift des Stadtgerichts Berlin, Strafsenat 1 a, Oberrichterin Schützle, vom 9. Februar 1955, bezeichnet meine Mutter aus diesem Grunde als »vorbestraft«!)

Im Jahre 1954 wurden sie, wie viele andere, meist ehemalige SPD-Mitglieder, verhaftet und beschuldigt, »durch Propaganda für den Faschismus und Verbreitung tendenziöser Gerüchte den Frieden des deutschen Volkes und der Welt gefährdet zu haben«. Meine Mutter war in Berlin im »Anerkennungsausschuß« zur Prüfung von Nazi-Opfern (VdN). Sie kannte auch die Unterlagen von Willi Stoph. Nach diesen gab es keinen Grund, ihn als VdN anzuerkennen. Und das sagte sie laut.

Der materielle Verlust hat bei meinen Eltern nicht so im Vordergrund gestanden wie der ideelle, die Frage *Warum?* Wie konnte ihnen der Staat, für den sie seit ihrer Jugend gekämpft hatten, so etwas antun, sie so verraten?

Ich fordere deshalb für meinen toten Vater und meine Mutter eine öffentliche, eine verbale Rehabilitierung. Eine einfache juristische Form, die Kassation der Urteile, genügt hier nicht. Und ich fordere das auch für alle Menschen, die unter dem *Stalinschen Prinzip* widerrechtlich inhaftiert, verurteilt, diffamiert oder in anderer Weise diskriminiert wurden.

Die Richterin in beiden Prozessen, Frau Charlotte Schützle, lebt unbehelligt in Potsdam.

Dieter Schutt, geb. 1934, vor der Verhaftung Student an der Ingenieurschule für Eisenbahnwesen, gegenwärtig EDV-Organisator bei der Deutschen Binnenreederei
Anklage: Staatsgefährdende Hetze (§ 19 StEG)
Urteil: 2 Jahre 6 Monate, in Haft von Dezember 1961 bis Mai 1963, Gefängnisse: Stasi-U-Haft Dresden, Schießgasse, Haftarbeitslager Riesa

[Dieter Schutt hat in Diskussionen während des Studiums die Verurteilung von Harich und Janka kritisiert und anhand ihres Beispiels die offizielle Version der SED zurückgewiesen, wonach es nur in der UdSSR stalinistische Unrechtsurteile gegeben habe.]

Aus Briefen an seine Mutter aus der U-Haft und Strafvollzug:

Ich bitte Dich herzlich, Dir keine Gedanken zu machen, es wird sich alles klären. Wie geht es Dir? Ich hoffe, daß Du Dich von dem Schreck erholt hast und gesund und munter bist. Ich habe noch eine große Bitte: Versuche nicht, um eine Besuchserlaubnis zu bitten, denn dies wäre für meine Nerven nicht gerade gut. Wenn ich der Ansicht bin, daß ich dies aushalten würde, dann schreibe ich Dir. [...]

Diesen Kummer wollte ich Dir auf keinen Fall bereiten, und ich habe nie damit gerechnet. Ich weiß aber, daß ich Dir in die Augen sehen kann. Bitte schicke mir folgende Bücher, die Genehmigung dazu habe ich: 1. Rechnungswesen und Finanzen, 2 Bände, 2. Politische Ökonomie im roten Einband [...]

Hätte mir jemand gesagt, du wirst für deine Diskussionen im Seminar eingesperrt, den hätte ich für verrückt erklärt. Du kennst mich doch und meine Einstellung zur

DDR. Als ich 1957 bei Onkel O. [in der Bundesrepublik] war, habe ich damit gerechnet, daß man mich einsperrt, aber bei uns hier nie. Wenn ich erst draußen bin, dann werde ich versuchen, über die Bezirksleitung der Partei zum Politbüro vorzudringen, damit die Sache geklärt wird. Es ist mein fester Entschluß, wieder Mitglied der Partei zu werden. [...]

Hoffnung habe ich jetzt nur noch auf das Ergebnis des VI. Parteitages und die daraus sich ergebenden Beschlüsse von Staatsrat und Regierung. Noch glaube ich an Partei und Regierung, trotz alledem. Wenn die Zeit vorbei ist, werde ich versuchen, gleich eine Reise nach Moskau zu bekommen. Und auf dem Roten Platz werde ich an Goethes Faust beim Osterspaziergang denken und sagen: Hier bin ich Mensch, hier darf ich es sein.

Klaus Illmer, geb. [?], vor der Verhaftung leitender Maschinist auf dem Fischereihilfsschiff »Karl Marx«, gegenwärtig [?]
Anklage: Staatsgefährdende Hetze (§ 19 StEG), Urteil: 1 Jahr 9 Monate, in Haft von Mai 1964 bis November 1965, Gefängnisse: MfS-UHA Rostock

Zur damaligen Zeit sollte für die Besatzungen der Fischereiflotte ein neues Lohngefüge eingeführt werden. Da die Besatzungen nicht damit einverstanden waren und trotz ihres Protestes nichts geändert wurde, wollte ein Teil der Flotte, der gerade in norwegischen Häfen wegen schlechter Wetterlage festlag, auch nach Wetterbesserung nicht auslaufen, es sei denn, das Lohngefüge hätte sich geändert. Da ich als Leitender Maschinist fuhr und dadurch der gesamten Flotte gut bekannt war, wurde meine Inhaftierung als Druckmittel gegen die Flotte verwendet. Und siehe – es klappte. Am 11. Mai 1964 gegen achtzehn Uhr, während meiner Freizeit, wurde ich von drei Personen, die sich als Mitarbeiter des MfS auswiesen, zur angeblichen Klärung eines Sachverhalts nach Bergen auf Rügen abgeholt. Mir wurde bei der Vernehmung zur Last gelegt, daß ich gegen den Staat hetzen würde. Diese Beschuldigung habe ich zurückgewiesen, da sie nicht der Wahrheit entsprach. Daraufhin wurde ich noch in der gleichen Nacht in das Untersuchungsgefängnis des MfS in Rostock überführt. Der Untersuchungsrichter riet mir, einige Ergänzungen zu den Beschuldigungen zuzugeben. Mir war zwar nicht klar, was das für Ergänzungen sein sollten, aber ich willigte auf Grund seines Drängens ein. Nach drei Wochen Einzelhaft wurde ich wieder zur Vernehmung geholt und erneut beschuldigt, den Staat durch Hetze und Propaganda verleumdet zu haben. Nach meiner erneuten Weigerung, dies zu unterschreiben, wurde ich wiederum in die Zelle zurückgebracht. Beim nächsten Mal habe ich, um nicht wieder in die Einzelzelle zurückgebracht zu werden, die Anschuldigungen unterschrieben, in der Meinung, daß bei der Gerichtsverhandlung alles richtiggestellt wird. Ich wurde beschuldigt, auf dem Schiff ausländische Rundfunksender eingestellt zu haben mit der Absicht, die Besatzung negativ zu beeinflussen. Außerdem wurde mir zur Last gelegt, daß ich die Insel Rügen von der DDR abtrennen wollte, um einen eigenständigen Staat aufzubauen. Trotz mehrmaligen Verlangens, einem Rechtsanwalt vorgeführt zu werden, stellte sich erst eine halbe Stunde vor Beginn des Prozesses am Bezirksgericht Rostock ein Pflichtverteidiger vor. Er sagte mir, daß er nur auf den Verhandlungsablauf Einfluß habe, aber für meine Verteidigung nichts tun könne.

Auf Grund der neuen Situation in unserem Staat bitte ich nun, da es mir in den vergangenen Jahren verwehrt wurde, mich von der Willkür der damaligen Staatssicherheitsorgane zu rehabilitieren.

Hans Lehmann, geb. 1944, vor der Verhaftung Luftbildauswerter im VEB Forstprojektierung, gegenwärtig – als Parteiloser – Bürgermeister der Gemeinde Marzahna
Anklage: Staatsfeindliche Hetze (§ 106), Urteil: 1 Jahr 6 Monate, in Haft von Juli 1967 bis Dezember 1968, Gefängnisse: U-Haft des MfS Potsdam, Strafvollzug Bützow

Ich wurde 1958 aus der 8. Klasse der Grundschule entlassen. Der Besuch der Mittelschule war nicht möglich, da mein Vater selbständiger Handwerker war. Nach der Lehre besuchte ich 1962 eine Abendschule, um die 10. Klasse nachzuholen. Nach wenigen Wochen wurde die gesamte Klasse aufgelöst, da zwei Mitschülerinnen auf einem Ulbricht-Bild die Lippen mit Lippenstift nachgemalt hatten. 1965 bis 1967 habe ich erneut die Abendschule besucht, weil ich unbedingt auf eine Fachschule wollte. Während dieser Zeit wurde ich wegen »Überprüfung der Wehrunterlagen« zum Wehrkreiskommando bestellt, dort aber von einem Mitarbeiter des MfS massiv für eine Mitarbeit geworben. Da ich mich hartnäckig wehrte und eine Mitarbeit grundsätzlich ablehnte, wurde ich in den folgenden Wochen ständig »bearbeitet«. Die Drohung lautete: Keine Mitarbeit, also auch kein Studium. Nach acht Wochen gaben sie auf. Ein Jahr später wurde ich von den gleichen Leuten verhaftet wegen »staatsfeindlicher Hetze«. Vorgeworfen wurden mir meine persönlichen Meinungen und Standpunkte, die ich im Kollegenkreis zu bestimmten politischen Problemen geäußert hatte, z. B. Mauerbau, Israel usw. Die Informationen erhielten sie von einem Kollegen aus dem Büro, der sich wahrscheinlich nicht so gewehrt hat wie ich und unmittelbar vor meiner Verhaftung eine hauptamtliche Tätigkeit beim MfS übernahm. Ich war somit sein *Gesellenstück* (sein Name ist bekannt). Von 1969 bis jetzt habe ich nur »geduckt« gelebt, nie frei und offen über die Vergangenheit sprechen dürfen. Seit Jahren will ich meine Anklageschrift und das Urteil – bis jetzt ohne Erfolg.

Helmut Wickert, geb. 1929, vor der Verhaftung Stellwerkmeister bei der Deutschen Reichsbahn, gegenwärtig Invalidenrentner
Anklage: Staatsfeindliche Hetze (§ 106, Abs. 1, Ziff. 2 + 3), Urteil: 3 Jahre 6 Monate sowie § 48 (Polizeiaufsicht mit wöchentlicher Meldung), in Haft von August 1968 bis Juli 1971, Gefängnisse: Stasi-U-Haft Erfurt, Strafvollzug Untermaßfeld

Ich habe die Freiheitsbestrebung der Bürger der ČSSR 1968 als ein elementares Menschenrecht öffentlich vertreten und gefordert, die Bürger der DDR müßten sich anschließen. Dies habe ich mit der Unfähigkeit unserer damaligen Regierung begründet. Meine Absicht war damals, 1968, die in der ČSSR entstandene Situation in der DDR zu verbreiten und so den sozialistischen Staat zu unterminieren und zu stürzen. Aber leider macht eine Schwalbe noch keinen Sommer. Und so bin ich leider gescheitert. Mir wurde ein Offizialverteidiger in Uniform gestellt (Angehöriger der NVA?). Die Anklageschrift habe ich nur zehn Minuten zum Lesen bekommen. Die Verhandlung war unter Ausschluß der Öffentlichkeit. Die anschließenden Transporte und Haftbedingungen waren katastrophal. Meine Einstellung zur sozialistischen Gesellschaft schlug durch die sogenannten Umerziehungsmaßnahmen in Haß um. Mein »Erzieher« war ein Obermeister Geißenhöhner, dem jedes Mittel recht war, uns zu diskriminieren und zu beleidigen. Auch ein Abteilungsleiter, Oberleutnant Winter, hat in uns nur die Feinde des Sozialismus gesehen und uns entsprechend behandelt.

Leider haben die Menschen, die diese Gesetze verantworten müssen, die Auswirkungen nicht kennengelernt, sonst wüßten sie, was das für uns bedeutet hat. Man hat uns im Namen des Volkes verurteilt, und nun müßte das Volk auch aufgeklärt werden, was in seinem Namen geschah. Es ist eine traurige Bilanz unserer Gesellschaft, auch wenn es nur ein Teil des Volkes ertragen mußte. Und so etwas darf nicht ungeschehen gemacht werden. Wir haben für die Freiheit einen harten Preis bezahlt.

Karl-Heinz Gurski, geb. 1934, vor der Verhaftung Kesselwärter bei *Rewatex,* gegenwärtig Expedient bei *Säureschutz* Berlin
Anklage: Staatsfeindliche Hetze, Verleumdung der DDR, Urteil: 1 Jahr 6 Monate, in Haft von September 1968 bis Dezember 1969, Gefängnisse: Stasi-U-Haft – Ort unbekannt, Strafvollzug Rummelsburg und Cottbus

Am 21. August 1968 habe ich aus Protest gegen den Einmarsch deutscher Truppen in die ČSSR die Arbeit niedergelegt, weil dreißig Jahre zuvor das gleiche passiert war, was wir ehrlichen Deutschen verurteilt haben. Ich habe mich geschämt, ein Deutscher zu sein. Nur weil ich wollte, daß es nicht noch einmal so kommt wie 1938, mußte ich erst mal aus dem Verkehr gezogen werden, denn das hat nicht in das Konzept von Herrn Ulbricht gepaßt. – Weil wir einen Kindergeburtstag vorzubereiten hatten, hörten wir kein Radio, und so erfuhr ich erst im Betrieb die Tatsachen. Meine fünfzehn zum Teil jungen Kollegen waren sehr empört über das, was geschehen war, und erwarteten von mir eine Entscheidung, da ich damals Kandidat der SED war. Und ich habe mich entschieden, nicht zu arbeiten – entgegen der Meinung eines alten Genossen (von meiner Tätigkeit hing im Betrieb die Weiterarbeit ab). Wir haben den Betrieb gesichert und sind für diese Schicht auf die Straße gegangen. Drei Tage später hatte ich ein Parteiausschlußverfahren, wurde von meiner Funktion entbunden und in einen anderen Betriebsteil versetzt. Am 5. September 1968 um 4.30 Uhr wurde ich verhaftet. Die Vernehmungen dauerten bis etwa April/Mai und gingen Tag und Nacht vonstatten. Die Namen derjenigen, die an der Verhandlung teilgenommen haben, weiß ich nicht. Erinnern kann ich mich nur an den Staatsanwalt – er hatte zwei Holzhände – und an meinen sogenannten Verteidiger, den ich genau fünfzehn Minuten vor der Verhandlung kennenlernte – er war blind und wohnte in Köpenick, Bahnhofstraße. Die Beschuldigung war »staatsfeindliche Hetze«, »Aufforderung zum Streik«, »Mißachtung der Regierungsbeschlüsse« und vieles andere mehr. Mir sind Beschimpfungen des Staatsanwaltes nicht mehr geläufig. Ich glaube, daß sich bis jetzt nicht viel geändert hat. Wir Opfer werden wohl allein damit fertig werden müssen. Das Selbstbewußtsein ist weg, die Ehe kaputt, und man ist nur noch traurig.

Brigitte Wieberneit, geb. 1945, vor der Verhaftung
Sekretärin an der Akademie der Wissenschaften,
gegenwärtig Hausfrau und Tages-Oma
Anklage: Spionage, Staatsverrat, Geheimnisverrat,
Republikflucht
Urteil: 8 Jahre 6 Monate (nach Berufung 7 Jahre
6 Monate), in Haft von Oktober 1971 bis Dezember
1972 (Amnestie), Gefängnisse: Stasi-U-Haft Berlin,
Normannenstraße, Berlin-Hohenschönhausen,
Strafvollzug Bautzen II

Mein wirkliches Vergehen bestand darin, daß ich im Oktober 1970 mit meinem damals fünfjährigen Sohn in den
anderen Teil Deutschlands wollte. Nach mehrmonatiger
Einzelhaft in Hohenschönhausen wurden mir dann solche extremen Paragraphen angelastet wie Geheimnisverrat, Staatsverrat, Spionage, staatsfeindliche Agententätigkeit, Republikflucht und wohl noch weitere dubiose
Paragraphen, die ich nicht behalten konnte oder wollte.
Für mich war das Ganze eine derartige Farce, daß ich bei
meinem Urteil nur habe lachen statt weinen können.
Fünfundzwanzigjährig, begriff ich die Welt nicht mehr
und begann schon an meinem Verstand zu zweifeln. Bei
meinem Berufungsverfahren wurden ein Paragraph und
ein Jahr rückgängig gemacht. Man nahm die Republikflucht zurück, das einzige, was mir nach damaliger Ge-
setzgebung wirklich hätte angelastet werden können. Ich
hatte es mehrfach vor, habe es immer zugegeben und nie
abgestritten. Alle anderen »Vergehen«, von unseren Sta-
si-Freunden absolut erfunden und von den Vernehmern
einfach zusammengebastelt, waren an den Haaren her-
beigezogen. Ich hatte schon damals den Verdacht, daß
die Vernehmer dadurch entweder einen Orden oder eine

hohe Prämie einheimsen konnten, daß sie »Staatsfeinde«
– mit welchen Mitteln auch immer – aus dem Boden
stampften. Deshalb kam ich mit Wut im Bauch, ange-
schlagen zwar, doch nicht ohne Hoffnung und mit offenen Sommersandaletten mitten im Schneewinter 71/72
aus Bautzen zurück. Das Bewußtsein, nie wieder für diesen Staat einen Finger krumm zu machen, gab mir
enorme Kraft.

Stefan Domewski, geb. 1942 (Jugoslawe), vor der
Verhaftung Gaststätteninhaber (Berlin/Kudamm),
gegenwärtig ohne Arbeit (Gaststätte verkauft)
Anklage: Staatsfeindlicher Menschenhandel (§ 105),
Urteil: 3 Jahre 6 Monate, in Haft von Dezember
1976 bis Mai 1978, Gefängnisse: Stasi-U-Haft
Frankfurt/Oder, Strafvollzug Rummelsburg,
Abschiebehaft Karl-Marx-Stadt

Im Mai 1976 habe ich meine Verlobte, spätere Ehefrau,
kennengelernt, in Ost-Berlin. Wir wollten beide heiraten
und in West-Berlin leben. Da die Heirat damals in Ost-
Berlin fast unmöglich war, haben wir uns entschlossen,
nach West-Berlin zu flüchten. Ich habe gefunden einen
Fluchthelfer: Italiener, welcher gearbeitet hat in Argen-
tinische Botschaft als Koch. Er wünschte zuerst meine
Verlobte zu sehen und persönlich mit ihr zu sprechen,
ohne meine Anwesenheit. Es hat ein Gespräch stattgefunden in seinem Auto in Ost-Berlin. Er hat sie alles ausgefragt, was ihn interessierte, und anschließend gesagt,
sie kann jetzt nach Hause gehen, er werde sich bei ihr
melden und seine eventuelle Bereitschaft für Fluchthilfe
zusagen. Meine Verlobte ist nach Hause gegangen und
am nächsten Morgen um sechs Uhr früh im Bett verhaftet

worden von der Staatssicherheit. Nächsten Tag, ich ah-
nungslos fahre nach Ost-Berlin, da bin ich ebenfalls verhaftet worden. Beim Haftbefehl hatte der Vernehmer
wortwörtlich die gleichen Worte gesagt, die meine Verlobte mit dem Fluchthelfer gesprochen. Offensichtlich
war das ganze Gespräch mit Tonband aufgenommen und
es als Beweismittel für Verhaftung gedient. Der Fluchthelfer war ein Stasi-Spitzel.

Ich will sagen, die viermonatigen U-Haft-Bedingun-
gen waren sehr schwer und bedrückend. Wir durften keinen freien Himmel, kein grünes Gras oder Bäume sehen.
Nur Beton und Tageslicht durch Glasbausteine. Sie sehen, wir sind verurteilt zu schwerem Kerker, nur weil wir
wollten heiraten auf illegalem Weg. Nicht mal einen
Fluchtversuch haben wir unternommen.

Solche Urteile gab's nicht mal in Afrika, aber in Berlin
unter SED-Herrschaft. Heirat ist elementarstes Menschenrecht, aber das wurde in DDR oftmals bestraft. Ich
bin nach 18 und meine Frau nach 13 Monaten entlassen
worden nach West-Berlin, wo wir anschließend heirate-
ten.

Wolfram Drautsch, geb. 1953, vor der Verhaftung
Maurer im VEB Gebäudewirtschaft Annaberg, gegenwärtig Maurer im Trockenwerk Mildenau
Anklage: Republikflucht, Fahnenflucht, Urteil: 1 Jahr
6 Monate, in Haft von Dezember 1977 bis Oktober
1978, Gefängnis: Militärstrafanstalt Schwedt

Vor zehn Jahren absolvierte ich meinen Grundwehr-
dienst bei der NVA in Storkow. Vier Wochen vor der
Entlassung bekam ich dicke Mandeln und meldete mich
im Med.-Punkt. Der dortige Arzt (Major) erteilte mir

den »Befehl«, daß die Mandeln entfernt werden. Ich widersprach, da jeder Mensch einmal bei Erkältung dicke Mandeln bekommt. Der Arzt teilte mir mit, daß bei einer Weigerung ein paar Soldaten nachhelfen. Da ich sowieso umfalle, wenn ich Blut sehe – auch das ist normal – und riesige Angst vor dieser Mandelentfernung hatte, drehte ich durch und riß aus bis zu meinem Elternhaus, wo man mich abends gegen 21 Uhr festnahm. Morgens wollte ich mich beim Wehrkreiskommando Annaberg melden. Man fuhr mich zurück zur Kaserne, von da ab in die U-Haft Berlin, und dort schmorte ich wie ein Schwerverbrecher sechs Monate, wie das eben bei den Stalinisten so war. Vielen Verhören und Erpressungen war ich unterworfen, und immer wieder mußte ich hören, ich hätte in die BRD flüchten wollen. Ein Mensch, der Gehirn im Kopf hat, flüchtet nicht vier Wochen vor der Entlassung, und noch dazu ins Elternhaus. Was hatten bloß diese Herren, die monatlich ungeheure Gelder als Lohn dafür bekamen, daß sie mich verurteilt haben, für ein Herz im Leib, solche gemeinen und total unwahren Behauptungen einfachen gefangenen Menschen, die der Staat zur Armee holt, als »Recht« auszugeben. Bitte seien Sie mir nicht böse, aber ich kann das Wort *Kommunismus* nicht mehr hören, denn ich habe mein Leben lang um Gerechtigkeit regelrecht kämpfen müssen. Wenn Stasi und diese Herrn ehemaligen Genossen Gelder schlucken in Millionenhöhe für absolut nichts, so möchte ich – und ich gehe aufs Ganze – meinen Lohn für diese dreizehn Monate. Diesen Schnüfflern von der Stasi nimmt auch keiner etwas weg, und da jetzt die Freiheit gekommen ist, kann ich endlich diesen Zorn, den ich nie vergessen werde, aussprechen.

Frank-Thomas Nitz, geb. 1957, vor der Verhaftung stellv. Absatzleiter im VEB Vereinigte Netz- und Seilwerke Heidenau, Werk Annaberg, gegenwärtig Sachbearbeiter in der Pressestelle beim Sekretariat der Berliner Bischofskonferenz
Anklage: Staatsfeindliche Hetze (§ 106, Abs. 1, Ziffer 1 + 3), Urteil: 1 Jahr 6 Monate, in Haft von Januar 1980 bis Februar 1981, Gefängnisse: Stasi-U-Haft Karl-Marx-Stadt, Kaßbergstraße, Strafvollzug Cottbus

Aus einem Brief an das Oberste Gericht:
Mir wurde vorgeworfen, mit der Zielstellung, das Ansehen der DDR zu schädigen, Schallaufzeichnungen verbreitet zu haben, die geeignet seien, die sozialistische Staats- und Gesellschaftsordnung und deren Repräsentanten zu diskriminieren. Es handelt sich dabei vor allem um Tonbandaufnahmen von Liedern Wolf Biermanns (vom *Kölner Konzert*), Gerulf Pannachs und Christian Kunerts, die ich zusammen mit Freunden und Bekannten in meiner damaligen Annaberger Wohnung angehört hatte. Nicht die Schädigung des Ansehens der DDR war mein Motiv, sondern das Interesse an der Auseinandersetzung mit politischen Problemen, wobei es zunächst einmal um die einfache Inanspruchnahme des allgemeinen Grundrechts auf Information ging. Ich fordere eine umgehende Annullierung des seinerzeit gegen mich ergangenen Urteils und – damit verbunden – eine offizielle schriftliche Rehabilitierung. Außerdem erwarte ich eine Wiedergutmachung gegenüber meiner Mutter, Lisbeth Nitz, die – zu jener Zeit schon im Rentenalter – während meiner Inhaftierung seelisch schwer gelitten hat, da sie nicht erfahren durfte, wie es mir in der Haft wirklich ging,

und gleichzeitig mein Vater schwer krank war und während meines Gefängnisaufenthaltes am 30. August 1980 starb. Eine Teilnahme an der Beerdigung meines Vaters wurde mir übrigens nicht erlaubt.

Günter Zschau/Jutta Zschau, geb. 1939/1941, vor der Verhaftung Diplom-Mathematiker an der HfÖ/ Säuglingspflegerin, gegenwärtig wohnhaft in Fürstenfeldbruck bei München
Anklage: Ungesetzlicher Grenzübertritt (§ 213), Urteil: 2 Jahre 6 Monate/2 Jahre 2 Monate, in Haft von Juni 1982 bis Oktober 1983, Gefängnisse: Stasi-U-Haft Leipzig, Beethovenstraße, Neustrelitz und Berlin-Hohenschönhausen, Strafvollzug Cottbus/ Hoheneck, »Drehscheibe« Karl-Marx-Stadt

Günter Zschau: Ich arbeitete an der HfÖ im Wissenschaftsbereich Konsumtion und Lebensstandard und befaßte mich dort mit der mathematischen Modellierung des Lebensniveaus. Kompromisse früherer Jahre nötigten mich in die Kampfgruppen, ohne Mitglied der SED zu sein. Es gab ständig Auseinandersetzungen mit bigotten Professoren über Wirtschaftspolitik, über den Grad der Wissenschaftlichkeit der Wirtschaftswissenschaft, über meinen Wunsch, aus den Kampfgruppen auszutreten. Inquisitorische Fragen nach meiner »Einstellung« im Zusammenhang mit der Demokratie-Bewegung in Polen verschlechterten meine Lage und mein Ansehen. Gedanklich und in Verbindung mit der Freundin meiner Frau in der Bundesrepublik bereiteten wir unsere Übersiedlung in die Bundesrepublik vor. Wir waren es müde, uns ständig von Hohlköpfen und Profiteuren der SED unsere Lebens- und Denkweise vorschreiben zu lassen.

Pfingsten 1982 trafen wir uns mit unseren Freunden aus der Bundesrepublik in Berlin und übergaben ihnen persönliche Gegenstände und Bargeld zur Verwahrung. Gleichzeitig vereinbarten wir den Ort eines weiteren Treffens auf der Autobahn bei Köckern. Am 24. 6. 1982 wurde unser Treffen in Köckern von den Organen der DDR beobachtet. Nach der Übergabe weiterer persönlicher Gegenstände und 10 000 Mark wurden meine Frau und ich nördlich von Köckern festgenommen, in eine Sandgrube geschafft, voneinander getrennt und ab sofort pausenlos verhört. Die Freundin meiner Frau wurde am Grenzübergang Drewitz festgenommen.

Jutta Zschau: Nach der Entlassung fühlte ich mich aber nicht etwa frei, denn ich lebte in dem gleichen Land mit den Menschen, die mich eingesperrt hatten, die mich ein Jahr und vier Monate täglich gedemütigt und gepeinigt hatten. Ein neues Gefühl machte sich in mir breit – Haß. Ich bin zwar Christin, aber meine Feinde lieben kann ich nicht. Ich gehe ihnen nur aus dem Wege. Ich unterscheide auch nicht zwischen denen, die aus Überzeugung mitmachten, und denen, die nur aus Vorteilen sich zur Stasi gesellten. Die seelischen Qualen und der Kummer, den man uns zugefügt hat, das alles läßt sich nicht in Worte fassen. Doch so allmählich gewöhnte man sich an das Leben »draußen«. Geholfen dabei hat mir vor allem mein ehemaliger Chef. Um mich herum war so viel kaputt, es gab das Gute im Menschen nicht mehr. Mit freundlichen Gesten, mit Aufmerksamkeiten und Einladungen in das Haus unseres Doktors normalisierten sich auch meine Beziehungen zu den Menschen wieder. Es entwickelte sich eine Freundschaft, die bis zum heutigen Tag anhält.

Elsa Schmidt, geb. 1919, zur Zeit der Verhaftung Rentnerin, gegenwärtig wohnhaft in der Bundesrepublik (West)
Anklage: Landesverräterische Nachrichtenübermittlung (§ 99), Urteil: 5 Jahre, in Haft von Mai 1983 bis Dezember 1987 (Amnestie), Gefängnisse: Stasi-U-Haft Dresden, Bautzener Straße, Strafvollzug Hoheneck

Nur weil wir uns fest entschlossen hatten, in die Freiheit der BRD zu wollen, wurden wir (mein Sohn Claus, geboren 1947, und ich) am 19. 5. 1983 früh vom Kaffeetisch weg in Untersuchungshaft abgeführt. Obwohl Altersrentnerin mit Herzinfarkt, erkrankt und mehrfach zusammengebrochen, mußte ich in Hoheneck im 3-Schicht-System als Strumpfformerin an Geräten arbeiten, die hundert Grad Hitze ausstrahlten. Die Entlassung erfolgte in Handschellen in einem Pferchtransport ohne jede Verpflegung und ohne Mitgabe meiner Medizin, von der ich abhängig bin. Als ich an dem kalten Morgen des 24. 11. 1987 in meinem Sommerkleid und einer dünnen Strickjacke – eben genau so, wie ich im warmen Maimorgen abgeführt worden war – das Gefängnis verließ, fand ich meine Wohnung anderweitig belegt und von meinem Eigentum nichts mehr vorhanden. Dabei enthielten die Urteile keine Beschlagnahmeverfügungen. Ich schulde weder dem Staat noch irgend jemandem auch nur einen Pfennig. Hier stimmt doch etwas nicht. Wo ist unser Eigentum? Wer war beauftragt, eine Auflösung durchzuführen, und von welcher Stelle kam der Auftrag? Warum gab man uns im Winter fünf Monate keine Kohlenkarte? Mit welchem Recht nahm man uns ein in achtzehn harten Arbeitsjahren aus dem Nichts wiederaufgebautes großes Ladengeschäft und einen bestens ausgestatteten Haushalt, sämtliche persönlichen Papiere, ererbte Familienbibeln und die Fotos einer Trümmerfrau, die mit Kummer um den kriegsvermißten Mann sich im Heer der Aufbauwilligen einsetzte, dabei – wie viele andere auch – das kleine Söhnchen am Beräumungsplatz anband, um nicht auch diesen zu verlieren. Warum mußten wir fast eineinhalb Jahre unter unzumutbaren Verhältnissen auf unsere Ausreise in die BRD warten? Wann, wo und wie wird uns diese Behandlung wiedergutgemacht?

Jan Schoppe, geb. 1967, vor der Verhaftung Transportarbeiter, gegenwärtige Tätigkeit nicht bekannt, lebt in der Bundesrepublik (West) Anklage: Öffentliche Herabwürdigung des Staates (§ 220), Urteil: 3 Monate (7 Monate), in Haft von November 1988 bis Februar 1989, Gefängnis: Zeithain

Aus dem Brief der Mutter an die *Initiative für Frieden und Menschenrechte* (IFM):
Am 16. 11. 1988 war mein Sohn Jan sehr aufgeregt. Er hatte etwas getrunken und brachte seinen Ärger über den geringen Verdienst von fünfhundert Mark bei schwerer Arbeit in der Forstwirtschaft am offenen Zimmerfenster laut zum Ausdruck. Am Sonnabend früh um zehn Uhr wurde er verhaftet. Es kam zu einer kurzfristigen Verhandlung, und er wurde zu einer Haft von drei Monaten verurteilt. Als er entlassen war, konnte man sich seinen Haß auf den Staat vorstellen. Ich ermahnte ihn, nicht wieder unüberlegt zu handeln. Am 16. Juni 1989 brachte mein Sohn gegen 21.30 Uhr Besuch zur Haustür. Sie un-

terhielten sich, und mein Sohn Jan sang mehr aus Übermut ein Lied, das von einer Gruppe in der BRD gesungen wird als Protest gegen Polizeigewalt und in dem das Wort *Bullenschwein* vorkommt. In diesem Moment betrat Herr Melcher, Mitarbeiter der Stasi, das Haus und bezog das Wort *Bullenschwein* auf sich. Er zeigte meinen Sohn an, der zu einer Haft von sieben Monaten verurteilt wurde. Empört über diese ungerechte Verurteilung, stellten mein Sohn und seine Verlobte einen Ausreiseantrag, der genehmigt wurde. Am 13. November sollten sie ihre Papiere abholen. Am 23. Oktober sollte aber mein Sohn als Selbststeller nach Görlitz in Haft. Er trat die Haft nicht an und hielt sich drei Wochen versteckt, da wir der Meinung waren, zu einer Verurteilung aufgrund einer Lüge *Nein* zu sagen. Am 10. November wurde mein Sohn abgeholt. Aufgrund seiner Ausreise wurde die Haftstrafe aufgehoben; er hatte aber den Staat sofort zu verlassen.

Ich frage mich, wie viele politische Delikte, die im Grunde keine sind, hat die Richterin Kubitz abgeurteilt. Mit ruhigem Gewissen ist sie noch im Amt. Auch der ehemalige Stasi-Angehörige Melcher geht seiner Arbeit nach, als wenn nichts gewesen wäre.

Dokumentation der gesetzlichen Grundlagen für die Durchsetzung politischen Strafrechts in der DDR (Auswahl)

Strafgesetzbuch 1871
(Auszug)
Staatsverleumdung

Wer erdichtete oder entstellte Tatsachen, wissend, daß sie erdichtet oder entstellt sind, öffentlich behauptet oder verbreitet, um dadurch Staatseinrichtungen oder Anordnungen der Obrigkeit verächtlich zu machen, wird mit Geldstrafe oder mit Gefängnis bis zu zwei Jahren bestraft.

(Wirkung wurde mit StEG § 27 am 1. 2. 1958 aufgehoben.)

Direktive Nr. 38 des Kontrollrates
vom 12. Oktober 1946
(Auszug)

Der Kontrollrat erläßt folgende Direktive:
Abschnitt I
1. Zweck
Der Zweck dieser Direktive ist es, für ganz Deutschland gemeinsame Richtlinien zu schaffen betreffend:
a) die Bestrafung von Kriegsverbrechern, Nationalsozialisten, Militaristen und Industriellen, welche das nationalsozialistische Regime gefördert und gestützt haben;
b) die vollständige und endgültige Vernichtung des Nationalsozialismus und des Militarismus durch Gefangensetzung oder Tätigkeitsbeschränkung von bedeutenden Teilnehmern oder Anhängern dieser Lehren;
c) die Internierung von Deutschen, welche, ohne bestimmter Verbrechen schuldig zu sein, als für die Ziele der Alliierten

gefährlich zu betrachten sind, sowie die Kontrolle und Überwachung von Deutschen, die möglicherweise gefährlich werden können.

Abschnitt II
Artikel III
Belastete
A. Aktivisten.
III. Aktivist ist auch, wer nach dem 8. Mai 1945 durch Propaganda für den Nationalsozialismus oder Militarismus oder durch Erfindung und Verbreitung tendenziöser Gerüchte den Frieden des deutschen Volkes oder den Frieden der Welt gefährdet hat oder möglicherweise noch gefährdet.

Artikel IX
Sühnemaßnahmen gegen Belastete
1. Sie können auf die Dauer bis zu zehn Jahren in einem Gefängnis oder in einem Lager interniert werden, um Wiedergutmachungs- und Wiederaufbauarbeiten zu verrichten. Internierung aus politischen Gründen nach dem 8. Mai 1945 kann angerechnet werden.
2. Ihr Vermögen kann als Beitrag zur Wiedergutmachung ganz oder teilweise eingezogen werden. Bei teilweiser Einziehung des Vermögens sind insbesondere die Sachwerte einzuziehen. Die notwendigen Gebrauchsgegenstände sind ihnen zu belassen.
3. Sie dürfen kein öffentliches Amt einschließlich Notariat und Anwaltschaft bekleiden.
4. Sie verlieren alle Rechtsansprüche auf eine aus öffentlichen Mitteln zahlbare Pension oder Zuwendung.
5. Sie verlieren das aktive und passive Wahlrecht, das Recht, sich irgendwie politisch zu betätigen oder Mitglied einer politischen Partei zu sein.
6. Sie dürfen weder Mitglied einer Gewerkschaft noch einer wirtschaftlichen oder beruflichen Vereinigung sein.
7. Es ist ihnen auf die Dauer von mindestens fünf Jahren nach ihrer Freilassung untersagt,
   a) in einem freien Beruf oder selbständig in irgendeinem gewerblichen Betrieb tätig zu sein, sich an einem sol-

chen zu beteiligen oder dessen Aufsicht oder Kontrolle auszuüben,

b) in nicht selbständiger Stellung anders als in gewöhnlicher Arbeit beschäftigt zu sein,

c) als Lehrer, Prediger, Redakteur, Schriftsteller oder Rundfunk-Kommentator tätig zu sein.

8. Sie unterliegen Wohnraum- und Aufenthaltsbeschränkungen.

9. Sie verlieren alle ihnen erteilten Approbationen, Konzessionen und Vorrechte sowie das Recht, ein Kraftfahrzeug zu halten.

10. Nach Ermessen der Zonenbefehlshaber können in die Zonengesetze Sühnemaßnahmen aufgenommen werden, die es den Belasteten untersagen, eine Zone ohne Genehmigung zu verlassen.

Verfassung
der Deutschen Demokratischen Republik
vom 7. Oktober 1949
(Auszug)

Artikel 6
(1) Alle Bürger sind vor dem Gesetz gleichberechtigt.

(2) Boykotthetze gegen demokratische Einrichtungen und Organisationen, Mordhetze gegen demokratische Politiker, Bekundung von Glaubens-, Rassen-, Völkerhaß, militaristische Propaganda sowie Kriegshetze und alle sonstigen Handlungen, die sich gegen die Gleichberechtigung richten, sind Verbrechen im Sinne des Strafgesetzbuches. Ausübung demokratischer Rechte im Sinne der Verfassung ist keine Boykotthetze.

(3) Wer wegen Begehung dieser Verbrechen bestraft ist, kann weder im öffentlichen Dienst noch in leitenden Stellen im wirtschaftlichen und kulturellen Leben tätig sein. Er verliert das Recht, zu wählen und gewählt zu werden.

Gesetz zur Ergänzung des Strafgesetzbuches

vom 11. Dezember 1957
(Strafrechtsergänzungsgesetz)
(Auszug)

§ 14
Spionage

Wer es unternimmt, Tatsachen, Gegenstände, Forschungsergebnisse oder sonstige Nachrichten, die im politischen oder wirtschaftlichen Interesse oder zum Schutze der Deutschen Demokratischen Republik geheimzuhalten sind, an andere Staaten oder deren Vertreter, an Organisationen oder Gruppen, die einen Kampf gegen die Arbeiter-und-Bauern-Macht oder andere friedliebende Völker führen, oder deren Vertreter oder Helfer auszuliefern oder zu verraten, wird wegen Spionage mit Zuchthaus nicht unter drei Jahren bestraft; auf Vermögenseinziehung kann erkannt werden.

§ 19
Staatsgefährdende Propaganda und Hetze

(1) Wer
1. den Faschismus oder Militarismus verherrlicht oder propagiert oder gegen andere Völker oder Rassen hetzt,
2. gegen die Arbeiter-und-Bauern-Macht hetzt, gegen ihre Organe, gegen gesellschaftliche Organisationen oder gegen einen Bürger wegen seiner staatlichen oder gesellschaftlichen Tätigkeit oder seiner Zugehörigkeit zu einer staatlichen Einrichtung oder gesellschaftlichen Organisation hetzt, Tätlichkeiten begeht oder sie mit Gewalttätigkeiten bedroht, wird mit Gefängnis nicht unter drei Monaten bestraft. Der Versuch ist strafbar.

(2) Ebenso wird bestraft, wer Schriften oder andere Gegenstände mit einem derartigen Inhalt herstellt oder mit dem Ziele der Hetze einführt oder verbreitet.

(3) In schweren Fällen, insbesondere, wenn die Tat im Auftrage der in § 14 genannten Stellen oder Personen oder wenn sie planmäßig begangen wird, ist auf Zuchthaus zu erkennen.

§ 20
Staatsverleumdung
Wer

1. die Maßnahmen oder die Tätigkeit staatlicher Einrichtungen oder gesellschaftlicher Organisationen öffentlich verleumdet oder entstellt,

2. einen Bürger wegen seiner staatlichen oder gesellschaftlichen Tätigkeit oder seiner Zugehörigkeit zu einer staatlichen Einrichtung oder gesellschaftlichen Organisation öffentlich verleumdet oder verächtlich macht,
   wird mit Gefängnis bis zu zwei Jahren bestraft.

§ 21
Verleitung zum Verlassen
der Deutschen Demokratischen Republik
(1) Wer es unternimmt, eine Person

1. im Auftrage von Agentenorganisationen, Spionageagenturen oder ähnlichen Dienststellen oder von Wirtschaftsunternehmen oder

2. zum Zwecke des Dienstes in Söldnerformationen zum Verlassen der Deutschen Demokratischen Republik zu verleiten, wird mit Zuchthaus bestraft; auf Vermögenseinziehung kann erkannt werden.

(2) Wer es unternimmt, einen Jugendlichen oder einen in der Berufsausbildung stehenden Menschen oder eine Person wegen ihrer beruflichen Tätigkeit oder wegen ihrer besonderen Fähigkeiten oder Leistungen mittels Drohung, Täuschung, Versprechen oder ähnlichen die Freiheit der Willensentscheidung beeinflussenden Methoden zum Verlassen der Deutschen Demokratischen Republik zu verleiten, wird mit Gefängnis nicht unter sechs Monaten bestraft.

Strafgesetzbuch

vom 12. Januar 1968
(Auszug)

§ 97
Spionage

(1) Wer Nachrichten oder Gegenstände, die geheimzuhalten sind, zum Nachteil der Interessen der Deutschen Demokratischen Republik für eine fremde Macht, deren Einrichtungen oder Vertreter oder für einen Geheimdienst oder für ausländische Organisationen sowie deren Helfer sammelt, an sie verrät, ihnen ausliefert oder in sonstiger Weise zugänglich macht, wird mit Freiheitsstrafe nicht unter fünf Jahren bestraft.

(2) Vorbereitung und Versuch sind strafbar.

(3) In besonders schweren Fällen kann auf lebenslängliche Freiheitsstrafe oder Todesstrafe erkannt werden.

§ 98

Wer sich von den im § 97 Absatz 1 genannten Stellen oder Personen zum Zwecke der Sammlung, des Verrats oder der Auslieferung von geheimzuhaltenden Nachrichten zum Nachteil der Interessen der Deutschen Demokratischen Republik anwerben läßt, wird ebenfalls wegen Spionage bestraft.

§ 99
Landesverräterische Nachrichtenübermittlung

(1) Wer der Geheimhaltung nicht unterliegende Nachrichten zum Nachteil der Interessen der Deutschen Demokratischen Republik an die im § 97 genannten Stellen oder Personen übergibt, für diese sammelt oder ihnen zugänglich macht, wird mit Freiheitsstrafe von zwei bis zu zwölf Jahren bestraft.

(2) Vorbereitung und Versuch sind strafbar.

§ 100
Landesverräterische Agententätigkeit

(1) Wer zu den im § 97 genannten Stellen oder Personen Verbindung aufnimmt oder sich zur Mitarbeit anbietet oder diese Stellen oder Personen in sonstiger Weise unterstützt, um die Interessen der Deutschen Demokratischen Republik zu schädi-

gen, wird mit Freiheitsstrafe von einem Jahr bis zu zehn Jahren bestraft.

(2) Vorbereitung und Versuch sind strafbar.

§ 105
Staatsfeindlicher Menschenhandel

(1) Wer

1. um die Deutsche Demokratische Republik zu schädigen;
2. im Zusammenhang mit den im § 97 genannten Stellen oder Personen Bürger der Deutschen Demokratischen Republik ins Ausland abwirbt, verschleppt, ausschleust oder deren Rückkehr in die Deutsche Demokratische Republik verhindert oder in sonstiger Weise an der Tat mitwirkt,

wird mit Freiheitsstrafe nicht unter zwei Jahren bestraft.

(2) Vorbereitung und Versuch sind strafbar.

(3) In besonders schweren Fällen kann auf lebenslängliche Freiheitsstrafe erkannt werden.

§ 106
Staatsfeindliche Hetze

(1) Wer die verfassungsmäßigen Grundlagen der sozialistischen Staats- und Gesellschaftsordnung der Deutschen Demokratischen Republik angreift oder gegen sie aufwiegelt, indem er

1. die gesellschaftlichen Verhältnisse, Repräsentanten oder andere Bürger der Deutschen Demokratischen Republik wegen deren staatlicher oder gesellschaftlicher Tätigkeit diskriminiert;
2. Schriften, Gegenstände oder Symbole zur Diskriminierung der gesellschaftlichen Verhältnisse, von Repräsentanten oder anderen Bürgern herstellt, einführt, verbreitet oder anbringt;
3. die Freundschafts- und Bündnisbeziehungen der Deutschen Demokratischen Republik diskriminiert;
4. Verbrechen gegen den Staat androht oder dazu auffordert, Widerstand gegen die sozialistische Staats- und Gesellschaftsordnung der Deutschen Demokratischen Republik zu leisten;
5. den Faschismus oder Militarismus verherrlicht oder Rassenhetze treibt,

wird mit Freiheitsstrafe von einem bis zu acht Jahren bestraft.
(2) Wer zur Durchführung des Verbrechens mit Organisationen, Einrichtungen oder Personen zusammenwirkt, deren Tätigkeit gegen die Deutsche Demokratische Republik gerichtet ist, oder das Verbrechen planmäßig durchführt, wird mit Freiheitsstrafe von zwei bis zu zehn Jahren bestraft.
(3) Vorbereitung und Versuch sind strafbar.

§ 107
Verfassungsfeindlicher Zusammenschluß

(1) Wer einer Vereinigung, Organisation oder einem sonstigen Zusammenschluß von Personen angehört, die sich eine verfassungsfeindliche Tätigkeit zum Ziele setzen, wird mit Freiheitsstrafe von zwei bis zu acht Jahren bestraft.
(2) Wer einen verfassungsfeindlichen Zusammenschluß herbeiführt oder dessen Tätigkeit organisiert, wird mit Freiheitsstrafe von drei bis zu zwölf Jahren bestraft.
(3) Wer einen verfassungsfeindlichen Zusammenschluß fördert oder in sonstiger Weise unterstützt, wird mit Freiheitsstrafe von einem bis zu fünf Jahren bestraft.
(4) Der Versuch ist strafbar.

§ 213
Ungesetzlicher Grenzübertritt

(1) Wer widerrechtlich die Staatsgrenze der Deutschen Demokratischen Republik passiert oder Bestimmungen des zeitweiligen Aufenthalts in der Deutschen Demokratischen Republik sowie des Transits durch die Deutsche Demokratische Republik verletzt, wird mit Freiheitsstrafe bis zu zwei Jahren oder mit Verurteilung auf Bewährung, Haftstrafe oder mit Geldstrafe bestraft.

Hinweis: Zur strafrechtlichen Verfolgung wegen ungenehmigten Verlassens der DDR vor dem 1. 1. 1972 vgl. § 2 des Gesetzes vom 16. 10. 1972 zur Regelung von Fragen der Staatsbürgerschaft (GBl. I, Nr. 1, S. 265).

(2) Ebenso wird bestraft, wer als Bürger der Deutschen Demokratischen Republik rechtswidrig nicht oder nicht fristgerecht in die Deutsche Demokratische Republik zurückkehrt oder staatliche Festlegungen über seinen Auslandsaufenthalt verletzt.

(3) In schweren Fällen wird der Täter mit Freiheitsstrafe von einem Jahr bis zu acht Jahren bestraft. Ein schwerer Fall liegt insbesondere vor, wenn

1. die Tat Leben oder Gesundheit von Menschen gefährdet;
2. die Tat unter Mitführung von Waffen oder unter Anwendung gefährlicher Mittel oder Methoden erfolgt;
3. die Tat mit besonderer Intensität durchgeführt wird;
4. die Tat durch Urkundenfälschung (§ 240), Falschbeurkundung (§ 242) oder durch Mißbrauch von Urkunden oder unter Ausnutzung eines Verstecks erfolgt;
5. die Tat zusammen mit anderen begangen wird;
6. der Täter wegen ungesetzlichen Grenzübertritts bereits bestraft ist.

Hinweis: Vgl. Hinweis zu § 44 StGB.

(4) Vorbereitung und Versuch sind strafbar.

§ 214
Beeinträchtigung staatlicher oder gesellschaftlicher Tätigkeit

(1) Wer die Tätigkeit staatlicher Organe durch Gewalt oder Drohungen beeinträchtigt oder in einer die öffentliche Ordnung gefährdenden Weise eine Mißachtung der Gesetze bekundet oder zur Mißachtung der Gesetze auffordert, wird mit Freiheitsstrafe bis zu drei Jahren oder mit Verurteilung auf Bewährung, Haftstrafe, Geldstrafe oder mit öffentlichem Tadel bestraft.

(2) Ebenso wird bestraft, wer gegen Bürger wegen ihrer staatlichen oder gesellschaftlichen Tätigkeit oder wegen ihres Eintretens für die öffentliche Ordnung und Sicherheit mit Tätlichkeiten vorgeht oder solche androht.

(3) Wer zusammen mit anderen eine Tat nach den Absätzen 1 oder 2 begeht, wird mit Freiheitsstrafe bis zu fünf Jahren bestraft.

(4) Ist die Tatbeteiligung von untergeordneter Bedeutung, kann der Täter mit Verurteilung auf Bewährung, Haftstrafe oder Geldstrafe bestraft werden.

(5) Der Versuch ist strafbar.

§ 219
Ungesetzliche Verbindungsaufnahme
(1) Wer zu Organisationen, Einrichtungen oder Personen, die sich eine gegen die staatliche Ordnung der Deutschen Demokratischen Republik gerichtete Tätigkeit zum Ziele setzen, in Kenntnis dieser Ziele oder Tätigkeit in Verbindung tritt, wird mit Freiheitsstrafe bis zu fünf Jahren, Verurteilung auf Bewährung oder mit Geldstrafe bestraft.
(2) Ebenso wird bestraft
1. wer als Bürger der Deutschen Demokratischen Republik Nachrichten, die geeignet sind, den Interessen der Deutschen Demokratischen Republik zu schaden, im Ausland verbreitet oder verbreiten läßt oder zu diesem Zweck Aufzeichnungen herstellt oder herstellen läßt;
2. wer Schriften, Manuskripte oder andere Materialien, die geeignet sind, den Interessen der Deutschen Demokratischen Republik zu schaden, unter Umgehung von Rechtsvorschriften an Organisationen, Einrichtungen oder Personen im Ausland übergibt oder übergeben läßt.
(3) Der Versuch ist im Falle des Absatzes 2 Ziffer 2 strafbar.

§ 220
Öffentliche Herabwürdigung
(1) Wer in der Öffentlichkeit die staatliche Ordnung oder staatliche Organe, Einrichtungen oder gesellschaftliche Organisationen oder deren Tätigkeit oder Maßnahmen herabwürdigt, wird mit Freiheitsstrafe bis zu drei Jahren oder mit Verurteilung auf Bewährung, Haftstrafe, Geldstrafe oder mit öffentlichem Tadel bestraft.
(2) Ebenso wird bestraft, wer Schriften, Gegenstände oder Symbole, die geeignet sind, die staatliche oder öffentliche Ordnung zu beeinträchtigen, das sozialistische Zusammenleben zu stören oder die staatliche oder gesellschaftliche Ordnung verächtlich zu machen, verbreitet oder in sonstiger Weise anderen zugänglich macht.
(3) Ebenso wird bestraft, wer in der Öffentlichkeit Äußerungen faschistischen, rassistischen, militaristischen oder revanchistischen Charakters kundtut oder Symbole dieses Charakters verwendet, verbreitet oder anbringt.

(4) Wer als Bürger der Deutschen Demokratischen Republik die Tat nach Absatz 1 oder 3 im Ausland begeht, wird mit Freiheitsstrafe bis zu fünf Jahren, Verurteilung auf Bewährung oder mit Geldstrafe bestraft.

§ 221
Herabwürdigung ausländischer Persönlichkeiten
Wer in der Öffentlichkeit das Ansehen in der Deutschen Demokratischen Republik weilender führender Repräsentanten anderer Staaten oder einer ausländischen oder internationalen Organisation in einer Weise herabwürdigt, die geeignet ist, die friedliche Zusammenarbeit zwischen den Völkern zu beeinträchtigen und das Ansehen der Deutschen Demokratischen Republik zu schädigen, wird mit Freiheitsstrafe bis zu zwei Jahren oder Verurteilung auf Bewährung oder mit Geldstrafe bestraft.

Ich danke Hanka Knipper und Rainer Rosin für ihre tätige und dem Bürgerkomitee Normannenstraße für seine finanzielle Unterstützung.

Inhalt

224 Seiten · Broschiert · DM 9,80
ISBN 3-360-00379-9
Erscheint im September 1990

Die Tagebücher des Hitlerjungen und Flakhel-
fers Borkowski vermitteln ein lebendiges Bild
der Kriegsjahre 1942–45. Wir erleben den All-
tag der Heimatfront und hören das Rasseln
deutscher Königstiger-Panzer … Ein glaubwür-
diges Zeitdokument.

Dieter Borkowski
Für jeden kommt der Tag... *Stationen einer Jugend in der DDR*

Das Neue Berlin

384 Seiten · Broschiert · DM 9,80
ISBN 3-360-00375-6
Erscheint im September 1990

Die Jahre des Anfangs in der DDR ... Man erlebt sie in den Erinnerungen Borkowskis so, wie sie vielleicht waren. Das phantastisch genaue Gedächtnis des Autors ermöglicht uns hautnahe Begegnungen mit der Polit-Prominenz jener Jahre, u. a. auch mit Erich Honecker. Dessen Ideale sind wenige Jahre nach dem Krieg schon deformiert, alles wird einem Ziel untergeordnet: der Macht der Partei.

Dieter Borkowski
In der Heimat, da gibt's ein Wiedersehn
Erlebtes und Erfahrenes
1955-1972

Das Neue Berlin

240 Seiten · Broschiert · DM 9,80
ISBN 3-360-00380-2
Erscheint im September 1990

Dieter Borkowski schildert in seinem dritten Erinnerungsbuch besonders die Jahre seines Lebens in der DDR zwischen erster und zweiter Haft in den Gefängnissen der Staatssicherheit. Seine Erinnerungen sind ein exemplarisches Stück Zeitgeschichte, ein Dokument, das jeder politisch Interessierte kennen sollte. Das Buch ist eine Bestandsaufnahme der systematischen Zerstörung kommunistischer Ideale durch den Machtapparat der SED.